문화는 권리다

문화는 권리다

문화나눔사업으로 본 문화정책 변화

박선희 지음

한국학술정보

서문

몇 해 전, 문화소외계층을 위한 공연 현장에서 한 아이를 만났다. 처음 접하는 뮤지컬 무대를 앞두고 그 아이의 눈동자는 설렘과 기대감으로 반짝이고 있었다. 웅장한 음악이 흐르자, 아이는 숨을 죽인 채 무대를 바라보았고, 그 작은 손에는 공연 티켓이 꼭 쥐어져 있었다. 나는 그 모습을 지켜보며 가슴 한편이 뭉클해졌다. 왜 이렇게 당연하고도 아름다운 문화의 즐거움이 이 아이에게는 생애 처음 맛보는 특별한 순간이어야 할까? 이 질문은 공연을 마치고 돌아오는 길에도 내내 마음을 떠나지 않았다.

문득 나 역시 비슷한 경험이 있었음을 떠올렸다. 어릴 적 우연히 마주한 피아노 연주회는 내게 특별한 경험이었다. 그날 무대 위에서 흘러나온 선율은 어린 마음에 깊은 울림을 남겼고, 그 순간이 문화예술에 관심을 두게 된 소중한 계기가 되었다. 이후 공연을 관람하고 전시를 보며, 때로는 직접 참여하면서 문화적 경험을 점점 자연스럽게 받아들일 수 있었다. 이러한 과정을 통해 나는 문화예술이 단순한 오락이나 취미를 넘어, 한 사람의 감수성을 기르고 삶의 깊이를 더해주는 귀한 경험이라는 사실을 깨달았다.

하지만 문화정책을 연구하고 현장을 지켜보면서 수많은 통계와 제도의 변화를 접하는 동안, 정작 한 사람 한 사람의 삶 속에서 문화가 어떤 의미인지는 놓치고 있었던 것 아닐까? 하는 반성이 밀려왔다. 정책 보고서 속의 수치와 목표 뒤에는 저마다의 얼굴과 이야기를 지닌 사람들이 있다는, 너무나도 당연한 진실을 잊고 있었던 것은 아니었을까?

화려한 공연장의 불빛 뒤편에는 여전히 문화와 멀게 살아가는 이웃들이 있다. 도시 중심의 미술관과 공연장에서 멀리 떨어진 곳에 사는 이들도 있고, 평생 한 번도 연극 무대를 마주하지 못한 채 살아가는 사람들도 있다. 나는 그날 만난 아이의 반짝이는 눈빛을 떠올리며 다시금 스스로에게 물었다.

"왜 아직도 문화는 우리 모두의 일상이 되지 못하는 걸까? 문화는 누구를 위해, 무엇을 위해 존재하는가?"

오랫동안 우리의 문화정책은 "좋은 문화를 더 많은 사람에게 나누어주자"라는 선의에서 출발했다. 국공립 공연장의 문턱을 낮추고, 박물관 입장료를 할인하며, 지방 곳곳에 순회공연을 보내는 방식으로 문화의 혜택을 널리 퍼뜨리고자 노력했다. 분명 값진 시도였고 많은 사람에게 새로운 경험을 열어주었다. 하지만 그것만으로 충분할까?

문화는 전문가가 골라낸 훌륭한 작품을 감상하는 것에만 머물러야 할까, 아니면 우리 각자가 만들어가고 마음껏 참여할 수 있는 것이어야 할까? 문화가 진정으로 모두의 것이 되려면, 한 방향으로

‘전달’되는 것을 넘어 시민 한 사람 한 사람이 ‘참여’하는 문화의 주인공이 될 수 있어야 하지 않을까?

이 물음은 결국 ‘문화의 민주화’와 ‘문화민주주의’라는 두 갈래 시선으로 이어진다. 어렵게 들릴지 모르지만, 핵심은 간단하다. 하나는 ‘국민에게 좋은 문화를 접하게 하자’라는 것이고, 다른 하나는 ‘국민 스스로가 문화의 주체가 되게 하자’라는 것이다. 나는 이 책에서 한국의 문화나눔사업을 중심으로, 이 두 관점이 어떻게 부딪히고 섞여 왔는지를 구체적으로 살펴보았다.

왜 때로는 정책의 의도와 현장의 현실이 엇갈리는지, 어떻게 하면 문화가 시혜나 혜택이 아닌 생활 속 권리가 될 수 있을지 고민했다. 그리고 그 과정에서 한 가지 분명한 믿음이 생겼다. 문화는 특권이나 시혜가 아니라 권리라는 점이다. ‘문화권’이라는 말이 다소 생소할 수 있지만, 결국 모든 사람이 자유롭게 문화를 누리고 창조할 수 있어야 한다는 너무나도 당연한 이야기다.

이 책을 집필한 이유도 바로 여기에 있다. 거창한 이론이나 어려운 용어를 말하기 위해서가 아니라, 우리가 마주한 이 소중한 질문들에 대해 독자와 함께 고민해 보고 싶었기 때문이다. 문화정책이라고 하면 왠지 전문가나 행정가들의 영역처럼 느껴질지 모른다. 하지만 문화의 문제는 결국 우리 삶의 문제다. 우리가 일상에서 듣는 음악, 아이들과 찾아가는 동네 도서관, 주말에 가족과 즐기는 영화 한 편… 이 모든 순간이 문화이며, 우리가 모두 누려야 할 삶의 한 부분이다.

부디 이 책이 독자에게 작은 공감과 물음을 건넬 수 있기를 바란다. 문화가 멀게만 느껴지는 이들에게는 조금이나마 다가가는 계기가 되고, 이미 문화를 누리고 있는 이들에게는 그 기쁨을 더 많은 이들과 나누는 실마리가 되기를 바란다. 나아가 우리 사회가 '문화가 있는 삶'을 당연하게 여기는 방향으로 한 걸음 가까워지는 데 보탬이 된다면, 저자로서는 더할 나위 없는 기쁨일 것이다.

언젠가는 모든 사람이 일상에서 자연스럽게 문화를 만나고 즐길 수 있는 세상이 오기를 바란다. 그날 공연장에서 만난 아이의 설렘 가득한 눈빛이 특별한 순간이 아니라 평범한 일상이 되는 날을 그려본다. 그런 세상을 만들어가는 이야기를, 이제 독자 여러분과 함께 나누고자 한다.

마지막으로, 이 여정을 함께해준 분들에게 감사의 마음을 전한다. 무엇보다 학문적 방향을 잡을 수 있도록 귀중한 조언과 통찰을 아끼지 않은 지도교수님께 깊이 감사드린다. 그리고 집필 과정 내내 지지와 응원을 보내준 가족들에게도 마음 깊이 고마움을 전한다. 긴 시간을 묵묵히 함께 견뎌준 이들의 배려 덕분에 비로소 이 책이 완성될 수 있었다.

2025년 여름

박선희

목차

제4장 ‖ 문화나눔사업의 흔들린 정체성

제5장 ‖ 문화, 권리가 되는 세상을 위해

제1장

문화정책이 직면한 현실

1. 문화정책의 딜레마: 감수성 vs. 실용성

2023년 한 해 동안 기초생활수급자인 김 모 씨가 정부에서 받은 문화누리카드 11만 원으로 구입한 것은 뮤지컬 티켓이나 미술관 입장권이 아니었다. 그가 주로 사용한 곳은 서점과 지하철역이었다. 전체 문화누리카드 사용자들의 패턴도 크게 다르지 않았다. 도서 구입(32.5%)과 교통비(21.3%)가 전체 지출의 약 54%를 차지한 반면, 공연 · 전시 관람은 1% 미만에 그쳤다.[1] 이것이 바로 한국 문화정책이 직면한 현실이다.

문화적 감수성 향상을 목표로 설계된 정책이 실제로는 일상적 필요를 충족하는 실용적 지원의 성격으로 변질된 것이다. 수혜자들은 제한된 지원금을 당장 필요한 것과 문화적 경험 사이에서 선택해야 하는 상황에 놓여 있고, 그 결과 실용성이 문화적 감수성을 압도하고 있다.

1 한국문화예술위원회, 『2023년 통합문화이용권(문화누리카드) 만족도 조사 결과 보고서』(2023), p. 9.

이런 현상은 단순한 정책 실패로 치부할 문제가 아니다. 현실적 필요와 문화적 이상의 간극, 접근성과 문화적 경험의 질 사이의 긴장, 복지정책과 문화정책 경계의 모호함 등 문화정책 자체가 안고 있는 근본적인 딜레마와 제도적 모순의 결과로 봐야 한다.

개인 취향에서 공공재로: 문화의 의미 변화

문화는 더 이상 소수 엘리트의 고급 취향이나 예술가만의 전유물이 아니다. 오늘날 문화는 모든 시민의 일상과 삶의 질을 좌우하는 핵심 자원이 되었다. 그것은 공동체의 정체성을 형성하고, 사회적 연대감을 증진시키며, 시민 참여를 활성화하는 공공재로 인식되고 있다.[2]

이런 변화는 우리만의 당위나 요구가 아니라 국제적 흐름이기도 하다. 유네스코(UNESCO)나 세계보건기구(WHO) 같은 국제기구들은 문화와 예술 참여가 건강, 교육, 사회 통합에 긍정적 영향을 미친다는 점을 지속해서 강조해 왔다.[3] 문화는 개인의 감수성과 창의성을 기르는 동시에, 국가 차원에서는 창조경제와 도시재생, 문화외교의 수단으로도 활용된다.

이처럼 문화의 사회적 의미가 확대되면서 세계 각국 정부들은

---

2 Clifford Geertz, *The Interpretation of Cultures* (New York: Basic Books, 1973), p. 89; Edward Shils, *Tradition* (Chicago: University of Chicago Press, 1981), ch. 1.

3 UNESCO, *Convention on the Protection and Promotion of the Diversity of Cultural Expressions* (Paris: UNESCO, 2005); UNESCO, *Culture for Development Indicators* (Paris: UNESCO, 2014).

문화예술 교육과 창작 지원, 문화인프라 확충 등을 포함한 다양한 문화정책을 통해 문화의 사회적 · 경제적 가치를 극대화하려 노력하고 있다.[4] 문화는 이제 단순히 개인이 향유하는 대상을 넘어 공동체의 지속가능성과 상상력, 상호 이해를 가능하게 하는 '공공재'로 간주된다.

그런데 문화정책의 구체적 형태와 실천 방식은 국가마다 다르게 나타난다. 각국이 경험한 역사적 조건과 제도적 맥락이 다르기 때문이다. 문화정책은 결국 각기 다른 정치적 · 정책적 선택의 산물인 셈이다.

보존에서 향유로: 한국 문화정책의 궤적

한국 문화정책의 변화 과정은 이러한 흐름을 잘 드러낸다. 1960~70년대의 정책은 문화유산 보호와 전통문화의 확산에 초점을 맞추고 있었다.[5] 제한된 예산으로 민족문화의 정체성을 지키고 체제 안정을 도모하는 것이 우선 과제였다.

하지만 1990년대 이후 상황은 달라졌다. '문화향유권'이라는 개념이 공공 담론의 전면에 등장하면서 '문화복지'라는 새로운 개념

4 이영욱, "문화/창조산업: 담론 형성의 추이, 배경, 의미", 『인문 콘텐츠』 제26호(2012), pp. 9-31.

5 1961년 문화재관리국을 신설, 1964년 『문화재 보수 5개년계획』을 발표하였으며, 『제1차 문예 진흥 5개년계획(1974~1978)』의 예산 내역에 따르면, 문화재 관리 예산은 5년간 총경비 485억 원 중 63.1%를 차지하였다. 장지정 · 한동수, "박정희 대통령 재임 시기의 문화정책과 문화재 정비에 관한 연구", 『대한건축학회 학술발표대회 논문집』 제33권 제2호(2013), pp. 225-226.

이 정책적으로 도입되기 시작했다. 문화복지는 모든 국민이 문화적 혜택을 누릴 권리가 있다는 인식에서 출발한 정책 개념이다. 이러한 변화의 전환점이 된 것이 1996년 김영삼 정부의 '문화복지 원년' 선언이었다. 이후 김대중 정부의 '창의적 문화복지', 노무현 정부의 '창의 한국'을 거치며 문화정책은 점차 문화예술 창작 지원에서 국민의 향유권 보장으로 중심축을 옮겼다.

이런 정책 전환을 상징하는 대표적 사례가 바로 2004년 복권기금을 기반으로 도입된 '문화나눔사업'이다. 문화 소외 계층의 향유권을 보장하기 위해 시작된 이 사업은 '통합문화이용권(문화누리카드)', '신나는 예술여행', '방방곡곡 문화공감' 등의 세부 프로그램으로 구성되어 약 20년간 이어지고 있다.

현재 이 사업은 문화체육관광부의 주요 정책 수단 중 하나로 자리 잡았다. 2023년 기준으로 문화예술 예산의 13.7%에 해당하는 3,178억 원이 문화향유사업에 배정되었다.[6] 그중에서도 문화누리카드는 기초생활수급자 및 차상위 계층을 대상으로 '보편적 문화복지'를 실현하는 상징적인 제도로 자리매김하고 있다.

이상과 현실의 괴리

문제는 여기서 시작된다. 문화나눔사업은 누구나 문화를 경험할 기회를 넓혀 문화적 소외를 줄이기 위해 설계되었다. 궁극적으로는 국민의 문화적 감수성을 키워 삶의 질을 높이겠다는 문화정

6 문화체육관광부 · 한국문화관광연구원, 『2023 문화예술정책 백서』(2024), pp. 91-100.

책의 이상을 담고 있다. 하지만 현실은 다르다. 문화누리카드 사용 내역을 보면 도서 구입과 교통비 지출이 압도적이고, 정작 공연이나 전시 관람은 극히 적다. 이는 문화향유정책이 본래 추구하던 '문화적 감수성의 사회화'보다는 일상적 필요를 충족하는 실용적 지원 수단으로 기능하고 있음을 보여준다.

예술 참여와 미적 체험을 통해 시민의식을 넓히고 공동체의 감각을 나누겠다는 정책의 이상은 실행 과정에서 뒷전으로 밀려났다. 문화적 감수성 향상이라는 목표는 왜 현실적 필요를 지원하는 성격으로 바뀌었을까? 이런 현상은 단순한 정책 설계의 미비만으로 설명되지 않는다. 이는 문화정책 내부의 개념 충돌과 서로 다른 제도와 부처가 같은 영역을 함께 다루면서 생긴 구조적 문제로 보아야 한다.

핵심적인 문제는 '문화복지'와 '문화향유정책'이라는 두 개념이 현실에서 자주 혼용되며, 제도적으로도 명확히 구분되지 않은 채 시행되고 있다는 점이다. 문화복지는 일반적으로 실질적 도움을 중시하는 사회복지정책의 하위 범주로 이해된다. 반면, 문화향유정책은 문화체육관광부를 중심으로 문화적 감수성과 창의성 계발을 목표로 설계된 기본권 보장형 정책이다.

하지만 실제 정책운영에서는 이런 구분이 모호해진다. 문화나눔사업이 복지 담론에 흡수되거나 예산상 복지 항목으로 분류되는 경향은 이 정책이 지닌 문화 정책적 정체성을 희석시킨다. 그 결과 문화정책의 목적과 수단, 이상과 현실 사이에 긴장이 발생한다. 문화정책이 직면하고 있는 목적과 수단의 전치 또는 이상과 현실 사이의 괴리 문제를 해결하기 위해서는 문화정책이 실제로 작동하는 과정과 구조를 비판적으로 검토하는 데서 출발할 필요가 있다.

가치 선택의 정치학

더 근본적으로, 문화정책은 단순히 예산을 어떻게 나누고 프로그램을 어떻게 짤지를 결정하는 문제가 아니다. 그것은 사회가 어떤 감수성을 중요하게 여기고, 어떤 문화를 공적으로 지켜야 할 가치로 선택할 것인지를 결정하는 과정이다. 말하자면, 문화정책은 사회가 지향하는 정체성과 가치관을 드러내는 선택의 결과다.

특히 문화향유정책은 '문화의 민주화(democratization of culture)'와 '문화민주주의(cultural democracy)'라는 두 가지 철학 사이에서 만들어져 왔다. '문화의 민주화'는 국가가 앞장서서 양질의 문화를 국민에게 보급하는 데 초점을 둔다. 전문가들이 선정한 수준 높은 문화예술을 더 많은 사람이 접할 수 있도록 돕는 방식이다. 반면 '문화민주주의'는 시민 각자가 주체가 되어 자유롭게 문화에 참여하고 표현하는 다양성을 강조한다. 전문가가 아닌 일반 시민도 문화의 창조자가 될 수 있다는 생각이 핵심이다.

이 두 가지 관점은 문화의 주체를 누구로 보느냐, 문화의 가치를 어디서 찾느냐에 따라 크게 다르지만, 오늘날 문화정책은 이 둘의 긴장과 조화를 바탕으로 형성되어 왔다.

문화나눔사업은 바로 이 두 철학이 서로 뒤섞여 만들어진 혼합적 정책이다. 정책 설계 단계에서는 '문화의 민주화' 논리에 따라 문화 소외 계층의 문화예술 프로그램에 대한 접근성을 높여 향유 기회를 확대하는 데 초점을 맞춘다. 반면, 실제 운영에서는 이용자의 자율적 선택을 존중하는 '문화민주주의'의 논리를 적용한다. 이처럼 정책 설계와 운영 과정에서 서로 다른 논리가 적용되면서 문화의 민주화와 문화민주주의가 혼재하게 되고, 이는 문화나눔사업의 목표와 실행 결과 사이에 괴리를 빚어내는 구조적 요인으로 작용한다.

문화적 감수성을 높이려는 목표와 당장의 실용적 필요 사이에는 긴장이 존재한다. 이 긴장은 문화정책이 단순한 행정 절차가 아니라, 사회가 어떤 가치를 우선할지를 둘러싼 정치적 선택의 영역임을 보여준다. 문화는 개인의 취향을 넘어 권리와 참여의 문제이기도 하며, 이를 정책으로 구현하는 과정은 사회가 지향하는 가치와 방향이 충돌하고 조율되는 정치적 과정이다.

2. 관점과 접근방법

제도적 관점으로 보는 문화정책

문화나눔사업이 보여주는 정책 목표와 실행 결과 간의 괴리는 어떻게 설명할 수 있을까? 정책 설계가 잘못되었기 때문일까? 담당자들의 역량 부족 때문일까? 아니면 예산이 부족해서일까?

이 책은 그런 표면적 요인들보다는 더 깊은 구조적 원인에 주목한다. 정책이 만들어지고 변화하는 과정 자체에 내재한 제도적 동학(institutional dynamics)을 살펴보기 위해 '역사적 제도주의(historical institutionalism)' 관점을 채택한다. 역사적 제도주의는 정책의 형성, 지속, 변화 과정을 제도적 요소들의 상호작용을 통해 설명하는 접근법이다. 이 관점은 역사적 맥락과 행위자 간 권력관계를 중시하며, 제도의 지속성과 변화를 동시에 이해할 수 있는 틀을 제공한다.

초기 역사적 제도주의는 '경로의존성(path dependence)'이라는 개념을 중심으로 제도의 지속성을 강조했다. 한 번 특정한 경로로 형성된 제도는 관성에 의해 지속되며, 외부의 큰 충격이 없는 한 쉽게 바뀌지 않는다는 논리였다. 하지만 이런 접근법은 제도 변화를 충분히 설명하지 못한다는 비판을 받았다. 이후 이론적 한계를 극복하려는 여러 시도 속에서 다양한 개념들이 제시되면서 이론적으로 발전해 왔다. 제도를 단일체가 아닌 복합체로 보는 관점, 외부 충격 없이도 제도 내부에서 변화가 일어날 수 있다는 내생적 변화론, 제도변화의 유형을 구분하는 틀 등이 그것이다.

문화나눔사업 사례에 이런 관점을 적용하면 흥미로운 해석이 가능하다. 미리 결론부터 말하면, 이 정책이 보여주는 변화는 외부의 큰 충격에 의한 것이 아니라, 제도 내부의 모순과 행위자들 간의 상호작용이 누적되면서 나타난 점진적 변화로 볼 수 있다.

이 책에서는 역사적 제도주의 이론과 문화향유정책의 변화 과정을 이해할 수 있는 다양한 자료들을 체계적으로 살펴보고 논의의 깊이를 더하고자 했다. 문화향유정책 관련해서는 '문화향유', '문화향유정책', '문화복지', '문화나눔사업' 등을 키워드로 하여 관련 학위논문과 학술논문, 정책 세미나 발표 자료 등을 폭넓게 수집했다. 역사적 제도주의 관련해서는 '신제도주의', '역사적 제도주의', '제도 변화', '제도화' 등을 키워드로 하여 이론적 배경을 구축했다.

특히 실제 정책 과정의 내부 동학을 파악하기 위해 1차 자료들을 중점적으로 활용했다. 문화체육관광부와 한국문화예술위원회에서 발간한 '문화정책 백서', '기본계획', '연차 보고서' 등 각종 정부 간행물과 보도자료, 관련 기관 보고서, 국정감사 자료 등이 그것이다. 또한 토론회 및 공청회 자료집 등을 통해 정책 관련 전문가와 이해관계자들의 인식과 입장 변화도 추적했다.

법령 검토도 중요한 부분이다. 「문화예술진흥법」, 「문화기본법」 등 관련 법령의 제정과 개정 과정을 살펴보며 제도 변화의 공식적 경로를 파악했다. 이와 함께 신문 기사 등 언론 보도를 통해 정책을 둘러싼 사회적 담론의 변화도 살펴봤다.

주요 사례: 문화나눔사업의 20년

이 책은 2004년부터 우리나라에서 추진되어 온 '문화나눔사업'을 중심 사례로 다룬다. 문화나눔사업은 약 20년간 지속되어 온 한국의 대표적 문화향유정책으로, 한국 문화정책의 변화 양상을 종합적으로 보여주는 사례다.

이 사업의 정책적 중요성은 규모와 지속성에서도 확인된다. 2023년 기준으로 문화체육관광부의 문화예술 부문 전체 예산 2조 3,140억 원 중 통합문화이용권, 신나는 예술여행, 방방곡곡 문화공감 등 문화나눔사업에는 약 3,178억 원이 배정되어 전체의 약

13.7%를 차지했다.[7] 이는 문화향유정책이 문화예술 정책에서 차지하는 위상이 상당하다는 것을 보여주는 수치다.

더 중요한 것은 이 사업이 한국 문화정책의 패러다임 변화를 압축적으로 보여준다는 점이다. 문화예술 창작 지원 중심에서 국민 향유권 보장 중심으로의 전환, 엘리트 문화에서 생활 문화로의 확장, 문화의 민주화에서 문화민주주의로의 철학적 변화 등이 모두 이 사업을 통해 구현되었다.

특히 문화나눔사업은 여러 세부 프로그램으로 이루어져 있어 정책의 다층적인 성격을 살펴보기에 적합하다. '통합문화이용권'은 개인을 대상으로 한 바우처 방식이다. '신나는 예술여행'은 문화기반시설이 부족한 지역과 시설을 찾아가는 순회형 프로그램이고, '방방곡곡 문화공감'은 문화예술회관을 거점으로 수준 높은 공연·전시를 제공해 지역 간 문화격차를 줄이는 사업이다. 이러한 다양성은 문화향유정책의 가치와 수단이 얼마나 복합적인지를 잘 보여준다.

이 책에서 다루는 시간적 범위는 문화나눔사업이 도입된 2004년부터 현재까지다. 지난 20년은 한국 사회가 급격한 변화를 겪은 시기이기도 하다. 노무현 정부에서 시작해 이명박, 박근혜, 문재인, 윤석열 정부에 이르기까지, 다섯 차례의 정부를 거치며 문화정책의 기조 또한 정권에 따라 달라졌다.

이런 변화 속에서도 문화나눔사업이 지속, 확대되어 온 것은 흥

7 문화체육관광부·한국문화관광연구원, 『2023 문화예술정책 백서』, pp. 79, 91-100.

미로운 현상이다. 정권이 바뀌어도 사라지지 않고 오히려 규모가 확대되어 온 이유는 무엇일까? 정책의 핵심 목표나 운영 방식에는 어떤 변화가 있었을까? 이런 질문들이 이 책이 던지는 핵심 문제들이다.

이 책의 공간적 범위는 사업이 시행된 대한민국으로 한정한다. 다만 문화정책의 이념적 배경과 정책 설계 방식에 대해서는 필요에 따라 해외 사례와의 비교도 다룬다. 특히 문화의 민주화와 문화 민주주의라는 개념이 유럽에서 발전해 한국에 도입된 과정은 중요한 고려 요소다.

이러한 분석을 통해 한국 문화정책이 어떤 변화를 겪어왔는지, 그리고 그 변화가 어떤 요인들에 의해 추동되었는지를 구체적으로 살펴보고자 한다. 궁극적으로는 문화정책이 지향해야 할 가치와 방향에 대한 정책적 함의를 도출하는 것이 이 책이 지향하는 목표다.

제2장

문화는 왜 권리가 되었는가

1. 문화의 개념 변화: 개인의 취향에서 공공재로

"문화가 무엇인가?" 이 질문에 명쾌한 답을 내놓기는 쉽지 않다. 레이먼드 윌리엄스(Raymond Williams)가 문화를 '영어 단어 중 가장 복잡한 단어들 가운데 하나'라고 했듯이,[1] 문화는 학문 분야마다, 시대마다 다르게 정의되어 왔다.

문화정책을 논의할 때 이런 개념적 혼란은 단순한 학술적 관심사가 아니다. 문화를 어떻게 규정하느냐에 따라 정책의 내용과 범위, 대상이 달라지기 때문이다. 문화누리카드의 이용이 도서 구입과 교통비에 치우친 현실은, 제도적으로 문화의 범위를 확장하려는 시도와 실제 사회적 합의의 부재가 빚어낸 결과라고 볼 수 있다.

고급 예술에서 일상의 문화로

전통적으로 문화는 소수 엘리트의 고급 취향을 의미했다. 19세

---

1 Raymond Williams, *Keywords: A Vocabulary of Culture and Society* (New York: Oxford University Press, 1985), p. 87.

기 영국의 매튜 아놀드(Matthew Arnold)는 문화를 "지금껏 사유되고 표현된 최고의 것"으로 정의했다. 그에게 문화는 "위대한 문학, 미술, 음악 등에 대한 지식을 통한 인간 완성의 추구"였나. 문화는 사회를 이롭게 하며, 고상한 예술적 취향과 지식을 가진 뛰어난 소수의 창조적 작업을 통해 발전된다고 보았다. 이런 관점에서 문화는 '미개척된 대중의 무정부 상태'와 대비되는 개념이었다. 소수의 교양인이 향유하는 고급 예술만이 진정한 문화이고, 대중의 일상적 삶은 문화의 영역에서 배제되었다.[2]

문화의 추상화, 객체화, 이상화, 절대화

르네상스 시대 이래 18·19세기의 신인본주의를 통해 대두(Herder, Humboldt, Schiller 등)

문화의 구체화, 다양화, 가변화, 상대화

오늘날 문화인류학, 사회학을 통한 문화인간학적 측면에서 대두(Tylor, Durkheim 등)

출처: 김영근, "문화의 개념에 관한 체계적 고찰: 문화 인간학적인 측면에서의 고찰", 『연세 논총』 20권 1호 (1983), pp. 74-75의 내용을 참고하여 재구성.

〈그림 2-1〉 문화 개념의 양면성

하지만 20세기 들어 문화인류학자들이 이런 엘리트주의적 문화 개념에 도전장을 내밀었다. 이들은 문화를 "사회적 상호작용 안에서 가치를 창출하는 인간의 생활양식"이라는 포괄적 개념으로 이해했다. 문화를 '모든 삶의 방식'으로 확장하려면 '예술'에서 '문화'

2 Matthew Arnold, *Culture and Anarchy: An Essay in Political and Social Criticism* (London: Smith, Elder and Company, 1869), pp. 22, 27, 48.

개념을 분리해야 한다는 입장이었다.[3]

문화 개념은 결국 두 가지 관점 사이에서 양면성을 갖는다. 한쪽에는 고급 예술로서의 문화가, 다른 쪽에는 생활양식으로서의 문화가 있다. 이런 양면성은 오늘날 문화정책에서도 그대로 반영되어, 예술진흥이라는 오래된 논리와 일상 속 문화향유를 중시하는 새로운 흐름이 함께 자리 잡으며, 서로 충돌하거나 모호하게 병존하는 양상으로 나타난다.

에드워드 번넷 타일러(Edward Burnett Tylor)는 1871년 『원시 문화(Primitive Culture)』에서 문화를 "인간이 사회구성원으로서 습득한 지식, 신념, 예술, 도덕, 법률, 관습 그리고 다른 능력과 습관 등의 복합적 총체"라고 정의했다. 즉 문화란 인간이 환경에 적응하는 과정에서 축적된 물질적, 정신적 생활양식의 총체를 말한다.[4]

〈표 2-1〉 레이먼드 윌리엄스의 문화 개념 분류

개 념	의 미
이상(Ideal)	정신의 일반적인 상태나 습관
사회(Social)	사회 전체 안에서 지적 발전의 일반적인 상태
기록(Documentary)	예술적 · 지적 활동이 구현된 구체적 성과물

출처: Raymond Williams, *Culture and Society, 1780-1950*, p. xiv의 내용을 재구성.

이런 총체론적 접근은 유네스코의 1982년 '멕시코 문화정책선언(Mexico City Declaration on Cultural Policy)'에도 반영되었다. 유네스코는

3 김수갑, 『문화국가론』(청주: 충북대학교 출판부, 2012), p. 16.

4 Edward Burnett Tylor, *Primitive Culture: Researches Into the Development of Mythology, Philosophy, Religion, Art, and Custom*, Vol. 1 (London: J. Murray, 1871), p. 1.

"문화는 한 사회의 고유한 정신적, 물질적, 지적, 정서적 복합체이며, 문학과 예술뿐 아니라 생활양식, 인간의 기본권, 가치체계, 전통과 신앙 등을 포함한다"라고 선언했다.[5]

레이먼드 윌리엄스는 문화를 "평범하고 보편적인 것"으로 보면서, 문화의 정의를 세 가지로 분류했다.[6] 이후 19세기 말, 윌리엄스는 이 중에서 문화의 정의로 '물질적, 지적, 정신적 생활의 모든 방식'을 선택했다.[7] 이는 문화를 엘리트의 전유물에서 모든 사람의 일상으로 확장시키는 중요한 전환점이었다. 하지만 총체론적 문화 정의는 실질적으로 현상을 이해하고 분석하기에는 범위가 너무 포괄적이라는 비판을 받았다. 모든 것을 문화라 부르면, 정작 문화가 무엇인지 구분할 수 없게 된다는 지적이었다.

이에 대한 대안으로 관념론적 접근 방식이 제시되었다. 이는 문화를 생활양식의 총체 중에서도 주관적인 측면, 즉 '관념적인 영역'으로 한정해 이해하는 방식이다.[8] 미국의 인류학자 워드 굿이너프(Ward H. Goodenough)는 문화를 "생활양식 그 자체가 아니라, 그 생활양식을 떠받치는 관념 체계"로 보았다.[9]

---

5 UNESCO, *World Conference on Cultural Policies: Final Report* (Paris: UNESCO, 1982), p. 41.

6 Raymond Williams, "Culture is Ordinary", in N. McKenzie, ed., Moving from High Culture to Ordinary Culture Originally (London: Convictions, 1958), pp. 92-93.

7 Raymond Williams, *Culture and Society 1780-1950* (New York: Doubleday and Company, 1960), p. xiv; Raymond Williams, *The Long Revolution* (London: Chatto & Windus, 1961), pp. 57-64.

8 B. G. Blount, "A History of Cognitive Anthropology", in David B. Kronenfeld, ed., *A Companion to Cognitive Anthropology* (West Sussex: John Wiley & Sons, 2011), p. 13.

9 Ward H. Goodenough, "Cultural Anthropology and Linguistics", in D. Hymes, ed.,

다양한 이론, 다양한 문화 개념

20세기 중반 이후, 문화를 바라보는 관점은 한층 더 다양해졌다. 1960년대 프랑스를 중심으로 형성된 구조주의는 문화 연구에 새로운 시각을 제시했다. 클로드 레비스트로스(Claude Lévi-Strauss)는 개별 문화 현상의 차이를 넘어, 그 이면에는 인간 정신의 보편적 작용에 기반한 불변의 구조가 존재한다고 보았다.[10]

클리포드 기어츠(Clifford Geertz)는 기호학적 관점에서 문화를 해석했다. 그는 문화를 "삶에 대한 인간들의 지식과 태도 및 관점을 전달 · 영속 · 발전시키기 위한 수단으로, 상징적 형태로 표현된 전승된 개념의 체계"로 정의했다.[11] 그의 저서 『문화의 해석(*The Interpretation of Cultures*)』에서 제시한 문화 개념의 핵심은 다음과 같다.

> 내가 다음의 논문을 통해 논증하고자 하는 문화의 개념은 본질적으로 기호론적인 것이다. 나는 베버와 같이 인간은 자기가 짠 의미의 거미줄에 얽혀있는 존재이며 문화는 이 거미줄이라고 믿는다. 따라서 이것의 분석은 법칙을 추구하는 실험적 학문이 아니라 의미를 추구하는 해석적 학문이 된다. 겉으로는 수수께끼로 보이는 사회적 표현을 해석하는 것이 내가 추구하는 설명이다.[12]

Language in Culture and Society: A Reader in Linguistics and Anthropology (New York: Harper and Row, 1964), p. 36.

10 Claude Lévi-Strauss, *The Elementary Structures of Kinship* (Boston: Beacon Press, 1969); Claude Lévi-Strauss, *Structural Anthropology*, Translated by Claire Jacobson and Brooke Grundfest Schoepf (New York: Doubleday Anchor Books, 1963), p. 65.

11 Clifford Geertz, *The Interpretation Of Cultures* (New York: Basic Books, 1973), p. 89.

12 Clifford Geertz, *The Interpretation Of Cultures*, p. 5.

프랑크푸르트학파의 비판 이론가들은 또 다른 시각을 제시했다. 테오도어 아도르노(Theodor Adorno)와 맥스 호르크하이머(Max Horkheimer)는 후기 자본주의 시대의 문화산업이 대중을 획일화하고 우매화한다고 경고했다. 이들에게 문화는 자본주의 체제의 모순을 드러내는 비판적 렌즈였다.[13]

이처럼 20세기를 거치며 문화를 바라보는 시각은 점점 더 다양해졌다. 학문 분야와 시대적 상황에 따라 문화는 서로 다른 의미로 해석되었다. 진화론적 관점에서는 문화를 야만에서 문명으로 발전하는 단계로 보았고, 사회학에서는 집단을 결속시키는 상징과 관행으로 이해했다.

구조주의자들은 문화 속에 숨겨진 보편적 구조를 찾으려 했고, 생태학적 관점에서는 환경에 적응하기 위한 수단으로 문화를 해석했다. 페미니스트들은 성별 관계를 통해 문화를 분석했고, 포스트모더니스트들은 아예 문화를 정의할 수 없다고 주장했다. 이처럼 다양한 관점들을 정리하면 〈표 2-2〉와 같다.

다양한 서구 이론들이 소개되는 가운데, 국내에서도 한국적 맥락에서 문화 개념을 정립하려는 노력이 이어졌다. 특히 1990년대 이후 문화정책이 본격화되면서 정책 현장에서 활용할 수 있는 실용적 문화 개념에 관한 관심이 높아졌다.

한국 학계에서는 우선 문화를 광의와 협의로 구분하는 접근

---

13 Theodor Adorno & Max Horkheimer, *Dialectic Of Enlightenment* (Stanford: Stanford University Press, 2002).

〈표 2-2〉 주요 이론별 문화에 대한 이해

이론	문화 이해	주요 이론가
19세기 진화론	문화는 이성적으로 낮은 단계에서 높은 단계로 (야만 → 미개 → 문명) 진보	E. B. Tylor L. H. Morgan
사회학	집단 구성원은 그들을 사회로 묶는 일련의 상징과 관행을 공유	Emile Durkheim Marcel Mauss
자민족 중심주의	문화는 그것을 공유하는 사람들의 특정한 역사의 결과물	Franz Boas A. L. Kroeber
구조기능주의	개인의 행위를 결정하는 것은 문화의 규범과 법칙들	A. R. Radcliffe Brown
문화와 인성	문화는 인성의 확대로, 구성원들의 성격에 의해 만들어짐	Ruth Benedict Margaret Mead
문화 생태주의	문화는 인간이 환경에 적응하고 그들의 삶을 안전하게 만드는 방법	Julian Stewart Leslie White
생태유물론	문화는 물질적 조건에 의해 규제받음	Morton Fried Marvin Harris
인지 인류학	문화는 한 사회의 구성원들이 그들의 세계를 어떻게 이해하는지를 결정하는 관념	Harold Conklin Stephen Tyler
구조인류학	보편적인 인간 문화는 많은 문화의 신화들과 관습들의 분석과 비교를 통해 발견될 수 있음.	Claude Levi Strauss
사회생물학	문화는 유전적 코딩의 눈에 보이는 표현	E.O. Wilson Jerome Barkow
성의 인류학	여성의 역할과 사회가 성을 인식하는 방식이 그 사회의 문화를 나타냄	Sherry Ortner Michelle Rosaldo
상징인류학/ 해석인류학	문화는 사회의 구성원들이 자신이 누구인지 이해하고 삶의 의미를 부여하는 방식	Mary Douglas Clifford Geertz
포스트 모더니즘	문화에는 관찰자의 편견이 반영되므로 문화는 결코 완전하게 정의될 수 없음	Renato Rosaldo Vincent Crapanzano

출처: James Mullooly, "The Idea of Culture: A Preview/Review of Theories in Anthropology", https://www.slideshare.net/theanthrogeek/culture-theory -review-of-theories의 내용을 참고하여 재구성.

이 주류를 이뤘다. 광의의 문화는 "사회구성원들이 공유하는 가치관 · 태도 · 관습의 총합이자 한 공동체가 표현하는 전반적 삶의 양식"으로 이해되었다. 반면, 협의의 문화는 "내부 감정과 관념의 미적 표현"으로 한정되었다.[14] 이런 구분은 단순한 학술적 관심에 그치지 않았다. 문화정책의 범위와 대상을 정하는 데 직접적인 영향을 미쳤기 때문이다. 광의로 보면 모든 정책이 문화정책이 될 수 있었고, 협의로 보면 문화정책이 예술정책으로 축소될 위험이 있었다.

좀 더 정교한 관점에서, 광의의 문화를 "사회와 사회집단을 특징짓는 뚜렷한 정신적, 물질적, 지적, 정서적 특성의 총체"로 보면서도, 협의의 문화는 "광의의 문화적 틀 안에서 예술과 관련된 활동"으로 규정하는 시각도 나타났다.[15] 여기서 중요한 것은 협의의 문화 역시 광의의 문화 안에 포함된다고 본다는 점이다. 즉, 예술도 결국 사회의 총체적 문화 맥락 안에서 이해되어야 한다는 관점이다.

〈표 2-3〉 문화의 개념 분류

문화의 개념	요소	헌법상 문화 개념
합리성 / 기능성	생활의 편의성 · 경제성 등	문화의 향유
주관성 / 감성	높은 교양과 지식, 예술적 요소	예술, 전통문화의 창달
가치성 / 이성	철학, 종교, 과학	학문

출처: 류시조, "지방분권체제에 있어서 문화국가원리의 의미", p. 285를 참고하여 재구성.

가장 주목할 만한 도전적 연구 중 하나는 문화 개념을 우리나라 헌법과 직접 연결한 연구였다. 〈표 2-3〉에서 보듯이, 이 접근에서

14 김정수, "'미녀와 야수': 문화행정의 새로운 패러다임 모색", 『한국행정연구』, 2 제1호 (2002), p. 31.

15 임학순, 『창의적 문화사회와 문화정책』(서울: 진한도서, 2003), p. 54.

는 문화를 합리성, 주관성, 가치성의 세 가지 측면으로 나누어 보았다.[16]

이 분류는 헌법 제9조 "국가는 전통문화의 계승 · 발전과 민족문화의 창달에 노력하여야 한다"와 제22조 "모든 국민은 학문과 예술의 자유를 가진다"라는 조항을 실제 정책과 연결하는 이론적 틀을 제공한다. 특히 주목할 점은 '문화의 향유'를 합리성/기능성과 연결한 부분이다. 이는 문화 향유가 단순한 예술 감상이 아니라 생활의 편의성과 경제성까지 포함하는 개념임을 시사한다. 이러한 해석은 이후 문화향유정책의 방향에도 적지 않은 영향을 미쳤다.

법적 정의의 등장과 변화

이런 학술적 논의들과 별개로, 실제 정책 현장에서는 더 구체적이고 명확한 문화 개념이 필요했다. 2000년대 이전까지 한국의 문화정책에서 문화는 문화예술과 거의 동일시되었다.

과거 문화정책 시행의 유일한 근거는 「문화예술진흥법」이었는데, 이 법은 문화예술의 정의만을 명시하고 있을 뿐이었다. 흥미로운 점은 1995년 개정 당시 동 법 12조에서 발견된다. "국가는 국민으로 하여금 문화예술에 대한 이해를 깊게 하고 이에 적극 참여하도록 하기 위하여 문화의 날과 문화의 달을 설정한다"라고 명시되어 있다. '문화예술의 날'이 아닌 '문화의 날'로 표기된 것을 보면,

16 류시조, "지방분권체제에 있어서 문화국가원리의 의미", 『공법학연구』 제19권 제3호 (2018), p. 285.

이 시기에는 문화와 문화예술이 완전히 동일한 개념으로 인식되었음을 알 수 있다. 별도의 구분이 필요하지 않을 정도로 문화정책은 곧 문화예술정책이었다.

〈표 2-4〉「문화예술진흥법」의 문화 정의 변천 과정

시기	내용
1972년 제정	제2조(정의) 이 법에서 "문화예술"이라 함은 문학 · 미술 · 음악 · 연예 및 출판에 관한 사항을 말한다.
1987년 개정	제2조(정의) 이 법에서 "문화예술"이라 함은 문학 · 미술 · 음악 · 무용 · **연극** · **영화** · 연예 및 출판에 관한 사항을 말한다.
1995년 개정	제2조(정의) 1. "문화예술"이라 함은 문학, 미술(應用美術을 포함한다), 음악, 무용, 연극, 영화, 연예, **국악**, **사진**, **건축**, **어문** 및 출판을 말한다.
2013년 개정	제2조(정의) 1. "문화예술"이란 문학, 미술(응용미술을 포함한다), 음악, 무용, 연극, 영화, 연예(演藝), 국악, 사진, 건축, 어문(語文), 출판 및 **만화**를 말한다.
2022년 개정	제2조(정의) 1. "문화예술"이란 문학, 미술(응용미술을 포함한다), 음악, 무용, 연극, 영화, 연예(演藝), 국악, 사진, 건축, 어문(語文), 출판, 만화, **게임, 애니메이션 및 뮤지컬 등 지적, 정신적, 심미적 감상과 의미의 소통을 목적으로 개인이나 집단이 자신 또는 타인의 인상(印象), 견문, 경험 등을 바탕으로 수행한 창의적 표현활동과 그 결과물**을 말한다.

출처: 「문화예술진흥법」 연혁을 참고하여 저자 작성.

〈표 2-4〉와 같이 「문화예술진흥법」의 문화예술 정의는 시대에 따라 점진적으로 확대되었다. 1973년 입안된 『제1차 문예 진흥 발전계획』에 따르면, 정부는 1974년부터 5년간의 제1차 5개년 계획 기간에 문예중흥의 기반 구축에 역점을 두었다. 구체적으로는 ① 문화예술 전반에 걸친 철저한 기초 조사로 민족문화의 체계를 정립하고 ② 민족의 위대성을 선양하는 예술창작을 중점 지원하며 ③ 대중문화를 정화시켜 문화예술의 저변을 확대하겠다는 계획이

었다.[17] 여기서 세 번째 항목에 주목할 필요가 있다. '대중문화를 정화'한다는 표현에서 당시 정부가 대중문화와는 구별되는 고급 예술만을 진정한 문화로 이해했음을 알 수 있다. 이는 앞서 살펴본 아놀드의 전통적 문화 개념과 정확히 일치한다.

결정적 변화는 2000년대 초반 노무현 정부에서 일어났다. 오랫동안 문화는 "정신적 교양과 고급 예술"이라는 좁은 틀로 이해되었고, 그 결과 대중문화나 문화산업처럼 새롭게 등장한 문화 현실을 정책으로 담아내는 데 어려움이 많았다. 정부는 이러한 한계를 지적하며, 문화를 우리 사회 발전의 중심 동력으로 재정의했다. 그리고 '개발을 위한 인간'이라는 물질 중심의 사고에서 벗어나, '인간을 위한 개발'을 지향하는 문화사회로 전환할 것을 강조했다.

새로운 문화 개념은 지식인과 예술가가 주도하는, 이른바 '고급문화'에 머물지 않고, '다양한 삶의 양식'으로 확장되었다. 더 나아가 '인간 발전으로서의 문화 발전'이라는 비전을 통해 문화정책의 목표를 '모든 국민의 문화적 능력 향상'으로 설정했다. 이는 일부 사람만이 문화적 혜택을 누리는 현실을 넘어, 국민이 모두 문화적 역량을 갖추고 발휘할 수 있게 하겠다는 뜻이었다. 문화정책에 담긴 이 변화는 단순한 문화 정의의 수정이 아니라, 문화의 본질을 다시 묻고 그것에 맞게 정책의 방향을 바꾸려 한 근본적인 전환이었다.[18]

---

17 중앙일보, "민족문화 정립 위한 백년대계: 「문예중흥 5개년 계획」의 내용", 1973. 10. 20.

18 『2003 문화정책 백서』(서울: 문화관광부, 2004), p. 414.

그 영향으로 2013년 제정된 「문화기본법」에서 문화의 정의가 처음으로 등장하게 되는데, 여기서 "문화란 문화예술, 생활양식, 공동체적 삶의 방식, 가치체계, 전통 및 신념 등을 포함하는 사회나 사회구성원의 고유한 정신적 · 물질적 · 지적 · 감성적 특성의 총체"(제3조)로 명시되었다. 이 정의는 1982년 유네스코 '멕시코 문화정책선언'의 내용을 사실상 그대로 반영한 것으로, 문화의 의미를 예술에만 국한하지 않고 인간 삶 전반의 총체로 이해하려는 관점을 담고 있다. 우리나라 문화정책 역시 그 이후로 이처럼 확장된 개념을 공식적으로 채택하고 있으며, 이는 예술진흥 중심에서 문화복지, 생활문화, 지역문화로 정책 영역이 넓어지는 데 중요한 토대가 되었다.

이러한 흐름은 2022년 「문화예술진흥법」 개정에도 반영되었다. 문화예술을 단순한 장르 나열에서 벗어나 "지적, 정신적, 심미적 감상과 의미의 소통을 목적으로 개인이나 집단이 인상 · 견문 · 경험 등을 바탕으로 수행한 창의적 표현활동과 그 결과물"로 규정했다. 이 정의는 두 가지 중요한 변화를 담고 있다.

첫째, 문화예술을 바라보는 관점 자체가 바뀌었다. 기존에는 '문학, 미술, 음악, 무용' 등 정해진 장르를 나열하는 방식이었다. 마치 문화예술이 미리 정해진 몇 개의 상자 안에 들어가야 하는 것처럼 말이다. 하지만 2022년 개정안은 '창의적 표현활동'이라는 행위 중심 개념으로 전환했다. 이는 문화예술을 고정된 형태가 아닌, 살아있는 활동으로 본다는 의미다. 중요한 것은 장르가 아니라 '창의적으로 표현하는 행위' 자체가 되었다. 예를 들어보자. 과거에는 어떤 새로운 문화 형태가 등장하면 "이것이 문학인가, 미술인가, 연예인가?"를 따져야 했다. 웹툰이 나왔을 때도 "이것이 만화인가, 문학인가, 영상예술인가?" 하는 분류 논쟁이 있었다.

하지만 이제는 '창의적 표현활동인가?'라는 기준으로 접근한다. 웹툰 작가가 자기 경험과 상상력을 바탕으로 독자와 의미를 소통하려는 창의적 활동을 한다면, 그것 자체로 문화예술이 되는 것이다. 이런 변화는 급속히 변화하는 현대 문화 환경에 대응하기 위한 것이다. VR 아트, 인터랙티브 미디어, 1인 방송 등 기존 장르로는 분류하기 어려운 새로운 문화 형태들이 계속 등장하고 있기 때문이다.

둘째, 문화예술의 영역이 대폭 확장되었다. 2022년 개정에서는 게임, 애니메이션, 뮤지컬을 명시적으로 추가했다. 이는 단순한 목록 추가가 아니라 문화예술에 대한 인식의 근본적 변화를 의미한다. 과거 1970년대만 해도 '대중문화를 정화'해야 한다고 보았던 시각에서 보면 가히 혁명적이라고 볼 수 있다. 그 시대에 게임은 오락으로, 뮤지컬은 상업적 오락거리로 여겨졌기 때문이다. 하지만 이제는 이들이 모두 정당한 문화예술 영역으로 인정받고 있다. 게임 디자이너는 예술가이고, 웹툰 작가는 문화창작자이며, 뮤지컬 배우는 문화예술인이다.

더 중요한 것은 '융합'이라는 특성이다. 현대 문화는 기존 장르들이 서로 섞이고 결합하면서 새로운 형태를 만들어내고 있다. 게임에는 음악, 미술, 스토리텔링, 연기가 모두 들어간다. 웹툰에는 문학적 서사와 시각적 표현이 결합한다. 뮤지컬은 음악, 연극, 무용이 융합된 종합예술이다. 이런 융합 문화의 특성을 반영해 법적 정의도 훨씬 유연해진 것이다. "지적, 정신적, 심미적 감상과 의미의 소통을 목적으로" 하는 활동이라면, 그것이 어떤 매체를 통하거나 어떤 형태를 취하든 문화예술로 인정한다는 입장이다.

또 다른 중요한 변화는 표현 주체의 확장이다. "개인이나 집단이 자신 또는 타인의 인상, 견문, 경험 등을 바탕으로 수행한" 활동이라고 명시한 것은 문화예술의 창작 주체를 전문 예술가에서 모든 사람으로 확장한다는 의미이다. 과거에는 문화예술이라고 하면 음악대학을 나온 연주자, 미술대학을 나온 화가, 문예창작과를 나온 소설가 등 전문 교육을 받은 사람들의 영역이라고 여겨졌다. 하지만 이제는 유튜버가 만드는 영상도, 일반인이 운영하는 블로그도, 시민들이 참여하는 마을 축제도 모두 문화예술 활동이 될 수 있다. 이는 앞서 살펴본 '문화민주주의' 개념과 직결된다. 문화를 만들고 향유하는 주체가 소수 전문가에서 모든 시민으로 확장된 것이다.

문화예술 관점의 확대와 문화예술 영역의 확장으로 인한 개념적 혼재가 바로 문화나눔사업이 직면한 현실의 배경이다. 법적으로는 '총체적 삶의 양식'으로서 광의의 문화를 지향하지만, 실제 정책 설계와 집행 단계에서는 여전히 협의의 문화예술과 광의의 생활문화 사이에서 혼란을 겪고 있다.

통합문화이용권(문화누리카드)의 도서 구입이나 교통비 지출, 신나는 예술여행의 관광 프로그램화, 방방곡곡 문화공감의 일회성 이벤트화 등이 모두 이런 개념적 혼재의 결과다. 넓게 보면 모두 '문화 활동'에 포함될 수 있지만, 과연 이것이 문화나눔사업이 추구하던 '문화적 감수성 향상'과 부합하는지는 별개의 문제다.

따라서 정책 대상으로서의 문화는 광의의 문화 개념 중에서도 창작과 향유 등 구체적인 문화 활동에 관련된 공공적 사안으로 한정되고 정교화될 필요가 있다.[19] 이는 단순한 정의 문제가 아니라 문화정책의 정체성과 방향을 결정하는 핵심 과제다.

문화 가치를 둘러싼 논의

문화 개념이 예술에서 생활과 가치까지 아우르는 방향으로 확장되면서, 문화정책의 대상과 범위도 한층 넓어졌다. 이 과정에서 "그렇다면 어디까지를 문화정책으로 보고, 왜 여기에 공적 자금을 써야 하는가?"라는 물음이 뒤따랐다. 문화의 가치를 둘러싼 논의는 바로 이처럼 공공 지원의 정당성을 설명하려는 과정에서 본격적으로 시작되었다.

초기의 연구는 주로 문화경제학에서 이루어졌다. 예를 들어 아르요 클래머(Arjo Klamer)는 문화를 '예술로서의 문화'와 '총체론적 문화'로 구분하고, 각각의 가치가 경제적 · 사회적 · 문화적 차원에서 어떻게 드러나는지를 설명했다.[20]

19 이병량, "한국 문화정책의 논리에 관한 비판적 연구: 평가 준거의 구성과 시론적 평가", 『행정논총』 44권 2호(2006), p. 28.

20 Arjo Klamer, *The Value of Culture On the Relationship Between Economics and Arts* (Amsterdam: Amsterdam University Press, 1997), pp. 465-467.

〈표 2-5〉 아르요 클래머의 '문화 가치' 구분

분 류	예술로서의 문화	총체론적 문화
경제적 가치	문화 상품에의 투자, 정부의 문화지원금으로 인한 이익 등 문화의 경제적 효과	집단의 공유된 가치에서 오는 경제적 기여
문화적 가치	심미적, 정신적 가치	문화적 정체성 창출 혹은 보전을 위한 집단의 관행
사회적 가치	자긍심, 정체성을 통한 사회 통합, 교육의 효과	

출처: Arjo Klamer, *The Value of Culture On the Relationship Between Economics and Arts*, pp. 465-467의 내용을 참고하여 재구성.

데이비드 스로스비(David Throsby)는 저서 『문화경제학(Economics and Culture)』에서 문화의 본질적 가치를 더욱 체계적으로 정리했다. 그는 문화적 가치를 다음 여섯 가지로 구분했다:[21]

- 미적 가치(aesthetic value): 아름다움과 미학적 수월성
- 정신적 가치(spiritual value): 영적 만족과 내적 성장
- 사회적 가치(social value): 공동체 결속과 사회 통합
- 역사적 가치(historical value): 전통 계승과 세대 간 연결
- 상징적 가치(symbolic value): 정체성과 소속감 부여
- 전통적 가치(authenticity value): 진정성과 독창성

흥미로운 점은 스로스비 자신도 이 목록이 완성된 것이 아니라고 인정했다는 것이다. 실제로 그는 2010년 후속 연구에서 역사

21 David Throsby, *The Economics and Culture* (Cambridge: Cambridge University Press, 2001), pp. 2, 8-29.

적 · 전통적 가치를 빼고, 대신 교육적 가치를 새로 추가했다.[22] 이는 문화의 가치가 고정된 것이 아니라, 시대와 맥락에 따라 변화한다는 것을 보여준다. 스로스비는 문화적 가치가 사람들의 지불 의사와 가격 형성에 직접적으로 작용한다고 보았다.[23] 다시 말해, 문화의 경제적 가치는 시장 메커니즘만으로 설명되지 않으며, 그 이면에 자리한 문화적 가치가 결정적 기반을 이룬다는 것이다.

영국 싱크탱크 데모스(DEMOS)의 존 홀든(John Holden)은 〈그림 2-2〉의 '가치 삼각형(value triangle)'을 통해 문화의 가치를 실용적인 관점에서 세 가지 범주로 정리했다.[24]

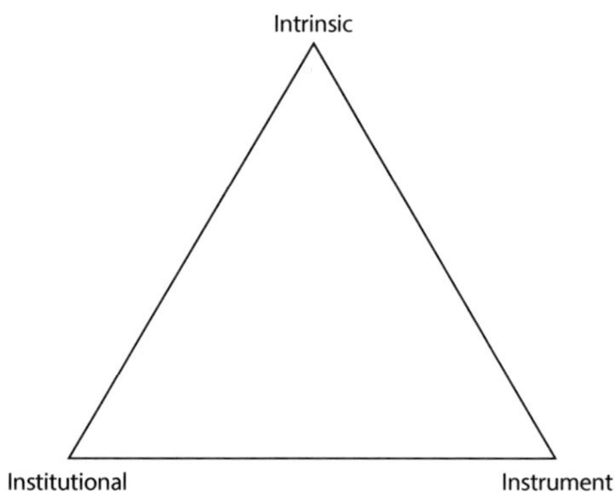

출처: John Holden, *Cultural Value and the Crisis of Legitimacy* (London: Demos, 2006), p. 15.

〈그림 2-2〉 가치 삼각형

22 Hasan Bakhshi and David, Culture of Innovation: An Economic Analysis of Innovation in Arts and Cultural Organizations (London: NESTA, 2010), pp. 75-76.

23 David Throsby, *The Economics of Cultural Policy*, p. 18.

24 J. D. Carnwath and A. S. Brown, *Understanding the Value and Impacts of Cultural Experiences: A Literature Review* (London: Arts Council England, 2014), p. 41.

홀든의 분류는 매우 직관적이다. 먼저 내재적 가치(intrinsic value)는 문화 그 자체가 주는 기쁨과 만족을 말한다. 좋은 소설을 읽으며 느끼는 감동, 아름다운 음악을 들으며 경험하는 위안, 연극을 보며 얻는 지적 자극 같은 것들이다. 이런 가치는 다른 무엇을 위한 수단이 아니라 그 자체로 의미가 있다.

도구적 가치(instrumental value)는 문화를 통해 다른 목적을 달성하는 측면이다. 예를 들어 지역 축제를 통해 관광객을 유치하고 경제를 활성화하거나, 문화예술교육을 통해 청소년 문제를 해결하는 것들이다. 문화가 수단이 되어 사회적 · 경제적 효과를 가져오는 경우다.

제도적 가치(institutional value)는 좀 더 복합적이다. 공공 도서관이나 미술관 같은 문화시설을 운영하고 이용하는 과정에서 시민들 사이에 형성되는 신뢰와 연대감을 의미한다. 함께 문화를 향유하는 경험을 통해 공동체 의식이 생겨나는 것이다.[25]

이 삼각형 모델은 문화정책을 설계할 때 균형을 잡아야 할 세 가지 가치 영역을 명확히 보여준다. 문화누리카드가 주로 도서 구입이나 교통비로 사용되는 현상은 내재적 가치보다 도구적 가치에 치우친 결과로 해석할 수 있다.

국내에서도 2000년대 이후 문화 가치 연구가 활발히 진행되었다. 한 연구는 문화 가치를 공공재적 · 경제적 · 도시적 차원으로 구분하면서, 문화가 모든 시민에게 개방된 공공재로서 기능해야 함을 강조했다. 특히 '도시적 가치'라는 개념을 통해 일상 공간에

---

25 John Holden, *Cultural Value and the Crisis of Legitimacy* (London: Demos, 2006), pp. 14-18.

서 문화 환경을 조성하는 것이 시민의 문화적 삶의 질 향상에 기여한다고 주장했다.[26]

문화의 가치는 본질적 가치와 도구적 가치로 나누어 설명되기도 한다. 본질적으로 문화는 그 자체로 심리적 · 정신적 안정을 제공하며, 인간다운 삶을 이루는 데 필수적이다. 과거 경제적 욕구 충족이 우선되던 시기에는 문화가 소수의 전유물이었지만, 오늘날에는 모든 사람의 삶의 질을 높이는 데 꼭 필요한 요소로 자리 잡았다. 따라서 사회적 취약계층을 포함해 누구나 문화적 권리를 보장받을 필요가 있다.

문화의 도구적 가치는 이런 본질적 가치에서 나온다. 문화 향유를 통해 인간다운 삶을 실현할 수 있다고 할 때, 문화는 수단으로 기능한다. 문화적 감수성은 다양한 문화적 경험에 따라 얻어지며, 이는 개인의 주체성 확립에 도움을 준다. 그 결과 사회적 배제를 경험한 소외계층은 문화를 통해 사회와 소통할 수 있게 된다.[27]

문화의 가치를 보는 또 다른 관점은 〈표 2-6〉에서처럼 그것이 작용하는 층위에 따라 구분하는 방식이다. 첫째, 물질적 가치는 문화가 경제와 기술 발전에 미치는 영향을 말한다. K-팝이 전 세계로 퍼져나가면서 한국의 문화 상품 수출이 늘어나고, 한국어를 배우려는 외국인이 증가하는 현상이 대표적이다. 문화콘텐츠 산업이

---

26 유원희, "문화예술의 지원 정책의 정당성에 관한 고찰", 『디자인 융복합 연구』 9권 4호(2010), pp. 33-34.

27 최종혁 외, "사회적 취약계층의 사회적 배제에 대한 문화복지 프로그램의 기능: 문화복지실천가 대상 질적연구", 『한국 사회복지학』 제62권 제1호(2010), pp. 306-307.

새로운 성장 동력이 되고, 디지털 기술과 결합해 새로운 문화 경험을 만들어내는 것도 물질적 가치에 해당한다.

〈표 2-6〉 '문화의 가치 확산' 모델

가치 모델	구현 내용	파급 효과
물질적 가치	· 문화경제의 확산 · 문화적 테크놀로지의 진보 · 문명적 수준의 발전	· 문화국가의 실현, 문화경쟁력 강화 · 기술을 통한 문화의 활용 가치 확대 · 다양한 문화들의 공존과 문화적 역량 강화
사회적 가치	· 사회 갈등 요소들의 치유 극복 · 문화적 차이와 소통	· 문화예술교육을 통한 사회적 갈등 해소 · 다문화, 소수자 문화 등의 문화 다양성 확산 · 보편적 복지로서의 문화향수 촉진
일상적 가치	· 일상의 즐거움과 행복감 · 개인들의 여가문화와 라이프스타일의 다양화	· 문화적 활력 넘치는 일상 · 개인의 자유와 표현의 권리 확대 · 다양한 여가문화 활성화

출처: 이동연, "문화융성의 사회적 가치 확산을 위한 문화정책의 구상", 한국문화관광연구원 편, 『문화융성 시대, 국가 정책의 방향과 과제』, KCTI 총서(서울: 한국문화관광연구원, 2013), p. 47의 내용을 참고하여 재구성.

둘째, 사회적 가치는 문화가 사회문제 해결과 통합에 기여하는 측면이다. 지역 축제를 통해 주민들이 하나가 되거나, 다문화 가정을 위한 문화 프로그램을 통해 사회 갈등을 줄이는 경우가 그렇다. 최근에는 문화예술교육을 통해 학교 폭력을 예방하거나 소외계층의 사회 참여를 돕는 사례도 늘고 있다.

셋째, 일상적 가치는 가장 직접적이고 개인적인 차원이다. 퇴근 후 좋아하는 드라마를 보며 하루의 피로를 푸는 것, 주말에 가족과 함께 영화를 보며 즐거운 시간을 보내는 것, 취미로 악기를 배우며 새로운 자신을 발견하는 것들이다. 이런 경험들이 개인의 삶을 더

풍요롭고 다양하게 만든다.[28]

비슷한 맥락에서 문화의 가치를 사회 · 정신적, 경제 · 창조적, 상징적 차원으로 나누는 관점도 있다. 사회 · 정신적 가치는 문화를 통해 개인이 정서적 안정을 찾고 다른 사람들과 관계를 맺는 측면을, 경제 · 창조적 가치는 문화가 새로운 산업을 만들고 경제 성장을 이끄는 측면을, 상징적 가치는 문화가 우리가 누구인지 정체성을 확인하고 공동체 의식을 형성하는 기능을 의미한다.[29]

〈표 2-7〉 문화의 가치

문화의 가치	내용
미적 가치	아름다움, 미학적 수월성
오락적 가치	즐거움, 쾌감, 기분 전환, 활력
소통 · 공감의 가치	의사소통(커뮤니케이션), 자기표현, 차이와 다양성의 이해, 사회적 결속력 강화
치료 · 치유적 가치	심리적 만족과 안정, 위로, 스트레스 해소, 신체적 건강 및 정신 건강 함양
역사적 가치	전통의 계승, 현세대와 미래 세대의 연결
상징적 가치	정체성 및 소속감(개인/집단/지역/국가)의 부여
교육적 가치	사물과 세상의 이해, 인지능력 제고, 관용 · 호혜성 · 신뢰 등 시민적 미덕의 학습
창조적 가치	창조적 발상, 비판적 평가능력 함양
경제적 · 산업적 가치	경제 성장 동력, 경제적 부가가치 창출, 고용 창출

출처: 양혜원, 『문화 가치의 사회적 확산을 위한 협력과제 발굴 연구』(세종: 문화체육관광부, 2013), p. 24의 내용을 재구성.

28 박양우, "문화융성의 의미와 과제", 한국문화관광연구원 편, 『문화융성 시대, 국가 정책의 방향과 과제』(서울: 한국문화관광연구원, 2013), pp. 46-47.

29 노영순, 『문화융성 정책의 성과와 과제』(서울: 한국문화관광연구원, 2015), pp. 12-18.

이런 다양한 논의를 종합해 〈표 2-7〉과 같이 문화의 가치를 아홉 가지로 정리한 연구도 있다. 이 분류는 문화가 우리 삶에 미치는 영향을 거의 모든 측면에서 보여주기 때문에 주목할 만하다.

미적 가치와 오락적 가치는 가장 직관적이다. 아름다운 것을 보고 즐거운 경험을 통해 얻는 기본적인 만족감이다. 소통 · 공감의 가치는 문화를 통해 다른 사람과 마음을 나누고 서로를 이해하게 되는 것이다. 치료 · 치유적 가치는 최근 주목받는 영역으로, 음악치료나 미술치료처럼 문화가 심리적 회복에 기여하는 경우다. 역사적 가치와 상징적 가치는 시간과 공간을 잇는 기능으로, 전통 음악을 통해 조상들의 정서를 느끼거나 지역 축제를 통해 고향에 대한 애착을 갖게 되는 것을 말한다. 교육적 가치와 창조적 가치는 개인의 성장과 역량을 키우는 데 관련되고, 경제적 · 산업적 가치는 문화가 지닌 물질적 효과를 강조한다.[30]

문화 가치의 균형적 고려 필요성

이처럼 문화의 가치는 개인의 감정에서 국가 경제까지, 현재의 즐거움에서 미래 세대와의 연결까지 우리 삶의 거의 모든 영역에 걸쳐 있다. 문제는 정책을 만들 때 이 모든 가치를 균형 있게 고려하기가 쉽지 않다는 점이다. 특히 국가 차원의 문화정책에서는 경제적 효과나 사회문제 해결 같은 도구적 가치가 더 강조되는 경향

30 양혜원, 『문화 가치의 사회적 확산을 위한 협력과제 발굴 연구』(세종: 문화체육관광부, 2013), p. 24.

이 있다. 예산을 확보하고 성과를 증명하려면 구체적이고 측정이 가능한 결과가 필요하기 때문이다.

하지만 한국에서는 이런 도구주의적 접근이 지나치게 강하다는 지적이 많다. 문화 그 자체의 본질적 가치보다 '문화를 통해 무엇을 얻을 수 있는가?'에만 집중하는 경향이 있다는 것이다.[31] 문화나눔사업이 본래 의도했던 문화적 감수성 향상보다는 생활비를 보조하는 실용적 수단으로 활용되는 현실도 이런 맥락에서 이해할 수 있다. 문화정책이 지향해야 할 가치의 균형점을 찾는 것, 이것이 오늘날 우리가 직면한 핵심 과제다. 그리고 이는 다음에 살펴볼 문화적 권리의 개념과도 긴밀하게 연결된다.

2. 문화적 권리의 등장과 발전

"문화를 누릴 권리가 있다"라는 말을 들으면 어떤 생각이 드는가? 당연한 이야기 같지만, 막상 구체적으로 설명하려 하면 쉽지 않다. 문화적 권리, 즉 '문화권'의 개념은 시대적 상황과 추구하는 가치, 그리고 문화를 어떻게 정의하느냐에 따라 달라지기 때문이다.

최근 들어 문화권에 대한 논의가 활발해졌지만, 여전히 개념이 유동적이고 해석도 다양해서 뚜렷한 이론 체계를 세우기에는 한계가 있다. 그럼에도 문화권을 국민이 마땅히 누려야 할 기본적인 권

31 양혜원 외, 『예술의 가치와 영향 연구』(서울: 한국문화관광연구원, 2019), pp. ix-xi.

리로 본다면, 그 법적 지위와 범위를 분명히 하는 일은 중요하다. 그래야 정부도 이를 토대로 더 정당하고 설득력 있는 문화정책을 펼칠 수 있기 때문이다.[32]

그렇다면 '문화권'이라는 개념은 언제, 어떤 계기를 통해 등장해 오늘날까지 이어져 온 것일까? 그 역사적 배경을 살펴보면, 왜 이 개념이 지금도 여전히 중요한지 분명해진다.

세계인권선언: '문화권'의 출발점

문화권의 기본 개념은 1948년 채택된 「세계인권선언(Universal Declaration of Human Rights)」을 기반으로 한다. 이 선언의 제22조와 제27조에 문화적 권리에 관한 내용이 담겨 있다.

> 제22조. 모든 사람에게는 사회의 일원으로서 사회 보장을 요구할 권리가 있으며, 국가적 노력과 국제적 협력을 통해 또한 각국의 조직과 자원에 따라 자신의 존엄성과 인격의 자유로운 발전에 필수 불가결한 경제적이고 사회적이고 문화적인 권리들을 실현할 자격이 있다.

> 제27조 1. 모든 사람은 자기가 속한 공동체의 문화생활에 자유롭게 참여할 권리, 예술을 즐길 권리, 학문적 진보와 그 혜택을 함께 누릴 권리를 가진다. 2. 모든 사람은 자신이 만들어낸 모든 학문,

32 김수갑, "문화국가를 위한 법체계 검토", 『문화정책논총』 18호(2007), p. 19; 노영순, 『문화권 선언 2030 방향 설정 연구』(서울: 한국문화관광연구원, 2019), p. 16.

문예, 예술의 창작물에서 생기는 정신적, 물질적 이익을 보호받을 권리를 가진다.

정리하면, 문화권은 모든 사람이 문화의 창작과 향유를 통해 인간다운 삶을 누릴 권리이며, 이를 보장할 국가의 책무까지 포함한다. 특히 주목할 만한 것은 1948년이라는 시점이다. 제2차 세계대전이 끝난 뒤, 인류가 다시는 그런 참혹한 비극을 반복하지 않기 위해 인권에 대한 새로운 합의를 만들어가던 시기였다. 그때부터 이미 문화가 인간의 기본권 중 하나로 인식되었다는 사실은 매우 의미가 크다.

국제협약을 통한 구체화

「세계인권선언」에서 문화권 개념이 등장한 이후 대체로 문화권의 개념은 학계에서보다 국제협약이나 선언 등을 토대로 발전해 왔다.[33]

1966년 제21차 UN 총회에서 채택된 「경제적 · 사회적 · 문화적 권리에 관한 국제규약(International Covenant on Economic, Social and Cultural Rights)」은 구성원들의 문화적 삶에 대한 접근권과 참여권 등 문화권 보장을 위한 당사국들의 책임을 구체적으로 강조했다. 동 협약 제15조는 문화권의 개념을 다음과 같이 규정하고 있다:[34]

---

33 정광렬, 『문화국가를 위한 헌법 연구』(서울: 한국문화관광연구원, 2017), p. 37.

34 「The International Covenant on Economic, Social and Cultural Rights is a multilateral treaty」 adopted by the United Nations General Assembly on 16 December 1966.

「경제적 · 사회적 · 문화적 권리에 관한 국제규약」 제15조

1. 이 규약의 당사국은 모든 사람의 다음 권리를 인정한다.
(a) 문화생활에 참여할 권리
(b) 과학의 진보 및 응용으로부터 이익을 향유할 권리
(c) 자기가 저작한 모든 과학적, 문학적 또는 예술적 창작품으로부터 생기는 정신적, 물질적 이익의 보호로부터 이익을 받을 권리
2. 이 규약의 당사국이 그러한 권리의 완전한 실현을 달성하기 위하여 취하는 조치에는 과학과 문화의 보존, 발전 및 보급에 필요한 제반 조치가 포함된다.
3. 이 규약의 당사국은 과학적 연구와 창조적 활동에 필수 불가결한 자유를 존중할 것을 약속한다.
4. 이 규약의 당사국은 국제적 접촉의 장려와 발전 및 과학과 문화 분야에서의 협력으로부터 이익이 초래됨을 인정한다.

이 협약이 중요한 이유는 단순히 권리를 선언하는 데 그치지 않고, 국가가 구체적으로 무엇을 해야 하는지를 명시했기 때문이다. 문화의 보존, 발전, 보급을 위해 조치를 해야 한다는 것은 오늘날 각국 문화정책의 근거가 되고 있다.

문화권에 대한 논의 및 이론의 개발에 있어 주도적 역할을 맡고 있는 유네스코는 「세계 문화보고서(*World Culture Report*)」를 통해 "국가 정책은 문화를 국민의 기본권의 하나로 인식해야 하며, 문화권의 신장을 정치적, 경제적 사회정의를 구현하기 위한 노력의 일부로

규정해야 한다."[35]라고 밝혔다.

또한 1966년 채택된 「국제문화협력의 원칙 선언(Declaration of the Principles of International Cultural Co-operation)」의 제1조 2항은 "모든 국민은 자신들의 문화를 발전시킬 권리와 의무를 갖는다"[36]라고 명시하며 문화권을 직접 언급했다.

이후 수많은 국제 선언과 협약들이 문화권의 개념을 발전시켜 왔다. 주요한 것들을 정리하면 〈표 2-8〉과 같다.

〈표 2-8〉 UNESCO의 '문화권' 관련 규정

규약	주요 내용
세계 문화보고서	국가 정책은 문화를 국민의 기본권의 하나로 인식해야 하며, 문화권의 신장을 정치적, 경제적 사회정의를 구현하기 위한 노력의 일부로 규정해야 한다.
인종과 인종 편견에 관한 선언(1978)	(제1조) 출산에 근거를 둔 정체성을 인정한다고 해도 인간은 다르게 살 수 있고 다르게 살기 마련이라는 사실은 변함이 없으며, 문화, 환경, 역사적 다양성에 기초한 차이가 존재하는 현실을 부정할 수 없고, 문화정체성을 지킬 수 있는 권리 또한 배제할 수 없다.
일반대중의 문화생활에 대한 참여 및 기여에 관한 권고(1976)	(서문) 최대한 많은 사람과 단체가 그들의 자유로운 선택에 따라 다양한 활동에 참여하게 하는 것은 기본적인 인간의 존엄과 가치를 증진시키는 데 핵심이 되는 가장 중요한 요소이다. 문화가치 형성에 일반 대중이 참여하기 위해서는 사회적, 경제적 여건이 마련되어야 한다. 이러한 전제 위에서 일반 대중은 문화 혜택을 향수할 수 있고 나아가 문화발전 과정에서 문화생활 전 분야에 걸쳐 적극적으로 참여할 수 있게 될 것이다.

35 UNESCO, *World Culture Report 2000: Cultural Diversity, Conflict and Pluralism* (Paris: UNESCO, 2000), p. 40.

36 UNESCO, "Resolutions", Records of the General Conference, Fourteenth Session (Paris: UNESCO, 1966), p. 87.

규약	주요 내용
멕시코시티 문화정책 선언(1982)	(제1원칙) 모든 문화는 고유하고 대체 불가능한 가치의 실체를 담고 있다. 그 이유는 각 민족의 전통과 표현 체계로 이루어진 문화는 세계에서 그들의 존재를 표현할 수 있는 가장 효율적인 수단이기 때문이다.
발전을 위한 문화정책 행동계획(1998)	문화생활에 접근하고 참여하는 것은 모든 공동체 내의 개인이 가지는 기본적인 권리이므로 정부는 세계인권선언 27조의 취지에 따라 이 권리를 최대한 실현하기 위한 전제 조건들을 조성할 의무가 있다.
문화 다양성 선언(2001)	문화권은 인권을 구성하는 데 뺄 수 없으며, 보편적이고 개인적이며 상호 의존적인 요소이다. 창의적 다양성이 번성하려면 세계인권선언 27조와 경제 사회 문화 권리에 대한 국제협약 제13조 및 14조에 명시된 문화권을 완전하게 실천해야 한다. 모든 이는 자신이 선택한 언어로 특히 모국어로 자기 작품을 창조하고 배포할 자유를 누릴 수 있어야 하고, 문화 다양성을 전적으로 존중하게끔 질 좋은 교육과 훈련을 받아야 한다. 또 인권과 기본 자유를 존중하면서 그 바탕 위에 자신이 선택한 문화적 생활에 참여하고, 문화적 실천을 할 수 있어야 한다.

출처: 정광렬, 『문화국가를 위한 헌법 연구』, p. 42의 내용을 재구성.

이상의 논의를 종합하면, 문화권은 문화적 측면에서 인간다운 삶을 누릴 권리로 이해할 수 있다. 이는 누구나 문화에 자유롭게 '접근'하고 '참여'할 기회를 넓힘으로써 실현된다.[37] 이러한 정의는 1976년 유네스코 총회에서 채택된 「일반 대중의 문화생활에의 참여 및 공헌에 관한 권고(Recommendation on Participation by the People at Large in Cultural Life and their Contribution to it)」에서 구체적으로 제시된 바 있다.[38]

37 김기곤, "한국 사회의 문화권 구성과 제도화", 『민주주의와 인권』 11권 2호(2011), p. 211.

38 이동연, 『문화권 NAP 수립을 위한 기초현황 실태조사와 정책 연계 방안』(서울: 국가인권위원회, 2004), pp. 27-29.

(가) 문화에의 접근은 모든 사람에게 구체적인 기회가 가능하게 하는 것을 의미한다. 특히, 적절한 사회, 경제적 여건의 창출을 통하여 자유롭게 정보를 얻고 연습할 수 있고, 지식과 이해를 할 수 있도록 하거나 문화 가치와 문화 자산을 즐길 수 있도록 해주는 여건 창출을 통하여 가능하게 하는 것을 의미한다.

(나) 문화생활에의 참여라 함은 모든 단체나 개인들로 하여금 그들 인격과 조화로운 삶, 사회의 문화 진보를 완전하게 발전시킬 목적으로 그들 스스로가 자유로이 표현할 수 있고, 전달 또는 활동하거나 창조적인 활동에 종사할 수 있도록 구체적인 기회를 보장하는 것을 의미한다.

(다) 커뮤니케이션이라 함은 그룹이나 개인들이 자유롭게 정보와 아이디어, 지식을 교환, 공유할 수 있도록 해주는 관계를 의미한다.

이런 국제적 논의를 보면 문화나눔사업의 원래 취지를 이해할 수 있다. 문화에 대한 '접근'과 '참여'를 보장하여 모든 사람이 문화를 통해 인간다운 삶을 누릴 수 있게 하겠다는 것이다. 하지만 현실에서는 어떨까? 문화누리카드가 도서 구입과 교통비로 주로 사용되는 현상을 이런 문화권의 이상과 비교해 보면 상당한 거리가 있음을 알 수 있다. 문화권이 추구하는 '창조적 활동 참여'나 '문화 향유'와는 다른 방향으로 흘러가고 있다.

물론 도서 구입이나 교통비 지원이 의미 없다는 것은 아니다. 책을 읽는 것도 문화 활동이고, 문화 공간으로 이동하는 데 교통비가 필요한 것도 사실이다. 하지만 문제는 이런 용도가 압도적 비중을 차지하면서 정작 예술 공연 관람이나 문화교육 프로그램 참여 같은 직접적인 문화 경험은 상대적으로 줄어들고 있다는 점이다. 이는 문화권이 강조하는 '적극적 참여'보다는 '소극적 소비'에 머물러 있음을 시사한다.

'문화권'의 제도화

그렇다면 이런 문화권 개념은 어떻게 각국의 헌법과 법률에 담기게 되었을까? 그리고 우리나라에서는 어떤 과정을 거쳐 문화권이 제도화되었을까? 국제적 논의가 활발해지면서 여러 나라에서 문화권을 자국의 법체계에 반영하려는 노력을 시작했다. 특히 유럽 국가들에서 이러한 논의가 활발히 전개되었다.

대표적인 사례인 프랑스는 1946년 헌법 전문에 문화기본권을 사회적 기본권으로 명시해, 문화권을 시민의 권리이자 정부가 문화 서비스를 제공할 법적 근거로 규정했다. 프랑스의 문화법은 문화권을 '향유권', '창조권', '참여권'의 세 가지 요소로 구분한다.[39] 이 구분은 매우 구체적이고 실용적이다. 향유권은 문화를 소비하고 즐길 권리, 창조권은 스스로 문화를 만들어낼 권리, 참여권은 문화 활동과 문화정책 결정 과정에 참여할 권리를 뜻한다. 앞서 살펴본 유네스코의 '접근과 참여' 개념을 더욱 세분화한 것이라 할 수 있다.

---

39 이영욱, 『문화헌장 제정 의의』(서울: 한국문화관광정책연구원, 2005), p. 43.

최근에는 영국과 북유럽 국가들에서도 수요자 중심의 문화적 권리 개념이 강조되고 있으며, 스코틀랜드에서는 교육 · 주택 등 다른 복지서비스와 동등하게 문화적 권리를 보장하라는 움직임도 나타나고 있다.[40]

한국 사회에서 국가 차원의 문화권 논의가 본격적으로 시작된 것은 노무현 정부 때였다.[41] 2003년 국가인권위원회의 권고에 따라 정부는 '문화권에 대한 국가행동계획(National Action Plan: NAP)'을 마련했고, 이듬해에는 문화헌장을 제정했다. 2004년에 만들어진 문화헌장은 UN의 '경제 · 사회 · 문화적 권리에 대한 국제규약'(1966)과 UNESCO의 '문화 다양성에 관한 세계 선언'(2001)처럼, 예술과 삶의 양식을 아우르는 넓은 의미의 문화를 전제로 했다. 이렇게 마련된 문화헌장은 문화적 권리, 문화 다양성, 문화교육, 소수 문화 등 모두 13개 항목으로 구성됐다.

이 가운데서도 문화헌장의 1 · 2항은 문화권을 가장 잘 보여주는 핵심 조항으로 국민의 문화적 권리를 자유권, 사회권, 환경권으로 나누어 그 의미와 범위를 밝히고 있다. 여기서 자유권은 표현에 있어서 국가로부터의 국민의 자유를 의미한다. 사회권은 국가가 문화발전에 있어 적절한 정책을 수립 · 시행할 것을 국민이 요구할 수 있는 권리를 말한다. 마지막으로 모든 국민이 좋은 문화적 환경을 누릴 수 있어야 한다는 환경권은 가장 넓은 개념의 권리로 볼

---

40 정광렬, 『문화국가를 위한 헌법 연구』, p. 43.

41 김기곤, "한국 사회의 문화권 구성과 제도화", 『민주주의와 인권』 11권 2호(2011), p. 218.

수 있다.[42]

〈표 2-9〉 문화헌장 항목 체계

항 목	원칙과 주요 개념	관련 중요 개념
항목 1	**문화적 권리**	**문화적 권리의 정의**
항목 2	**창조, 참여, 향유의 평등한 권리**	**문화적 권리에 대한 부연 설명**
항목 3	공동체의 문화적 토대원칙	문화적 가치
항목 4	다양성의 원칙	문화 다양성
항목 5	약자와 소수자의 문화적 권리	소수 문화
항목 6	문화유산 보존의 원칙	문화유산
항목 7	지역문화 창달의 원칙	지역문화, 지역공동체
항목 8	예술과 학문의 자유 원칙	예술과 학문
항목 9	문화산업의 균형 원칙	문화산업
항목 10	경제발전의 문화적 토대원칙	경제적 발전과 문화발전
항목 11	민주주의 문화적 토대원칙	문화와 민주주의
항목 12	국가의 책무	국가와 시민사회의 협치
항목 13	실행약속	문화헌장 정신의 사회적 실행

출처: 이영욱, 『문화헌장 제정 의의』, p. 41의 내용을 재구성.

구체적인 내용을 보면 다음과 같다:

항목 1. (기본 권리) 문화적 권리는 시민의 기본 권리이다. 모든 시민은 부당한 검열, 감시, 위협에 시달리지 않을 권리, 양심의 자유를 제한받지 않을 권리, 사상과 표현의 자유를 적극적으로 실현할 권리, 이 땅 어디에서나 품위 있는 삶을 영위할 권리를 갖는다.

항목 2. (창조, 참여, 향유의 평등한 권리) 문화적 권리는 시민의

42 이영욱, 『문화헌장 제정 의의』, pp. 41-42.; 김기곤, "한국 사회의 문화권 구성과 제도화", p. 224.

평등한 권리이다. 모든 시민은 계층, 지역, 성별, 학벌, 신체 조건, 소속집단, 종교, 인종 등에 의한 어떠한 차별도 없이 문화를 창조하고 문화 활동에 참여하며 문화를 향유할 평등한 권리를 갖는다. 시민은 삶의 질을 높일 창조적 문화 환경과 여가를 누릴 권리, 문화 교육과 예술 교육을 받을 권리, 평생 학습을 추구하여 스스로 기회를 창출할 권리, 모든 분야의 지식 정보와 전달 매체에 평등하게 접근하고 자유로운 표현 수단을 가질 권리, 자신의 문화적 삶에 영향을 주는 공공 정책의 결정과 그 집행 과정에 참여할 권리를 갖는다.

여기서 주목할 점은 '창조, 참여, 향유'라는 세 요소가 모두 명시되어 있다는 것이다. 이는 앞서 본 프랑스의 분류와 거의 일치한다. 문화권이 단순히 문화를 소비하는 것을 넘어 직접 만들고 참여하는 것까지 포함한다는 의미다.

문화헌장은 12항과 13항에서 이런 국민의 문화권 실현을 위한 국가의 책무를 구체적으로 명시했다:

항목 12. (국가의 책무) (가) 문화 권리 보장의 책무-국가는 이 헌장에 천명된 시민의 문화적 권리를 보장하는 정책을 세우고 실시할 의무가 있다. 정부와 지방자치단체들은 도서관, 박물관, 공연장, 공원을 비롯한 공공의 문화 기반 시설들을 부단히 확충하고 봉사 체제를 강화하여 문화의 공공성과 문화복지의 수준을 높이고, 시민의 생활환경과 활동 공간을 문화의 관점에서 개선하며 법률과 제도에도 늘 문화적 관점을 도입해야 한다.

(나) 문화 활동 지원의 책무-시민의 문화적 능력은 정치, 경제, 사

회 등 시민 생활의 모든 영역에 필요한 시민적 역량의 기초이며 행복한 삶의 토대이다. 정부와 지방자치단체들은 시민 개개인과 민간단체들이 전개하고자 하는 교육, 자기 계발, 창작 등의 문화 활동을 적극 장려하고 지원해야 하며, 지역 간 문화 발전의 격차를 힘써 줄여나가야 한다.

(다) 제휴 협력의 원칙-정부와 지방자치단체들은 시민 생활의 질을 높이기 위한 민간의 창의적 제안을 환영하고 존중하며, 시민의 문화적 삶에 관련된 사업을 계획하고 시행할 때는 민간단체들과의 제휴 협력을 적극적으로 모색해야 한다.

항목 13. (실행의 약속) 정부와 지방자치단체들은 이 헌장의 정신을 구현하기 위한 법적, 제도적, 정책적, 재정적 조치와 그 밖의 구체적이고 유효한 조치를 지속해서 강구하고 실행해야 한다. 시민사회와 시장의 영역도 이 헌장이 천명하는 문화적 이상을 실현하기 위해 노력할 의무를 지닌다.

이 문화헌장은 매우 구체적이고 실천적인 내용을 담고 있었다. 단순히 "문화권을 보장한다"라는 선언에 그치는 것이 아니라, 문화기반시설을 늘리고, 문화 활동을 지원하며, 민간과 협력하는 등 구체적인 실행 방안까지 제시한 것이다. 하지만 법적 구속력이 없는 '헌장'이었기 때문에, 문화권을 실제로 실현하기 위한 강력한 근거가 되기에는 한계가 있었다.

노무현 정부는 문화헌장을 바탕으로 「문화기본법」 제정까지 추진하려 했지만, 절차상의 문제와 사회적 합의를 충분히 모으기 어

려웠던 탓에 결국 유보되었다.[43]

그 후 「문화기본법」은 박근혜 정부가 국정과제로 설정하면서 2013년에야 제정되었다. 동 법은 국민의 문화권 보장과 국가의 책무를 법적으로 명시한 핵심 법률로 자리 잡았다. 그 조항들을 살펴보면 크게 두 갈래로 나눌 수 있다.

먼저 제1조, 제2조, 제4조는 법의 목적과 기본 이념, 그리고 문화권의 정의를 규정한다. 제1조는 문화를 국민의 권리이자 국가 발전의 기반으로 선언하고, 제2조는 문화가 교육 · 환경 · 인권 · 복지 등 사회 전반에 걸쳐 확산되어야 한다는 점을 강조한다. 특히 제4조는 모든 국민이 차별 없이 문화를 창조하고, 참여하며, 향유할 권리를 가진다고 규정하여, '문화권'이라는 개념을 법률 속에 처음으로 명시하였다. 이는 「문화헌장」과 마찬가지로 문화권의 세 가지 요소인 창조 · 참여 · 향유를 포괄한다는 점에서 중요한 의미를 갖는다.

> 제1조(목적) 이 법은 문화에 관한 국민의 권리와 국가 및 지방자치단체의 책임을 정하고 문화정책의 방향과 그 추진에 필요한 기본적인 사항을 규정함으로써 문화의 가치와 위상을 높여 문화가 삶의 질을 향상시키고 국가사회의 발전에 중요한 역할을 할 수 있도록 하는 것을 목적으로 한다.

> 제2조(기본이념) 이 법은 문화가 민주국가의 발전과 국민 개개인

43 김기곤, "한국 사회의 문화권 구성과 제도화", pp. 225-227.

의 삶의 질 향상을 위하여 가장 중요한 영역 중의 하나임을 인식하고, 문화의 가치가 교육, 환경, 인권, 복지, 정치, 경제, 여가 등 우리 사회 영역 전반에 확산될 수 있도록 국가와 지방자치단체가 그 역할을 다하며, 개인이 문화 표현과 활동에서 차별받지 아니하도록 하고, 문화의 다양성, 자율성과 창조성의 원리가 조화롭게 실현되도록 하는 것을 기본이념으로 한다.

제4조(국민의 권리) 모든 국민은 성별, 종교, 인종, 세대, 지역, 사회적 신분, 경제적 지위나 신체적 조건 등에 관계없이 문화 표현과 활동에서 차별을 받지 아니하고 자유롭게 문화를 창조하고 문화 활동에 참여하며 문화를 향유할 권리(이하 "문화권"이라 한다)를 가진다.

이어서 제5조, 제7조, 제8조, 제11조는 국가와 지방자치단체의 책무와 문화정책의 실행 장치를 규정한다. 제5조는 특히 "문화소외 계층의 향유 기회 확대"를 국가적 책무로 명시해 문화나눔사업의 직접적인 법적 근거가 된다. 제7조는 문화정책의 기본 원칙으로 다양성과 자율성, 문화복지 증진, 국제 교류 등을 제시하며 정책의 방향을 잡아준다. 제8조는 국가의 중장기 문화진흥계획 속에 '문화권의 신장'과 '삶의 질 향상'을 반드시 포함하도록 규정함으로써 문화복지 정책 추진의 제도적 토대를 마련한다. 마지막으로 제11조는 국민의 문화향유권 확대를 위해 실태조사와 연구를 의무화해, 정책 평가와 개선의 기반을 제공한다.

제5조(국가와 지방자치단체의 책무) ① 국가는 지방자치단체의 문화 관련 계획, 시책과 자원을 존중하고, 지역 간 문화 격차의 해소를 통하여 균형 잡힌 문화 발전이 이루어지도록 노력하여야 한다.
② 국가와 지방자치단체는 경제적 · 사회적 · 지리적 제약 등으로 문화를 향유하지 못하는 문화 소외 계층의 문화 향유 기회를 확대하고 문화 활동을 장려하기 위하여 필요한 시책을 강구하여야 한다.
③ 국가와 지방자치단체는 각종 계획과 정책을 수립할 때에 문화적 관점에서 국민의 삶의 질에 미치는 영향을 평가하여 문화적 가치가 사회적으로 확산될 수 있도록 하여야 한다.
④ 문화영향평가의 대상, 절차 및 방법 등에 필요한 사항은 대통령령으로 정한다.

제7조(문화정책 수립 · 시행상의 기본 원칙) 국가와 지방자치단체는 문화정책을 수립하고 시행할 때에는 다음 각호의 사항을 충분히 고려하여야 한다.

1. 문화의 다양성과 자율성이 존중되고 문화의 창조성이 확산되도록 할 것
2. 국민과 국가의 문화 역량을 높이기 위한 지원을 하고 여건을 조성할 것
3. 문화 활동 참여와 문화교육의 기회가 확대되고, 문화창조의 자유가 보장되도록 할 것
4. 차별 없는 문화복지가 증진되도록 할 것
5. 문화의 가치를 존중하고 문화의 역동성을 높일 수 있을 것
6. 문화의 국제 교류 · 협력을 증진할 것

제8조(문화진흥 기본계획의 수립 등) ③ 기본계획에는 다음 각호

의 사항이 포함되어야 한다. 5. 국민의 문화적 삶의 질 향상을 위한 시책에 관한 사항 6. 문화권의 신장에 관한 사항

제11조(문화진흥을 위한 조사연구와 개발) ① 국가와 지방자치단체는 국민의 삶의 질 향상과 지역 간 문화 격차의 해소를 통한 국민의 문화향유권의 확대를 위하여 문화 향유와 관련한 실태조사와 관련 조사 · 연구를 시행하여야 한다.

정리하면, 「문화기본법」은 문화권을 법적으로 명시하고, 이를 보장하기 위한 국가와 지방자치단체의 채무와 정책적 장치를 규정함으로써 우리 사회의 문화복지와 문화나눔사업을 제도적으로 뒷받침하고 있다. 「문화기본법」이 규정한 '문화권'의 내용을 범주별로 정리한 것이 〈표 2-10〉이다.[44]

2018년 문화체육관광부가 발표한 『문화비전 2030: 사람이 있는 문화』에서도 '문화권'의 중요성이 다시 강조되었다. 문화권은 이 계획에서 다음과 같이 정의되었다:

물질적 차원에서 인간다운 생활을 할 권리를 뛰어넘어 문화적 차원에서 인간다운 생활을 누릴 권리이며 문화에 대한 자기 결정권을 기반으로 자신의 문화적 정체성을 보호받고 문화적 종 다양성을 존중하고 보장하기 위한 여러 여건을 조성하거나 조건의 충족을 국가에 요구할 수 있는 권리.

44 정광렬, 『문화국가를 위한 헌법 연구』, p. 54.

〈표 2–10〉 문화기본법의 문화권 구분

구분	관련 조항 및 내용
평등권	· 제2조(이념) 차별금지 · 제4조(국민의 권리) 차별금지 · 제5조(국가와 지방자치단체의 책무) 기회균등(지역 간 · 사회적 · 경제적 격차) · 제7조(문화정책의 수립 · 시행상의 기본 원칙) 차별금지(문화복지) · 제8조(문화진흥을 위한 조사연구와 개발) 지역 간 문화격차 해소
자유권	· 제4조(국민의 권리) 문화 활동의 자유 · 제7조(문화정책의 수립 · 시행상의 기본 원칙) 문화창조의 자유
사회권	· 제4조(국민의 권리) 문화향유권/ 문화 참여권 · 제8조(문화진흥을 위한 조사연구와 개발) 국가의 문화향유권 확대 노력 · 제5조(국가와 지방자치단체의 책무) 환경권(문화영향평가) · 제7조(문화정책의 수립 · 시행상의 기본 원칙) 문화교육권/기회 확대
지향 및 원칙	· 제1조(목적)의 국민의 권리 실현 목적 · 제8조(문화진흥 기본계획의 수립) 문화권 신장, 삶의 질 제고
문화국가 이념	· 제2조(이념) 문화의 가치로서 다양성, 자율성, 창조성 · 제2조(이념) 문화의 민주국가 실현 기여 · 제7조(문화정책의 수립 · 시행상의 기본 원칙) 다양성 · 창조성 · 자율성의 원칙

출처: 정광렬, 『문화국가를 위한 헌법 연구』, p. 53의 내용을 재구성.

이 정의에서 주목할 점은 "물질적 차원에서 인간다운 생활을 할 권리를 뛰어넘어"라는 표현이다. 이는 문화권이 단순히 경제적 여건이 충족된 후에 누리는 사치품이 아니라, 물질적 조건과 동등하게 중요한 기본적 권리라는 의미다.

또한 『문화비전 2030』은 문화권에 대한 기존 관점을 근본적으로 바꾸는 다섯 가지 원칙을 제시했다.[45]

45 새문화정책준비단 · 문화체육관광부, 『문화비전 2030 사람이 있는 문화』(2018), pp. 97–

첫째, 문화는 기본권이다. 문화권은 "삶의 질을 높이고 난 이후 보장되어야 하는 부차적인 것이 아니라 기본권"이다. 따라서 국가 정책에서 '문화'와 '복지'는 분리하여 접근할 수 있는 영역이 아니다.

이는 문화나눔사업을 바라보는 관점에서 중요한 변화를 의미한다. 문화누리카드를 단순한 복지 수단이 아니라 기본권 실현의 도구로 봐야 한다는 것이다.

둘째, 구제가 아닌 권리다. "구제 개념으로서 문화복지가 아니라 자기 결정권을 바탕으로 한 문화 주체로서 지속 가능한 삶을 누리는 기본 권리"라는 인식을 제도 전반에 반영해야 한다.

이는 문화 소외계층을 '도와주는' 시혜적 관점에서 벗어나, 모든 사람이 당연히 가져야 할 권리로 접근해야 한다는 의미다.

셋째, 사회적 권리다. 문화권은 "삶의 의미와 가치를 높이거나 삶의 모습을 가꾸는 사회적 권리"다. 따라서 문화적 권리를 누리려면 "삶을 가꿀 수 있는 사회 공공성이 기반이 되어야 하며, 사회적 자유 등이 법률적 · 제도적으로 제공되고 보장되어야" 한다.

넷째, 통합적 권리다. "경제 · 사회 · 문화적 권리의 보장과 침해에 대한 보호는 불충분한 자원의 분배가 아니라 문화 정의 관점에서

98.

접근해야 하며, 각각의 권리는 서로 연결되어 상호보완적으로 작동"한다.

다섯째, 법제화가 필요하다. "시대 요구에 맞게 문화권이라는 기본권이 적극적으로 보장되도록 법체계를 정비하거나 내용을 신설해서 문화적 평등권이 실질적으로 강화되도록 추진해야" 한다.

『문화비전 2030』은 〈표 2-11〉과 같이 문화권 확산을 위한 구체적 추진 과제도 제시했다.

〈표 2-11〉 문화권 확산을 위한 추진 과제

추진 과제	내용
'문화권 2030 선언' 추진	· 문화와 문화권(문화적 권리)에 대한 시대적 소명을 반영한 사회적 선언 · 문화행정의 토대를 이루는 헌법상의 문화국가 원리와 문화권리에 대한 시대적 요구를 충실히 반영한 선언으로 자리매김
기본권으로서 문화권을 반영하기 위한 헌법 개정 추진	· 문화는 인간 삶의 총체적 양식이자 인간답게 살 수 있는 권리의 기초이며, 행복하고 즐거운 삶을 누릴 수 있는 가장 중요한 가치를 지닌 국민의 기본권임. 따라서 문화의 가치와 문화권을 국가의 최고 규범인 헌법에 반영해야 함
문화영향 평가제도 확대 및 실효성 강화	· 기본권으로서 문화권을 보장하려면 「문화기본법」을 개정해 중앙정부나 지방자치단체가 문화적 가치를 사회적으로 확산하고 국민 삶의 질과 밀접하게 관련된 정책이나 계획을 수립할 때 문화영향 평가를 의무적으로 할 수 있도록 추진해야 함

출처: 새문화정책준비단 · 문화체육관광부, 『문화비전 2030 사람이 있는 문화』, pp. 97-100의 내용을 참고하여 재구성.

특히 '문화영향평가'는 주목할 만한 제도다. 국가의 주요 정책에 문화적 관점을 도입해 국민의 '문화권'을 보장하고, 문화의 가치를 확산하기 위해 마련된 평가 제도로, 「문화기본법」 제5조를 근거로 2016년부터 시행되고 있다. 환경영향평가가 모든 개발 사업에서 환경에 미치는 영향을 평가하듯, 문화영향평가는 주요 정책이 국민의 문화적 삶에 어떤 영향을 미치는지를 살펴본다.

'문화권'의 다차원적 이해

지금까지 살펴본 국제적 논의, 국내 법제화, 그리고 다양한 연구를 종합해 보면 문화권의 전체적인 모습이 드러난다. 문화권은 광의의 문화적 관점에서 모든 국민이 누려야 할 기본 권리로 이해할 수 있다. 과거 문화정책이 '협의의 문화' 관점에서 창작자 중심의 지원을 지향했다면, 오늘날 문화정책의 목표는 국민 전체가 삶 속에서 문화적 욕구를 충족할 수 있는 환경을 조성하는 데 있다.[46]

국내 연구들은 문화권의 내용을 다양한 관점에서 분류해 왔다. 특히 한 연구는 이를 네 가지 관점으로 체계화했는데,[47] 그 내용은 「문화기본법」과 문화권 국가행동계획(NAP) 용역 보고서와도 비교해 볼 수 있다.

〈표 2-12〉를 보면 흥미로운 점이 하나 있다. 각기 다른 관점에서 접근했음에도 공통으로 등장하는 핵심 요소들이 있다는 것이다. '참여권', '접근권', '자유권', '평등권'은 거의 모든 분류에서 빠지지 않는다. 이는 이런 권리들이 문화권의 핵심을 이루는 구성 요

46 이동연, 『문화권 NAP 수립을 위한 기초현황 실태조사와 정책연계방안』, pp. 49-50.

47 이대성, "다문화사회에서 요구되는 문화적 권리", 『사회과교육연구』 18권 4호(2011), p. 43.

소임을 보여준다. 또한 「문화기본법」과 정부 보고서의 분류가 비교적 간결하다는 점을 알 수 있다. 학술적 논의에서는 문화권이 매우 세분되고 복잡하게 논의되지만, 실제 정책과 법률에서는 핵심적인 권리들로 압축돼 있음을 알 수 있다.

〈표 2-12〉 문화적 권리의 범위와 내용 분류

분류 기준	문화적 권리의 내용
문화의 관점	문화적 활동 참여권 · 접근권, 문화적 활동 사상의 자유, 문화적 활동 표현의 자유, 문화적 생존권
사회적 기본권의 관점	문화 다양성, 문화 평등권, 인종 · 국적 · 종교에 대한 권리, 문화적 자유권, 문화예술교육을 받을 수 있는 권리, 문화 환경권, 문화 참여권 및 향유권, 문화적 권리 보장을 위한 조치, 문화 활동의 자유, 문화적 권리 보장을 위한 국제적 협력
문화적 다양성의 관점	문화 다양성, 문화 다원주의, 문화 다양성을 보장하는 인권, 문화 다양성을 위한 환경으로서의 문화권, 문화 창의성, 문화 다양성과 국제 협력
문화민주주의적 관점	문화적 활동 참여권 · 접근권, 문화 활동의 자유, 문화적 단결권
문화기본법	문화적 자유권, 문화적 교육권, 문화적 환경권, 문화적 평등권, 문화적 참여권, 문화적 연대권
문화권 NAP 용역 보고서	문화 자유권, 문화 평등권, 문화 참여권, 문화 환경권

출처: 이대성, "다문화사회에서 요구되는 문화적 권리", p. 43의 표 내용 재구성.

이처럼 다양한 관점에서 논의돼 온 문화권이 실제로는 어떤 모습인지 좀 더 구체적으로 살펴보자. 문화권이 정확히 무엇을 뜻하는지에 대해서는 전문가마다 조금씩 견해가 다르지만, 대체로 다음 다섯 가지 요소로 설명된다.[48]

48 김수갑, 『문화국가론』, pp. 119-120.

첫째, 소수의 문화예술 창작자만이 아니라 일반 시민 모두가 자신의 문화적 표현을 자유롭게 드러낼 수 있는 권리.

둘째, 문화를 만들어내는 권리와 함께, 문화를 소비하고 즐길 수 있는 권리.

셋째, 문화 활동을 방해받지 않을 권리를 넘어, 실제로 문화를 향유할 기회와 조건을 요구할 수 있는 '적극적 권리'.

넷째, 경제적 효율성보다 인간을, 정치적 이해관계보다 공동체의 선을 우선하는 정신적 토대에 기반한 권리.

다섯째, 개인의 문화 향유를 넘어, 집단의 문화적 정체성과 문화유산을 지켜나갈 권리.

이 가운데 특히 중요한 것이 세 번째, '적극적 권리'다. 이는 문화나눔사업이 지향했던 바로 그 이념이기도 하다. 단순히 문화 활동을 방해받지 않을 자유를 넘어, 국가가 적극적으로 문화 향유의 기회와 조건을 마련해야 한다는 뜻이다.

또 다른 관점에서는 문화권을 단일한 권리가 아니라 여러 하위 권리들의 집합으로 본다. 여기에는 창작자의 표현의 자유, 사회적 소수자의 문화적 권리, 국민의 공공문화 접근권, 쾌적한 환경을 누릴 권리, 그리고 문화예술교육을 받을 권리 등이 포함된다.[49] 다시 말해, 문화권은 단순히 문화상품을 소비할 권리에 머무르지 않고, 창작 · 참여 · 향유 전반을 아우르는 복합적 권리로 이해된다. 이러한 문화권의 구체적인 영역과 실천 방안을 정리하면 〈표 2-13〉과

---

49 이동연, "개헌과 문화권", 『문화과학』 제94호(2018), pp. 136-137.

같다.

〈표 2-13〉 문화권의 영역과 실천 사례

운동 영역	문제 설정	이론적 검토	구체적인 실천 사례
표현의 자유의 권리	문화생산자의 권리 문화소비자의 권리	만들 권리, 볼 권리 감수성의 정치	표현의 자유 침해법률 개폐 청소년들의 문화적 권리
소수자의 문화적 권리	청소년 문화권 동성애 문화권 이주노동자 문화권	소수자의 정의 소수 문화의 검토	대안적 청소년문화 활동 확대 동성애 문화 커뮤니티 확대 이주노동자 문화적 활동 보장
문화적 접근의 권리	퍼블릭 엑세스 운동 문화시설의 공공성 시청자 주권 운동	공공문화의 정의 퍼블릭 엑세스 운동	문화기반시설의 이용 확대 방안 시민들의 자치 문화 활성화
문화 공공 서비스의 권리	문화비용의 증가 주 5일 근무제 실시	공공문화서비스 개념	문화이용료 인하 운동 문화소외자의 문화 향수권 확대
문화예술교육의 권리	평생 교육권 문화 재생산 교육	문화교육 이념과 방법	문화예술교육의 확대 평생교육으로서 문화예술교육
공간 환경의 권리	도시 생태권	문화, 도시, 생태에 대한 이론학습	난개발 반대 문화 행동 보행권 확대 도시생태공간의 확대

출처: 이동연, "개헌과 문화권", 『문화과학』 제94호(서울: 문화과학사, 2018), p. 137의 내용을 재구성.

문화권을 실제로 실현하는 과정에서는 제도적 선언과 현실적 실행 사이의 간극이 드러난다. 다양한 권리가 법과 정책으로 규정되었지만, 실행 단계에서는 참여 기회의 불균형, 문화시설 접근성의 차이, 소수자 권리 보장의 미비 등 한계가 여전히 존재한다. 이는 문화권이 고정된 개념이 아니라 사회적 조건과 시대적 맥락에 따라 새롭게 정의되고 실천되는 권리임을 보여준다.

〈표 2-14〉에 정리된 국내외 전문가들의 견해를 보면, 문화권이 단순히 문화상품을 소비하는 권리를 넘어 인간다운 삶을 위한 포

괄적 권리로 확장되어 온 과정을 확인할 수 있다. 특히 2000년대 들어 '감성의 자유'라는 개념이 제시되면서, 문화권은 인간의 내적 감수성과 정서적 차원까지 포괄하는 권리로 이해되기 시작했다.

〈표 2-14〉 문화권의 정의

연구자	문화권의 정의
Lyndel V. Prott (1985)	민족의 문화적 정체성과 고유성에 연관하여 문화를 보존하고 발전시킬 권리, 문화적 정체성을 존중할 권리, 그리고 거기에 타 문화를 강요하지 않을 권리를 포함한 모든 것
Halina Niec (1998)	인간의 보편적 가치를 담고 있는 권리이면서 인권의 구체적인 실천 영역
R. Stavenhagen (1998)	문화적 발전을 요구할 권리, 집단성의 권리
Alice Tay (1999)	보편성에 대한 욕망이라기보다는 다양성에 대한 욕망
이동연(2004)	구체적인 문화적 향수 기회와 조건을 요구하는 적극적인 문화복지를 주장하는 것이며, 나아가 감성의 자유를 함께 주장하는 권리
김수갑(2007)	국민이 문화적 활동을 자유롭게 행하고 타인의 문화 활동의 성과와 문화적 유산을 향유하고 승계하며 문화성 풍부한 환경 아래에서 생활할 권리 내지 이익
김기곤(2011)	기본적으로 물질적인 측면에서 인간다운 생활을 할 권리를 뛰어넘어 문화적 측면에서 인간다운 생활을 누릴 권리
노영순(2019)	개별 주체의 정체성을 존중받고 사회적 발언, 표현의 자유 및 문화에 대한 자기 결정권이 인정되는 인간의 기본적 권리

출처: Lyndel V. Prott, "The Rights of Peoples in Modern International Law", *Bulletin of the Australian Society of Legal Philosophy*, No. 9 (1985), p. 9; 이동연, 『문화권 NAP 수립을 위한 기초현황 실태조사와 정책 연계 방안』, p. 26; 김수갑, "문화국가를 위한 법체계 검토", pp. 19-20; 김기곤, "한국 사회의 문화권 구성과 제도화", p. 211; 정광렬, 『문화국가를 위한 헌법 연구』, p. 39; 노영순, 『문화권 선언 2030 방향 설정 연구』, p. 16의 내용을 참고하여 재구성.

〈표 2-14〉에 나타난 정의들을 살펴보면, 문화권의 의미가 시대와 맥락에 따라 확장되어 왔음을 알 수 있다. 초기에는 주로 '민족의 정체성 보존'이나 '문화적 다양성 존중'과 같은 집단적 · 보편적 권리로 논의되었지만, 이후에는 '구체적 향유 기회', '감성의 자유',

‘개인의 자기결정권’처럼 개인의 삶과 직결된 권리로 초점이 옮겨 왔다. 이러한 흐름은 문화권이 단순히 문화유산을 보존하거나 문화적 다양성을 인정하는 차원을 넘어, 인간다운 삶을 보장하는 포괄적 권리로 발전해 왔음을 보여준다.

기본권으로서의 ‘문화권’

문화권은 국가와 개인의 관계 속에서 기본권적 성격을 지닌다. 크게 국가로부터의 자유를 보장하는 ‘자유권적 문화권’과 국가에 의해 자유를 실현하도록 하는 ‘사회권적 문화권’으로 나눌 수 있다.[50]

자유권적 문화권은 문화 영역에 대한 국가의 개입을 경계하고 자율성을 확보하려는 권리다. 이는 전체주의 국가가 문화를 통제했던 역사에 대한 반성에서 출발했다. 어떤 문화를 창조할지는 개인의 내면과 깊이 연결되므로, 국가 권력의 간섭으로부터 보호받아야 한다는 것이다. 반면 사회권적 문화권은 문화 향유를 위해 국가의 지원을 촉구하는 권리다. 문화유산의 보호와 계승, 국민 모두를 위한 균등한 문화 공급은 개인의 노력만으로는 불가능하므로 국가의 적극적인 개입이 필요하다는 것이다.

문화나눔사업은 바로 이러한 사회권적 문화권의 논리에 근거해 추진된 대표적 정책이다. 국민 모두가 경제적 · 사회적 제약 없이 문화를 향유할 수 있도록 국가가 적극적으로 개입한다는 점에서, 사회권적 문화권의 실질적 구현을 목표로 하고 있다.

---

50 이홍재 역, 이토 야스오 외 저, 『예술경영과 문화정책』(서울: 역사넷, 2002), p.63.

우리나라 헌법에는 문화권이 명시적으로 규정되어 있지는 않다. 하지만 여러 조항을 통해 문화권에 관련된 권리를 간접적으로 도출할 수 있다.[51] 예를 들어 헌법 제22조 "학문과 예술의 자유는 보장된다"라는 조항은 화가가 자기 작품을 자유롭게 그리고 전시할 수 있는 권리를, 제21조 "언론 · 출판의 자유"는 작가가 검열 없이 소설을 출간할 수 있는 권리를 보장한다. 한편 제34조 "모든 국민은 인간다운 생활을 할 권리를 가진다"라는 조항은 경제적으로 어려운 사람도 문화를 향유할 수 있도록 국가가 지원해야 한다는 근거가 된다. 이런 관점에 따르면, 문화권은 다양한 헌법적 권리들이 결합한 형태로 이해된다.

〈표 2-15〉 헌법상 문화기본권의 관점

분류	직접적 규정	간접적 규정
평등권	헌법 전문(기회균등) 제11조(차별금지)	
자유권	제20조(종교의 자유) 제22조 제1항(학문 · 예술의 자유) 제21조(언론 · 출판의 자유, 검열금지)	제19조(사상 및 양심의 자유)
사회권 (재산권)	제22조 제2항(예술가의 권리 보호)	제34조 제1항(인간다운 생활을 할 권리)
포괄적 기본권	제10조(인간의 존엄성과 가치, 행복추구권)	

출처: 정광렬, 『문화국가를 위한 헌법 연구』, p. 46의 내용을 재구성.

앞서 살펴본 다양한 관점들에서 공통으로 등장하는 핵심 요소

51 김수갑, "문화국가를 위한 법체계 검토"; 정갑영, 『문화복지 법제화 방안 연구』; 이종수, "문화기본권과 문화 법제의 현황 및 과제", 『공법연구』 제43집 제4호(2015); 정광렬, 『문화국가를 위한 헌법 연구』; 이동연, "개헌과 문화권", 『문화과학』 제94호(2018) 등

들을 바탕으로, 문화권을 네 가지 영역으로 정리해 볼 수 있다.[52]

첫째, 문화 자유권 - 문화를 자유롭게 창작하고 향유할 권리다. 예술가가 정치적 압력 없이 자기 작품을 발표할 수 있고, 시민들도 어떤 영화를 보고 어떤 음악을 들을지 자유롭게 선택할 수 있는 권리를 말한다. 과거 군사정권 시절 금지곡이나 상영금지 영화 같은 사례를 생각해 보면, 이런 자유권이 왜 중요한지 알 수 있다.

둘째, 문화 평등권 - 문화적 차별을 받지 않을 권리다. 예를 들어 시각장애인도 음성해설이 제공되는 영화를 볼 수 있어야 하고, 휠체어를 탄 사람도 공연장에 접근할 수 있어야 한다. 또한 경제적 형편 때문에 문화생활을 포기하는 일이 없어야 하고, 이주노동자 자녀들도 자국의 문화를 배우고 즐길 기회를 가져야 한다는 것이다.

셋째, 문화 참여권 - 문화에 접근하고 참여할 권리다. 단순히 문화를 소비하는 것을 넘어 문화 활동에 직접 참여할 수 있는 권리를 의미한다. 예를 들어 시민들이 동네 문화센터에서 도예나 연극 교실에 참여하거나, 지역 축제 기획에 아이디어를 제안하거나, 새로 지을 도서관 설계에 의견을 낼 수 있는 권리 등이 여기에 해당한다.

넷째, 문화 환경권 - 문화적으로 행복한 환경에서 살 권리다. 집 앞에 작은 공원이라도 있어서 산책을 즐길 수 있고, 역사적 건물들이 잘 보존되어 있어서 문화적 정취를 느낄 수 있고, 거리 곳곳에서 버스킹이나 소규모 전시를 만날 수 있는 그런 환경에서 살 권리

52 이동연, 『문화권 NAP 수립을 위한 기초현황 실태조사와 정책연계방안』, pp. 60-67.

를 말한다.

〈표 2-16〉 문화권의 분야 및 세부 영역

영역	분야별	세부 영역
문화 자유권	표현의 자유	정치적 이념표현의 자유/ 성 표현의 자유/ 정보통신 활동의 자유
	학술사상의 자유	학술사상 주장의 자유/ 학술사상 출판의 자유/학술사상의 교육의 자유/ 학술사상 단체 활동의 자유
	종교활동의 자유	종교적 표현의 자유/ 종교적 문화 활동의 자유/ 양심적 병역거부의 자유
	언론표현의 자유	언론 취재의 자유/ 언론 취재원의 보호
문화 평등권	양성 문화 평등	양성표현의 자유/ 양성표현의 출판 및 제작의 자유/ 양성 문화 차별의 금지/ 양성 문화 평등의 사회적 실현
	성적소수자 문화 평등	성적소수자 표현의 자유/ 성적소수자 출판 및 제작의 자유/ 성적소수자의 문화 활동의 자유/ 성적소수자 문화차별의 제한
	이주노동자 문화 평등	이주노동자 문화적 차별금지/ 이주노동자 자녀교육권 확대/ 이주노동자 문화적 적응/ 이주노동자 문화 다양성 확대
	탈북자 문화 평등	탈북자의 문화적 차별금지/ 탈북자 자녀교육권 확대/탈북자 문화적 적응 지원
	장애인 문화 평등	장애인의 문화차별 금지/ 장애인 문화접근권 확대/ 장애인 교육권 확대
	청소년 문화 평등	청소년 문화차별의 제한/ 청소년 문화격차의 해소
문화 참여권	퍼블릭 엑세스	시민의 공공문화 참여 기획 확대/ 시민의 방송제작 참여 기획 확대
	문화교육권	시민의 평생 교육권의 확대/ 학생들의 문화교육권/ 대안적 문화교육권의 확대
	문화 공공 서비스권	공공 문화기반시설 이용 권리/ 공공문화장소의 가격 할인/ 문화정보 서비스권
	문화행정 시민참여권	공공 문화행정 감시권의 확대/ 공공 문화축제의 시민참여권
	내셔널트러스트	문화재 보호의 민간 참여 확대/ 문화재 정책의 시민 참여 확대

영역	분야별	세부 영역
문화 환경권	주거문화권	쾌적한 주거환경의 권리/ 주거환경 보호의 권리/ 녹지보존의 권리/ 주거 근린공원 향유의 권리
	보행권	보행권/ 사회적 약자의 보행권 확대 문화영향평가
	제도	난개발로 인한 문화 환경 침해 제한/ 문화영향 평가 제도의 의무화
	문화유산 향유권	문화유산 보호의 권리/ 문화유산 향유의 권리/ 문화유산 교육의 권리

출처: 이동연, 『문화권 NAP 수립을 위한 기초현황 실태조사와 정책연계방안』, pp. 65-67의 내용을 통합 후 재구성.

한편, 문화권을 자유권적, 사회권적, 환경권적 성격을 모두 지닌 복합적 권리로 보는 관점도 있다. 문화적 표현의 자유를 포함한 국가로부터의 자유로서의 자유권, 인간다운 삶을 국가에 요구할 수 있는 사회권, 그리고 문화적 환경 속에서 삶을 영위할 권리로서의 환경권을 문화권의 주요 구성 요소로 제시하는 것이다.[53]

문화권을 복합적 권리로 보는 관점에서는 환경권적 성격을 특히 강조한다. "문화 환경을 향유하여 정신 문화적 이익을 얻음으로써 문화적으로 인간다운 생활을 영위할 수 있는 권리"라는 주장이다.[54] 예를 들어 서울 인사동이나 부산 감천문화마을 같은 곳을 생각해 보자. 이런 곳에서는 단순히 특정 문화시설을 이용하는 것을 넘어, 걷는 것 자체가 문화적 경험이 된다. 골목골목에서 만나는 소규모 갤러리, 전통찻집, 수공예품 가게들이 어우러져 하나의 문화적 환경을 만들어내는 것이다.

---

53 노명우, "'문화헌장' 제정과 문화정책의 과제", 『문화과학』 46호(문화과학사, 2006).

54 김충묵 · 정문성, "문화적 환경권에 관한 연구", 『논문집』 제24권(군산대학교, 1997).

이처럼 문화권을 복합적 권리로 이해하면, 그 영역이 매우 광범위하다는 것을 알 수 있다. 문화권의 영역은 우리가 일반적으로 생각하는 '문화'를 훨씬 넘어선다. 대학생이 자유롭게 학문을 탐구할 권리, 종교인이 신앙을 실천할 권리, 어린이가 적절한 교육을 받을 권리도 모두 문화권의 범주에 들어간다. 심지어는 청소년들이 어른들의 일방적인 문화 강요에 저항할 권리, 각 지역의 고유한 언어와 방언을 사용할 권리, 상업적 대중문화의 획일화에 맞서 다양한 하위문화를 형성할 권리까지도 문화권에 포함된다.

〈표 2-17〉 문화 관련 영역의 개별적 기본권

i) 협의의 문화 영역에서의 문화권	a. 학문의 자유 b. 예술의 자유 c. 종교의 자유 d. 교육권
ii) 문화 활동의 소산 및 지적 · 정신적 창조물로서의 문화권	a. 문화유산향유권 b. 지식재산권(특히 저작권)
iii) 문화적 자율성과 문화적 다양성을 보장하기 위한 문화권	a. 양심(사상)의 자유 b. 표현의 자유(방송, 신문)
iv) 가장 역동적인 문화집단일 뿐만 아니라 국가의 장래를 책임질 미래사회의 주역을 보호 대상으로 하는 문화권	a. 청소년 인권
v) 이념적 · 방법적 기초로서의 문화권	a. 인간의 존엄과 가치 행복추구권(문화권 실현의 이념적 기초) b. (문화적) 평등권(차별금지 및 기회균등 보장의 방법적 기초)
vi) 문화적 생존권, 문화적 약자 보호를 위한 문화권	a. 인간다운 생활을 할 권리
vii) 문화적 환경에서 살 권리	a. 환경권
viii) 문화적 정체성에 대한 권리	a. 언어권
x) 문화민주주의를 위한 문화권	a. 행동(규범) 문화권 b. 반문화 현상으로부터 보호받을 권리

출처: 김수갑, "문화국가를 위한 법체계 검토", pp. 23-24.

이런 광범위한 스펙트럼을 보면, 문화권이 단순히 예술관람이나 문화콘텐츠 소비를 넘어 인간다운 삶을 위한 포괄적인 권리 체계임을 알 수 있다. 〈표 2-17〉은 이런 관점에서 문화권을 분류하여 정리한 내용이다.

3. 문화복지 vs. 문화향유: 무엇이 다른가

문화나눔사업을 이해하기 위해서는 먼저 '문화복지'와 '문화향유'라는 두 개념의 차이를 명확히 해야 한다. 이 두 용어는 종종 혼용되지만, 실제로는 서로 다른 철학과 접근 방식을 담고 있다. 특히 문화나눔사업이 본래 추구했던 '문화적 감수성의 함양'이라는 목표가 현실에서는 일상적 필요에 대한 실용적 지원의 성격을 띠게 되는 현상을 이해하려면, 이 두 개념의 차이를 분명히 해야 한다.

개념의 층위와 정책적 함의

'문화복지'라는 용어는 1980년대 이후 우리나라 문화정책에서 등장하기 시작했다. 하지만 학술적으로 정립된 개념이라기보다는 정책의 편의를 위한 명칭이나 현장에서의 수사적 표현으로 사용되는 경우가 많았다.[55] 1980년대 초 '새 문화정책'을 수립할 때 '문화복지'라는 이름으로 문화시설 확충과 향수자(享受者) 중심의 정책이 제시되었던 것이 그 시작이었다.

55 정갑영, 『21세기 우리나라 문화복지 증진 방향』(서울: 한국문화정책개발원, 1995), p. 3.

흥미로운 점은 문화복지라는 용어의 구성이다. 아동복지, 노인복지, 의료복지, 주거복지 등의 용례를 보면, 보통 '복지'라는 말 앞에 오는 단어는 복지의 대상이나 영역을 나타낸다. 하지만 '문화복지'에서 문화는 단순히 복지의 대상으로 보기 어렵다. 또한 지금까지 문화복지 정책은 보건복지부가 아닌 문화체육관광부가 주관해온 문화정책의 일환이었다. 1980년대부터 시행되고 있는 '문화향수 실태조사'가 문화체육관광부에 의해 시행되었으며, '문화나눔 사업' 등 문화복지 사업 역시 문화정책의 일부였다.

문화정책 전반을 살펴보면, 1980년대 이후 수요자 중심의 문화향유정책은 2000년대 이후 크게 확장되어 현재까지 이어지고 있다. 정부가 '문화복지'라는 용어를 사용하는 경우는 주로 소외계층을 대상으로 한 일부 사업에 국한된다. 이러한 점에서 문화복지는 문화향유정책의 일부, 혹은 그중에서도 소외계층을 대상으로 한 정책적 지향으로 이해될 수 있다.

예를 들어 노무현 정부가 '국민의 문화향유 확대'를 목표로 삼고, '사회취약계층 대상 문화지원 확대', '지역 균형발전을 위한 자생적 문화 역량 강화', '문화시설의 지속적 확충과 질적 제고', '인간과 문화 중심의 도시공간 조성' 등을 과제로 문화정책에 포함시켰다는 점에서 문화복지가 문화향유정책의 일부로 자리매김하고 있었음을 보여준다.[56]

56 문화관광부 · 한국문화관광연구원, 『2006 문화정책 백서』(2007), p. 94.

문화복지를 보는 관점

문화복지에 대한 관점은 크게 두 가지로 나눌 수 있다. 하나는 문화복지를 독립된 정책 영역으로 보는 입장이고, 다른 하나는 사회복지의 하위 영역으로 이해하는 관점이다.[57]

문화예술계에서는 문화복지를 하나의 독립적인 정책 영역으로 본다. 이들은 문화복지를 통해 문화 감수성을 키우고 삶의 질을 높이며, 동시에 사회적으로 요구되는 창의성을 증진하려는 국가적·사회적 의지로 해석한다. 즉, 국민의 문화적·건강한·쾌적한 생활을 실현하기 위한 공공서비스로 정의하는 것이다.[58] 이러한 시각에서 문화복지는 문화권 확보와 문화예술 향유 및 참여를 통해 그 가치를 극대화하려는 문화정책의 목표로 간주된다.[59]

반면, 사회복지계는 문화복지를 사회복지의 한 부분으로 본다. 전통적으로 사회복지는 최저소득 보장, 소외계층 보호, 형평성 제고, 부의 재분배 등을 강조해 왔다. 그러나 현대에 들어서는 생존 보장을 넘어 인간의 존엄성과 창의성을 발현할 수 있는 환경을 조성하는 쪽으로 그 목표가 확장되고 있다.[60]

---

57 양혜원, 『문화복지 정책의 사회·경제적 가치 추정과 정책 방향』, p. 11; 정광렬, 『맞춤형 문화복지 정책 및 서비스 전달체계 구축 방안 연구』(서울: 한국문화관광연구원, 2015), p. 15.

58 임원선·이현수, "지역사회 네트워을 통한 문화복지프로그램의 성장 발달에 관한 사례 연구", 『한국사회복지학회 2006년도 추계 공동학술대회』 3호(2006), p. 255.

59 양혜원, 『문화복지 정책의 사회·경제적 가치 추정과 정책 방향』, p. 13.

60 김세훈·조현성, 『문화복지 중기계획 연구』(서울: 한국문화관광연구원, 2008), pp. 13-14.

이러한 변화에는 이론적 배경이 있다. 롭슨(W. A. Robson)은 경제적 취약계층을 물질적으로 지원하던 전통적 복지국가가 더 이상 삶의 질과 정신적 행복을 충분히 보장하지 못한다고 지적했다. 그는 최소한의 생활 보장뿐 아니라 개인의 잠재력과 창의성을 최대한 계발하는 사회가 이상적이라고 주장했다.[61] 토마스 험프리 마셜(Thomas H. Marshall) 역시 물질적 복지가 달성된 이후에는 복지의 목표가 행복이 되어야 한다고 강조했고, 니콜라 레이시(Nicola Lacey)는 물질적 조건과 함께 지적 활동과 감정적 안정도 복지의 중요한 요소라고 주장했다.[62]

우리 사회는 지금 인구 고령화, 가족 내 성역할 변화, 노동시장 재편 등 여러 사회적 변화에 직면해 있다. 이러한 변화는 기존의 사회적 위험 요인을 새롭게 구성할 뿐 아니라, 사회구성원들의 욕구 수준을 전반적으로 높이고 있다. 그 결과, 문화의 공적 가치—예를 들어 문화적 재분배, 정체성 형성, 예술적 감수성과 창의성의 함양, 사회적 연대 강화, 국가 위상 제고—에 대한 인식도 확산되고 있다.[63]

이런 사회 환경 변화는 사회복지의 개념을 '자선에서 정의로', '잔여적 개념에서 제도적 개념으로', '선별적 원칙에서 보편적 원칙으로' 전환시키는 계기가 되었고, 그 과정에서 문화가 새로운 복

61 W. A. Robson, *Welfare State and Welfare Society* (London: George Allen, 1976), pp. 11-17.

62 Nicola Lacey, *State Punishment: Political Principles and Community Values* (Oxon: Routledge, 1988), p. 104.

63 김세훈 · 조현성, 『문화복지 중기계획 연구』, pp. 14-18.

〈표 2-18〉 문화계에서 바라보는 문화복지와 사회복지

구 분	문화복지	사회복지
개념	· 문화 감수성 함양을 통해 삶을 풍요롭게 하며 사회적으로 창의적 역량을 증진시키려는 의지와 노력	· 사람들이 인간다운 삶을 영위하도록 서비스나 소득을 제공함으로써 인간의 기본적 욕구를 충족시켜 주고, 각종 생존문제를 해결하기 위한 과정
대상	· 저소득층만이 아닌 전 국민 대상	· 주로 저소득층 등 사회적 취약계층이 정책의 중심 대상
지향점	· 생존을 넘어, 문화적 감수성과 창의성이 충만한 사회를 지향	· 사회구성원의 기본적 생존 및 이를 통한 사회 통합과 복지사회를 지향
주요 관심	· 국민 개개인의 문화적 기본권을 공공적으로 보장함으로써 개인의 문화적 감수성과 창의적 능력을 계발하는 것을 주목적으로 함 · 개인의 감수성/창의성, 사회의 역동성	· 국민의 생활 안정 및 교육 · 직업 · 의료 등의 영역에 대해 사회보장제도를 통하여 이를 공공적으로 보장하고자 함 · 생존권 보장, 빈곤 경감, 평등의 증진
공공 정책화 시기	· 1970, 80년대 이후 문민정부의 세계화 추진, 『국민복지 기본구상』 일환으로 부각되면서 1996년 이후 문화정책의 주요 지향으로 자리매김	· 1차 대전 이후, 영국 비버리지 보고서
개념의 보편성	· 한국적 상황을 기반으로 정책적으로 고안된 개념 · 외국에서는 문화의 민주화와 문화민주주의 개념으로 널리 알려짐 · 국제기구(UNESCO 등)에서는 문화권으로 개념화	· 세계적으로 인정되는 보편적 개념 (social welfare)
특징	· 사전 예방적 복지의 성격 · 경제와 문화의 등가성 강조	· 사후 처방적 복지의 성격 · 단계론적 접근(문화보다 경제영역에 우선순위)
법적 근거	· 문화창달, 행복할 권리를 고려할 때 가능, 단, 구체화된 개별 법률은 없음 ⇒ 문화복지진흥법 제정 필요	· 사회권으로 인정 · 국민기초생활보장법 등 법적, 제도적 기반 확립

출처: 김세훈 · 조현성, 『문화복지 중기계획 연구』(서울: 한국문화관광연구원, 2008), pp. 12-13의 내용을 재구성.

지의 대상으로 떠오르게 되었다.[64] 사회복지계는 문화복지를 이러

64 채원호 외, "노인의 문화 서비스 향유 실태 분석 및 개선 방안", 『지방정부 연구』 8권 1호 (2004), p. 6.

한 개념 확장의 결과로 보고, 복지국가가 추구해야 할 고차원적 복지 단계로 이해하고 있다.[65] 두 관점의 차이는 〈표 2-18〉에서 더 명확히 드러난다.

〈표 2-18〉에서 특히 주목할 점은 두 영역이 문화복지를 바라보는 관점의 근본적인 차이다. 문화복지는 '사전 예방적 복지'의 성격을 띠며, '경제와 문화의 등가성'을 강조한다. 즉, 경제적 문제가 발생한 뒤에 해결하기보다, 문화적 감수성과 창의성을 미리 키워 개인과 사회의 문제를 예방한다는 생각이다. 또한 경제적 풍요와 문화적 풍요를 동등하게 중요한 가치로 본다.

반면 사회복지는 '사후 처방적 복지'의 성격을 띠며, '단계론적 접근'—즉, 경제가 우선이고 그 뒤에 문화가 따른다는 관점—을 취한다. 기본적인 생존 문제가 해결된 이후에야 문화적 욕구를 충족할 수 있다는 생각이다.

문화향유정책의 개념과 등장

문화향유(cultural enjoyment)란 문화예술 창작물을 관람하고 체험하며 소비함으로써 예술적 감성을 경험하는 활동을 의미한다. 간단히 말해 영화를 보고, 공연을 관람하고, 전시를 둘러보고, 책을 읽는 모든 활동이 문화향유에 해당한다. 단순히 보는 것을 넘어 직접 참여하는 것도 포함된다. 예를 들어 시민 합창단에서 노래하거나, 사진 동호회에서 활동하거나, 마을 축제를 준비하는 것도 모두 문

65 현택수, "문화복지와 문화복지정책의 개념에 관한 연구", 『사회복지정책』 27호(2006), p. 3.

화향유에 해당한다.

이러한 맥락에서 문화향유정책은 국민이 문화예술을 향유하고 참여할 수 있는 기회를 확대함으로써 삶의 질과 행복을 증진하는 데 목적을 둔 문화정책 분야라고 할 수 있다. 한마디로 '국민이 모두 문화를 누릴 수 있도록 돕는 정책'이다. 이는 문화예술 창작자나 산업 육성에 초점을 둔 정책과는 성격이 다르다. 예를 들어 정부가 유명 연출가에게 연극 제작비를 지원하는 것은 '공급자 지원 정책'이다. 반면 저소득층 주민에게 그 연극 관람료를 지원하는 것은 '수요자 중심 정책', 즉 문화향유정책이다.[66] 이렇듯 문화향유정책은 일반 국민의 문화 접근성과 참여 보장에 초점을 둔다.

우리나라에서 '문화향유정책'이라는 개념은 1980년 '문화향수(文化享受)'라는 용어로 처음 등장했으나,[67] 2010년대 중반부터 '문화향유'(文化享有)로 전환되었다.[68] 문화향유정책은 문화예술 창작 진흥 정책과 대비되는 개념으로, 문화 수요자, 즉 향유자를 대상으로 하는 정책으로 자리 잡았다.[69]

2000년대 이전까지의 문화정책은 공급자 중심의 접근이 주를 이뤘다. 전문 예술인과 예술단체에 대한 지원, 문화시설 조성에 집

66 양효석, "모두가 누리는 보편적 문화복지, 향유 지원사업의 성과와 과제", 한국문화예술위원회 웹진, Vol. 06 (2023.09), https://thearts.arko.or.kr/asquare/search/57.

67 대한민국 정부, 『제5차 경제 · 사회 발전 5개년 수정계획』(1983.12), pp. 110-113.

68 '향유'와 '향수'는 유사하게 쓰였지만, 내포 의미에서 차이가 있다. 표준국어대사전에 따르면, 향유(享有)는 "누리어 가짐"으로, 향수(享受)는 "어떤 혜택을 받아 누림"으로 정의된다. 다시 말해 '문화향유'는 적극적이고 주체적으로 문화를 누리는 권리를 강조하는 반면, '문화향수'는 주어진 문화 혜택을 수동적으로 받아들이는 뉘앙스를 가진다.

69 허은영, 『예술향유정책 현황 및 개발방안 연구』(세종: 문화체육관광부, 2018), p. 15.

중했다. 예를 들어 국립현대미술관이나 예술의전당 같은 대규모 시설을 짓고, 유명 예술가나 단체를 지원하는 데 초점을 맞췄다. 이는 '좋은 작품을 만들어 제공하면 국민이 자연스럽게 향유할 것'이라는 가정에 기반한 정책이었다.

하지만 노무현 정부가 출범하면서 상황이 달라졌다. 사회적 취약계층의 문화 접근성과 참여 기회를 강조하며 문화향유정책이 본격적으로 확대됐고, 정책의 패러다임도 수요자 중심으로 전환됐다.[70] 이는 단순히 문화시설을 짓는 것을 넘어, 국민이 실제로 그 시설을 이용하고 문화를 향유할 수 있도록 돕겠다는 의미였다. '문화시설은 많은데 왜 국민은 이용하지 않을까?'라는 질문에서 출발한 정책 전환이었다.

문화향유정책을 뒷받침하는 다섯 가지 논리

문화향유정책을 정당화해 온 주요 논거는 다섯 가지—접근성, 감수성, 창의성, 공공성, 민주성—로 정리할 수 있다.[71] 첫째, '접근성' 논거이다. 1980년대 이후 문화정책은 국민의 자유로운 문화활동을 위한 환경 조성을 강조했다.[72] 국립현대미술관, 예술의전당 등 대규모 문화시설과 지역의 종합문예회관 등이 확충된 것이 그

---

70 용호성, "문화바우처 정책의 쟁점과 방향", 『문화정책논총』 26권 1호(2012), p. 101.

71 김세훈, "문화향유증진사업 정책 논거와 쟁점: 문화가 있는 날 기획 사업을 중심으로", 『문화예술경영학연구』 제11권 2호(2018), pp. 69-71.

72 한국문화예술위원회, 『예술로 아름다운 세상, 한국문화예술위원회 40년사』(2013), pp. 88, 132.

결과다. 하지만 단순히 시설을 짓는 것만으로는 충분하지 않았다. 시설이 있어도 이용료가 비싸거나 교통이 불편하면 일반 시민들이 접근하기 어렵기 때문이다. 예를 들어 예술의전당에서 오페라 한 편을 보려면 좋은 좌석의 경우 수십만 원이 들기도 한다. 또한 지방에 사는 사람들은 서울의 문화시설을 이용하려면 교통비와 숙박비까지 고려해야 한다. 이런 현실적 장벽들을 해소하기 위한 논리가 바로 접근성 논거다.

둘째, '감수성' 논거이다. 김영삼 정부는 삶의 질 향상을 위한 정신적 · 문화적 차원의 정책을 강조하며, '문화복지'라는 개념을 문화정책 전면에 등장시켰다. 대표 사업인 '문화의 집'은 생활권 내 소규모 문화시설로, 단순 관람을 넘어 체험 중심의 문화 활동을 가능하게 했다. 예를 들어 연습실을 만들어 시민들이 직접 악기를 연주하거나 노래를 부를 수 있도록 하고, 무료로 이용할 수 있게 했다. 이는 접근성 중심이던 과거와 달리, 시설을 단순한 관람 공간이 아니라 시민들이 직접 참여하고 문화적 감수성을 기를 수 있는 생활 속 공간으로 전환한 사례였다.[73]

셋째, '창의성' 논거이다. 문화향유정책은 문화적 감수성 못지않게 창의적 역량의 육성에도 초점을 맞춘다. 노무현 정부의 『창의한국』 보고서와 '창의 영국(creative Britain)', '창의 호주(creative Australia)' 등과 같은 해외 사례들은 문화정책에서 창의성 개념이 중요하게

73 정갑영, 『문화의 집 조성 및 운영 활성화 방안』(서울: 한국문화정책개발원, 1998), pp. 23-24.

다루어졌음을 보여준다. 창의성은 개인 삶의 질 향상뿐 아니라 사회 발전을 견인할 동력으로 인식되었다.[74] 이에 따라 문화예술교육의 중요성이 정책적으로 강조되었다. 예를 들어 학교에서 예술 교육을 강화하거나, 성인을 대상으로 한 문화예술교육 프로그램을 확대하는 것들이 이런 논리에 기반한 정책들이다.

넷째, '공공성' 논거이다. 공공성은 문화정책의 책임성과 연계되며, 계층 간 · 지역 간 문화 격차 해소를 위한 공적 개입의 당위성을 뒷받침한다. 예를 들어 서울 강남과 지방 소도시 간의 문화인프라 격차, 또는 고소득층과 저소득층 간의 문화향유 기회 격차를 해소하기 위해 국가가 나서야 한다는 논리다. 노무현 정부는 사회적 취약계층을, 이명박 정부는 서민 계층을 대상으로 한 문화정책을 통해 공공성의 원리를 실천에 옮기고자 했다. 이는 '문화는 사치품이 아니라 기본적인 권리'라는 인식의 확산과 맞물려 있다.

다섯째, '민주성' 논거이다. 문화민주주의는 문화가 특정 전문가나 예술인만의 전유물이 아니라, 일반 시민도 창조 주체가 될 수 있다는 관점이다.[75] 예를 들어 동네 주민들이 모여서 연극을 만들거나, 시민들이 직접 기획한 축제를 여는 것도 충분히 의미 있는 문화 활동이라는 것이다. 박근혜 정부의 '문화참여 확대' 전략은 이러한 민주성 논거에 근거하고 있으며, 시민 참여와 자율적 창작을 정책적으로 유도하려는 방향성을 보여준다. 이는 '소비자에서

---

74 새문화정책준비단 · 문화체육관광부, 『문화비전 2030: 사람이 있는 문화』, p. 75.

75 서순복, "문화의 민주화와 문화민주주의의 정책적 함의", 『한국지방자치연구』 제8권 제3호(2007), p. 31.

생산자로', '관객에서 참여자로'라는 문화정책의 패러다임 변화를 의미한다.

개념과 정책 사이의 괴리

이상의 논의에서 살펴보았듯, 한국의 문화향유정책은 접근성, 감수성, 창의성, 공공성, 민주성이라는 다섯 가지 논거를 바탕으로 국민의 문화적 삶의 질을 높이는 것을 목표로 해왔다. 그러나 현실의 문화나눔사업은 이러한 이상과는 여전히 거리가 있다.

이는 무엇보다 문화복지와 문화향유의 개념이 정책 현장에서 명확히 구분되지 않고 혼재된 결과이다. 문화향유가 국민 모두의 기본권으로서 궁극적인 목표라면, 문화복지는 그 목표를 실현하기 위한 수단적 장치로 이해되어야 한다. 그러나 현실의 문화나눔사업은 문화복지와 문화향유의 논리가 뒤섞인 채 사후적 처방과 경제적 보조에 머물면서, 본래 지향했던 감수성과 창의성의 함양이라는 목표와는 멀어지고 있다.

더 나아가 정책이 표방하는 이념과 실제 집행 방식 사이에도 상당한 간극이 존재한다. 문화나눔사업은 시민 누구나 문화의 주체가 될 수 있다는 포용적 가치를 내세우지만, 실제로는 여전히 '좋은 문화'를 더 많은 사람에게 전달하려는 단방향적 접근에 머물러 있다. 그마저도 충분히 작동하지 못한 채 경제적 보조에 가까운 성격을 띠고 있는 것이 현실이다.

앞으로의 문화정책은 문화복지와 문화향유의 철학적 차이를 분명히 이해하고, 시민이 주체가 되어 참여하고 창조할 수 있는 환경을 조성하는 데까지 정책의 지향점을 확장해 가는 것이 필요하다. 이러한 노력이야말로 문화권 실현이라는 목표에 한 걸음 더 다가가는 길이 될 것이다.

4. 문화정책의 두 철학

앞서 살펴본 문화복지와 문화향유의 개념적 차이는 사실 더 깊은 철학적 배경을 가지고 있다. 문화나눔사업의 변화를 제대로 이해하려면 문화정책을 뒷받침하는 두 가지 근본적인 철학적 흐름을 살펴봐야 한다. 바로 '문화의 민주화(democratization of culture)'와 '문화민주주의(cultural democracy)'다.

우리나라 문화정책이 2000년대 이후 '향유' 중심으로 전환된 것은 표면적으로는 '문화민주주의' 논의의 영향을 받았지만, 실제 실행된 방식은 여전히 '문화의 민주화'에 가까웠다. 문화민주주의는 더 포괄적이고 궁극적인 목표로 제시되었지만, 정책 현장에서는 국가가 주도해 고급문화를 보급하는 하향식 논리가 강하게 작동했고, 이것이 문화나눔사업의 여러 모순을 낳는 배경이 되었다.

문화의 민주화 vs. 문화민주주의

문화민주주의는 1960년대 유럽에서 문화정책의 기조였던 '문화의 민주화'를 비판하며 등장한 개념이다. 두 용어를 처음 명확히 구분한 사람은 프랑스의 오귀스탱 지라르(Augustin Girard)였고, 덴마크의 존 랑스테드(Jorn Langsted)는 이를 "현대 문화정책의 이중 전략"으로 이론화했다.[76] 이 두 접근법은 문화의 범위, 생산 주체, 정책 대상에서 뚜렷한 차이를 보인다.[77]

문화의 민주화는 고급 예술을 보편적 가치로 간주하고, 그것을 더 많은 사람에게 전달하면 자연스럽게 문화적 수준이 향상될 것이라는 전제에서 출발한다. 쉽게 말해, '좋은 문화가 있으니, 모두가 접할 수 있게 하자'라는 접근이다. 예를 들어 국립극장에서 오페라와 발레 공연의 입장료를 낮추거나, 지방 순회공연을 늘리는 것이 대표적이다.

이 방식은 문화예술에 대한 접근권을 확대하려는 취지였지만, 주류 예술가와 기관 중심의 공급 위주였고, 대중의 다양한 수요를 충분히 반영하지 못했다는 비판을 받았다. 프랑스에서는 대형 공연장과 예술기관을 세우고 엘리트 예술 프로그램을 확대했지만, 실제 관객은 교육 수준이 높은 소수 계층에 머물렀다. 예술 취향은 선천적인 것이 아니라 후천적 경험과 교육으로 형성되기 때문에, 고급 예술 중심 정책만으로는 다양한 문화적 욕구를 충족시키기에 어려웠다.

이러한 한계를 극복하기 위한 대안으로 문화민주주의가 등장했다. 문화민주주의는 문화의 주체를 예술가와 전문가에 한정하지

76 Jorn Langsted, "Double Strategies in a Modern Cultural Policy", *Journal of Arts Management, Law and Society*, Vol. 19, No. 4 (1990), p. 50.

77 심창학, "문화복지 쟁점을 통해서 본 한국의 문화복지정책", 『비판사회정책』 제40호 (2017), p. 160.

않고, 시민 개개인의 다양한 정체성과 표현을 존중하며 참여를 보장한다. 미적 가치의 주관성과 문화적 다양성을 강조하며, 비전문가의 창작활동도 정당한 문화로 인정하는 것이다. 즉, 문화민주주의는 시민이 수동적인 소비자에 머무르지 않고, 능동적인 생산자로 참여하도록 유도하는 상향식 문화정책을 지향한다.[78]

〈표 2-19〉 문화의 민주화와 문화민주주의

문화의 민주화	문화민주주의
문화의 단일성(mono culture)	문화의 다양성(plurality of cultures)
모두를 위한 문화(culture for everyone)	모두에 의한 문화(culture by everyone)
틀 만들기(create framework)	창조적 활동(creative activities)
전문가(professional)	비전문가(amateur)
미학적 우수성(aesthetics quality)	사회적 평등(social equality)
전통(tradition)	발전, 역동성(development, dynamics)
하향식(top-down)	상향식(bottom-up)
엘리트주의(elitism)	대중주의(populism)

출처: Jorn Langsted, "Double Strategies in a Modern Cultural Policy", p. 58; Kevin V. Mulcahy, "Cultural Policy: Definitions and Theoretical Approaches", The Journal of Arts Management Law and Society, Vol. 35, No. 4 (January 2006), pp. 323-325의 내용을 참고하여 재구성.

랑스테드에 따르면, 문화의 민주화는 대중이 고급문화에 접근하도록 문턱을 낮추는 데 초점을 맞춘다. 이때 고급문화란 전통적 미학의 기준에 부합하는 예술로, 전문성과 예술가 중심의 창작이 중시된다. 그러나 이런 방식은 문화향유를 확산시키는 데 한계가 있었다. 프랑스의 사례처럼, 공공미술 교육 확대와 순회공연을 통

78 Augustin Girard and Geneviève Gentil, *Cultural Development: Experiences and Policies* (Paris: UNESCO, 1983), p. 70.

해 '미적 기회의 평등'을 시도했지만, 참여 계층은 제한적이었다. 반면 문화민주주의는 상향식 참여를 중시하고, 특정 문화 형태에 특권을 부여하지 않는다. 다양한 배경을 지닌 시민들이 자신의 문화를 만들고 표현하는 것을 존중한다.[79]

케빈 멀케이(Kevin V. Mulcahy)는 그 차이를 이렇게 설명한다. 문화의 민주화는 "좋은 문화가 곧 당신에게도 좋은 것"이라는 전제에서 출발해, 고급문화를 가능한 한 널리 보급하려는 것이다. 반면 문화민주주의는 미적 가치와 참여의 주체성을 다양하게 인정한다.[80]

결국, 문화의 민주화는 "모든 사람을 위한 문화"를, 문화민주주의는 "모든 사람에 의한 문화"를 지향한다. 랑스테드와 멀케이는 두 접근이 상호 대립하기보다는, 서로를 보완하며 함께 작동해야 한다고 강조한다. 효과적인 문화정책을 위해서는 양자의 통합이 필요하다는 것이다.[81]

68운동과 문화민주주의의 확산

'문화민주주의' 논의는 이론적 담론에 그치지 않고, 1968년 '68운동'을 계기로 유럽 사회 전반에 본격적으로 확산되기 시작했다. 제2차 세계대전 직후 태어나 폐허 속에서 자라난 세대가 성인이

---

79 Jorn Langsted, "Double Strategies in a Modern Cultural Policy", pp. 57-59.

80 Kevin V. Mulcahy, "Cultural Policy: Definitions and Theoretical Approaches", pp. 319-330.

81 Kevin V. Mulcahy, "Cultural Policy: Definitions and Theoretical Approaches", pp. 323-325.

된 1960년대, 그들은 전쟁의 기억과 냉전 체제의 긴장을 일상적으로 체험한 첫 세대였다. 이들은 1950년대의 물질적 번영과 안정을 단순히 긍정적으로 받아들이지 않았다. 오히려 보수적 규범과 소비주의가 만들어낸 '소비자 유토피아'[82]에 의문을 제기하고, 전쟁과 제국주의, 인종 · 성차별, 언론 통제에 저항했다. 그들에게 중요한 것은 경제 성장의 혜택 자체가 아니라, 보다 자율적이고 인간적인 삶을 가능하게 하는 새로운 사회적 조건이었다.

'68운동'은 미국과 서유럽, 동유럽은 물론 아시아와 아프리카까지 퍼져나갔지만, 가장 격렬한 양상은 프랑스에서 나타났다. 대규모 학생 시위가 전국을 휩쓸었고, 이에 연대한 노동자들이 총파업에 돌입하며 기존 체제에 정면으로 도전했다. 당시 프랑스 사회는 일순간 혁명적 상황에 들어섰고, 이는 권위주의적 질서에 대한 집단적이면서도 축제적인 저항으로 평가된다. 이 운동은 정치적 의미를 넘어, 문화적 질서에도 균열을 만들어냈다.[83]

'68운동' 이후 시민들의 문화 참여는 한층 활발해졌다. 유럽 전역에서 정치적 민주화를 넘어, 문화의 민주화가 논의되기 시작했다. '좋은 예술'을 보다 많은 사람들이 향유할 수 있도록 하자는 목표 아래, 각국은 다양한 정책을 수립하기에 이르렀다. 그러나 실제

---

82 '소비자 유토피아'란 제2차 세계대전 이후 서구에서 경제적 부흥과 대량 소비 사회가 형성되며, 물질적 풍요를 인간 행복의 궁극적 목표로 여기는 사회적 분위기와 이상을 의미한다. 이 개념은 당시의 경제 성장과 물질주의가 개인의 삶과 사회 구조에 미친 영향을 설명할 때 자주 사용된다.

83 조규희, "서독의 68운동과 문화혁명", 『독일어문학』 11권 4호(2003), p. 207; 민유기, "68운동 이후 프랑스 사회당의 문화민주주의 정책 구상", 『서양사론』 141호(2019), p. 47.

로 예술기관을 찾는 관객층은 여전히 교육 수준이 높은 소수에 머물렀다. 여러 연구가 이런 한계를 지적했고, 단순한 고급 예술 보급만으로는 문화적 갈증을 해소하기 어렵다는 인식이 확산하였다.

이러한 배경 속에서 유럽 각국은 1970~80년대에 걸쳐 '문화민주주의'라는 새로운 방향을 모색하게 되었다. 이제는 소수가 누리던 예술을 더 많은 사람에게 '보급'하는 데서 그치지 않고, 다수가 실제로 향유하는 문화를 적극적으로 인정하고 지원해야 한다는 생각이었다. 1976년 유럽연합 문화 장관 회의에서도 이러한 분위기를 반영해, 문화의 민주화를 대체할 평등주의적 개념으로서 문화민주주의가 본격적으로 논의됐다.[84]

각국의 문화민주주의 실험

영국에서는 레이먼드 윌리엄스를 비롯한 학자들이 엘리트 중심의 협의적 문화 개념에 문제를 제기하며, 노동자 문화, 일상 문화, 대중문화 등을 연구했다. 이를 통해 문화는 소수의 전유물이 아니라, 누구나 참여하고 만들어가는 삶의 일부라는 인식이 확산하였다. 윌리엄스는 특히 문화의 정의를 '삶의 총체적 방식'으로 확장하며, 고급 예술과 대중문화, 일상적 실천 사이의 위계가 허구임을 지적했다.[85] 이런 논의는 영국 사회에 노동계급의 문화적 실천을

84 서순복, "문화의 민주화와 문화민주주의의 정책적 함의", p. 30.

85 곽정연 외, 『문화민주주의: 독일어권 문화정책과 예술경영』(서울: 글로벌콘텐츠, 2017), p. 37.

재발견하게 했고, 문화민주주의의 토대를 다지는 데 기여했다.

프랑스에서는 1950~60년대 앙드레 말로(André Malraux) 문화부 장관이 '문화의 민주화'를 정책 기조로 삼고, 모두가 문화를 누릴 수 있는 평등주의적 방향을 제시했다. 하지만 68세대는 한 걸음 더 나아가, 문화의 범위를 일상으로 확장하고, 고급문화와 하위문화의 위계 자체를 무너뜨려야 한다고 주장했다.[86]

이러한 문화 개념의 확장과 일상 속 문화의 정당화 요구는 이후 유럽의 문화정책에도 큰 영향을 주었다. 특히 1981년 프랑스 대선에서 사회당이 집권한 뒤 문화부 장관이 된 잭 랑(Jack Lang)은 문화민주주의를 정책의 핵심 원칙으로 삼았다. 그는 사회적 소수 집단의 문화와 비전문가의 창작활동을 적극적으로 인정하고, 일상적 문화 실천을 국가가 지원해야 한다고 강조했다. 이는 문화의 다양성과 상대적 가치를 인정하려는 시도로, 고급문화에 집중했던 앙드레 말로의 정책과는 방향이 달랐다. 잭 랑의 정책은 '모든 사람에 의한 문화'를 강조하며, 시민 스스로가 문화적 주체가 될 수 있도록 길을 열어주었다.[87]

독일에서도 비슷한 시기에 헤르만 그라저(Hermann Glaser)와 힐마 호프만(Hilmar Hoffmann) 같은 학자들이 문화민주주의의 이론적 기반을 마련했다. 그들은 문화민주주의가 단순한 이론이 아니라, 사회 통합과 창의적 시민성을 키우는 실천적 도구임을 강조했다. 이후

86 김종법 외, 『한국의 문화정책과 세계의 문화정책』(성남: 한국학중앙연구원 출판부, 2017), pp. 89-91.

87 민유기, "68운동 이후 프랑스 사회당의 문화민주주의 정책 구상", pp. 47-48.

독일의 문화정책은 문화민주주의를 중심 목표로 삼고, 이를 실현하기 위한 다양한 프로그램을 시행했다. 특히 독일은 문화민주주의의 교육적 측면에 주목하며, 학교와 지역사회에서 문화참여 기회를 늘리는 데 힘썼다.[88]

미국에서도 문화민주주의에 대한 논의는 일찍이 전개되었다. 19세기 말에서 20세기 초, 민주주의 국가의 시민이라면 정치적 자유뿐 아니라 문화적 자유 역시 동등하게 누려야 한다는 인식이 자리 잡기 시작했다.[89] 특히 대규모 이민으로 다문화 사회가 형성되면서, 다양한 문화적 정체성을 존중하는 것이 사회 통합의 필수 조건이라는 논리가 설득력을 얻었다. 이러한 맥락에서 미국의 문화민주주의 논의는 단순한 이념을 넘어, 공동체 내 갈등을 완화하고 여러 집단의 목소리를 공존시키려는 구체적 실천으로 이어졌다.

문화민주주의는 단순한 논의에 머물지 않고 구체적인 정책과 프로그램으로도 구현되었다.[90] 독일의 '베를린 필하모니 문화 프로젝트'는 그 대표적인 사례다. 2002년 시작된 'Zukunft@BPhil (베를린 필의 미래)'은 베를린 필하모니가 더 이상 엘리트의 전유물이 아니라 사회적 책임을 다하는 예술 공동체로 자리매김하려는 시도였다. 음악을 특정 계층이 아니라 모든 시민의 것으로 만들기 위해

---

88 곽정연 외, 『문화민주주의: 독일어권 문화정책과 예술경영』, p. 38.

89 김용신, "다문화사회의 시민 형성 논리: 문화민주주의 접근", 『비교민주주의연구』 4권 2호(인제대학교 민주주의와 자치연구소, 2008), pp. 39-40.

90 최미세, "문화예술의 공적 가치와 문화민주주의", 『독일어문학』 통권 64집 22호(2014), pp. 403-408.

연령, 사회적 배경, 재능과 무관하게 누구나 오케스트라와 만나고 창의적으로 참여할 수 있도록 다양한 교육 프로그램과 체험 기회를 제공했다. 단순히 음악을 '들려주는' 것이 아니라 함께 연주하고 만들도록 독려한 것이다.

베네수엘라의 '엘 시스테마(El Sistema)' 운동 역시 세계적으로 주목받는 사례다. 1975년 경제학자이자 음악가였던 호세 안토니오 아브레우(José Antonio Abreu)가 시작한 이 운동은 빈곤과 범죄에 노출된 아동·청소년에게 무상으로 음악교육을 제공했다. 음악을 통해 협동, 책임감, 소속감을 배우며 사회적 소외에서 벗어날 수 있도록 돕는 것이 목적이었다. 초기 11명으로 시작한 이 프로그램은 2010년 기준 221개 센터, 26만 명으로 성장했고, 구스타보 두다멜(Gustavo Dudamel)과 같은 세계적 음악가들도 배출하며 그 성과를 입증했다. 음악을 매개로 한 이 운동은 단순한 복지를 넘어, 사회 통합과 시민성 교육을 실현하는 강력한 수단이 되었다.

각국의 문화민주주의 실험은 문화의 주체를 엘리트에서 시민 전체로, 문화의 범위를 고급 예술에서 일상과 다양성으로 확장해 왔다. 프랑스의 잭 랑, 독일의 베를린 필 프로젝트, 베네수엘라의 엘 시스테마 등은 그 가능성을 실증한 사례들이다. 이들은 문화민주주의가 이상에 머물지 않고 현실 속에서도 실천이 가능한 가치임을 보여준다.

한국에서의 문화민주주의 논의

국내에서 '문화의 민주화'와 '문화민주주의'에 대한 본격적인 논의는 2000년대 들어 활성화되었다. 이 시기 학계에서는 두 개념의 이론적 구분과 정책적 함의에 대한 분석이 이어졌다. 특히 문화정책이 단순히 향유 기회를 확대하는 데 그치지 않고, 다양한 문화적 주체의 자율성과 참여를 보장해야 한다는 문화민주주의적 관점이 제안되었다.[91]

한 연구자는 이러한 논의를 심화하며 '생활문화'라는 개념을 제시했다. 생활문화는 고급 예술이나 학술문화와 대비되는 개념으로, 사람들이 일상에서 시간과 공간을 활용해 자발적으로 구성해 가는 삶의 방식이다. 그는 문화의 민주화가 고급문화를 대중에게 전파하려는 상향식 정책이라면, 문화민주주의는 시민들이 일상에서 주체적으로 문화를 창조하고 참여하는 상향식 정책이라고 설명했다.[92]

다문화사회와 관련된 논의도 문화민주주의와 연결되었다. 한 연구자는 문화민주주의를 정치적 다문화주의와 동일시하면서, '인간의 존엄, 자율, 합리적 사고, 동등한 기회 보장'과 같은 가치를 일상에서 구현하려는 시도가 곧 문화민주주의라고 주장했다. 이러한 접근은 다문화사회에서도 문화민주주의가 중요하다는 점을 강조

---

91 김경욱, "문화민주주의와 문화정책에 대한 새로운 시각", 『문화경제연구』 제6권 제2호 (2003), pp. 46-49, 60-61.

92 서순복, "문화의 민주화와 문화민주주의의 정책적 함의", pp. 28-31.

한다.[93]

정책의 역사적 변화를 분석한 연구에 따르면, 노무현 정부 시기의 문화향유 정책은 주로 '문화의 민주화' 전략으로 평가된다. 이명박 정부에서도 엘리트 예술가 지원을 강화하며 민주화적 경향이 이어졌지만, 2010년 이후에는 디지털 콘텐츠 산업을 지원해 대중이 직접 문화를 창조하도록 하는 문화민주주의 전략이 병행되기 시작했다고 분석된다. 이는 두 전략이 시기별로 병존하거나 전환되었음을 보여준다.[94]

결국 두 전략 모두 문화 영역을 확대한다는 점에서는 공통되지만, 정책의 개입 대상과 방식에서는 차이가 있다. 문화의 민주화는 '소득 · 교육 · 능력에 관계없이 보다 많은 사람에게 문화를 향유하게 하는, 문화의 수용자에 대한 정책적 개입'으로 정의된다. 반면 문화민주주의는 '보다 많은 사람이 문화를 형성할 수 있도록 하는, 문화의 생산자에 대한 정책적 개입'으로 이해된다.[95]

이와 관련해 한 연구자는 문화의 복지화 관점에서 한국 사회에 적합한 문화정책 모형을 탐색하며, 문화민주주의 개념을 비판적으로 검토했다. 그는 한국적 현실에 맞는 새로운 정책 방향이 필요하다고 주장하면서, 예술 중심의 정책을 효과적으로 추진하려면 '문화의 민주화'와 '문화민주주의' 전략이 함께 작동해야 한다

93 김용신, "다문화사회의 시민 형성 논리: 문화민주주의 접근", pp. 39-40.

94 배관표 · 이민아, "한국 문화정책의 대상과 전략의 변화: 1988-2012", 『한국정책학회보』 제22권 제1호(2013), pp. 159-160.

95 배관표 · 이민아, "한국 문화정책의 대상과 전략의 변화: 1988-2012", pp. 144-145.

고 강조했다. 국가가 대중의 접근성을 높이는 민주화 전략과 동시에, 참여와 다양성을 보장하는 민주주의 전략을 병행해야 한다는 것이다.[96]

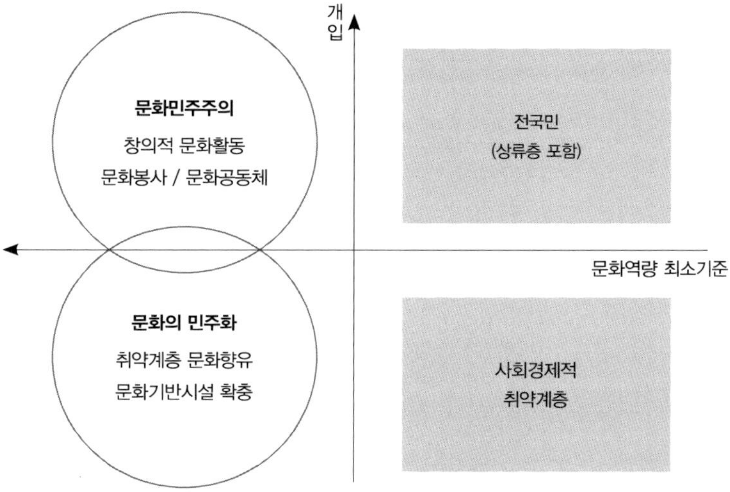

출처: 장세길, "문화민주주의를 넘어: 전라북도 사례로 살펴본 새로운 문화전략 모색", p. 53.

〈그림 2-3〉 문화민주주의와 문화의 민주화 전략과 문화의 복지화 관계도

이를 위해 그는 두 전략을 통합하고 확장하는 '문화의 복지화' 개념을 제안했다. 이는 두 전략의 장점을 결합하면서도 한국 사회의 현실적 조건을 반영한 대안적 접근법으로, 문화나눔사업이 지향해야 할 방향에 중요한 시사점을 준다. 〈그림 2-3〉은 이러한 관계를 도식화한 것이다.

---

96 장세길, "문화민주주의를 넘어: 전라북도 사례로 살펴본 새로운 문화전략 모색", 『지역사회연구』 23권 2호(2015), pp. 51-53, 61.

이 그림에서 보듯, 문화의 복지화는 문화의 민주화와 문화민주주의의 장점을 동시에 살리면서, 한국 사회에 적합한 통합적 접근을 제시한다. 이는 문화정책이 단순히 문화의 보급에 머무르지 않고, 시민이 주체가 되는 참여와 다양성의 보장을 통해 더 넓고 깊은 문화권을 실현하는 데 기여할 수 있음을 보여준다.

문화나눔사업에서 드러나는 이론과 현실의 괴리

역대 정부의 문화정책을 살펴보면, 문화의 민주화와 문화민주주의 요소가 혼합된 형태로 공존해 왔음을 알 수 있다. 김영삼, 이명박, 박근혜 정부는 문화의 민주화와 문화민주주의적 요소를 모두 담고 있었으나, 일관된 철학과 방향성을 갖추지는 못한 채, 주로 엘리트 예술 지원과 문화 환경 조성에 초점을 맞췄다. 이러한 점에서 문화민주주의적 요소를 일부 내포하긴 했지만, 정책 기조는 여전히 문화의 민주화에 가까웠다.[97]

반면, 김대중 정부와 노무현 정부는 더욱 분명하게 문화민주주의적 이념을 드러냈다. 이들은 고급 예술 중심의 정책에서 벗어나 대중문화를 중심으로 한 문화산업의 발전과 문화향유의 평등한 기회를 강조했다. 문재인 정부와 윤석열 정부에 이르러서도 이러한 기조는 이어졌고, 『문화비전 2030』을 통해 전 국민의 문화향유권을 보편적 권리로 규정하거나, '보편적 문화복지 실현'을 국정과제

97 황설화, "김영삼 정부 이후 한국의 문화정책이념에 관한 연구: 문화적 민주주의인가, 문화의 민주화인가?", 『한국정책연구』 제19권 제1호(2019), pp. 95-96.

로 내세우며 문화격차 해소를 목표로 삼았다.

즉, 역대 정부들의 문화정책은 정도의 차이는 있지만, 전반적으로 문화민주주의를 정책적 이상으로 설정하면서 문화산업 진흥과 문화 다양성 확보를 함께 추구해 왔다. 특히 시간이 지남에 따라 이러한 기조가 더 구체적이고 보편적 차원으로 발전했다고 평가할 수 있다.

이상의 흐름을 종합하면, 한국의 문화정책에서 문화의 민주화와 문화민주주의는 양자택일적인 것이 아니라 상호보완적이고 병행이 가능한 전략으로 이해되어야 한다. 문화의 민주화가 지닌 한계를 극복하고, 문화민주주의를 궁극적인 정책 지향점으로 삼는 것이 중요하다.

하지만 문화나눔사업의 현실을 보면, 문화민주주의가 지향하는 이상과는 여전히 거리가 있다. 이 사업은 표면적으로는 문화민주주의의 철학, 곧 시민이 문화의 능동적 생산자가 되도록 돕는 것을 목표로 한다고 설명된다. 그러나 실제 정책의 설계와 실행을 보면, 여전히 문화의 민주화 방식, 즉 '좋은 문화'를 더 많은 사람이 향유할 수 있도록 접근성을 높이는 수준에 머물러 있다. 더 나아가 그마저도 충분히 작동하지 못해, 현실에서는 문화적 권리 보장이 아니라 경제적 보조에 가까운 역할을 하고 있다.

이러한 한계는 앞서 살펴본 문화복지와 문화향유의 개념적 혼재와도 연결된다. 문화민주주의가 지향하는 것은 '사전 예방적 복지'와 '경제와 문화의 등가성'이라는 철학이지만, 문화나눔사업의 현실은 여전히 '사후 처방적 복지'와 '단계론적 접근'에 머물러 있다. 결과적으로 문화적 감수성과 창의성을 함양하기보다는, 당장의 생활비를 보충하는 수단으로 기능하며 문화권 실현이라는 본래의 목표에서 멀어지고 있다.

제3장

한국 문화정책 속의 문화나눔사업

1. 한국 문화정책의 지도

문화나눔사업을 제대로 이해하려면, 먼저 이 사업이 운영되는 한국 문화정책의 전체 구조를 파악하는 것이 필요하다. 문화나눔사업은 독립적으로 존재하는 것이 아니라, 한국 문화정책 시스템 내에서 긴밀히 작동하고 있기 때문이다. 한국의 문화정책은 어떤 법적 근거 위에 세워져 있으며, 정부 조직은 어떻게 구성되어 있는지, 그리고 예산은 어떤 방식으로 조달되고 배분되는지 살펴보아야 한다. 이러한 제도적 기반은 문화나눔사업의 성격과 운영 방식을 결정짓는 핵심 요소다.

한국 문화정책은 지난 수십 년간 큰 변화를 겪었다. 과거 문화재 보호와 전통문화 계승이 정책의 중심이었다면, 오늘날에는 국민의 문화향유권 확대가 주요 과제로 부상했다. 특히 1996년 '문화복지 원년' 선언 이후 문화정책의 패러다임이 본격적으로 전환되기 시작했다. 문화는 더 이상 소수의 전유물이 아니라 모든 국민이 향유해야 할 권리로 인식되기 시작한 것이다.

이러한 인식 변화를 바탕으로, 현재 한국의 문화정책이 어떠한 체계 속에서 운영되고 있는지 구체적으로 살펴보자.

문화정책 관련 법령

한국의 문화정책은 여러 법률과 제도적 장치를 통해 추진되고 있다. 「문화기본법」, 「문화예술진흥법」, 「지역문화진흥법」 등이 문화정책의 법률적 근간을 이룬다. 이들 법률은 각각 목적과 범위가 다르지만, 상호보완적으로 작용하며, 문화권 보장부터 예술 진흥, 지역문화 균형발전, 콘텐츠 산업 육성까지 다양한 분야를 포괄한다.

문화정책의 최상위 법률인 「문화기본법」은 2013년에 제정된 문화 분야 최초의 기본법으로, 국민의 문화권을 헌법적 기본권으로 명시했다. 이 법이 우리 생활에 미치는 영향은 생각보다 광범위하다. 문화나눔사업의 통합문화이용권이 존재할 수 있는 것도, 소득수준과 관계없이 누구나 문화를 향유할 권리가 있다고 이 법이 명시했기 때문이다.

이 법은 국민의 문화권 확보를 위한 국가와 지방자치단체의 책무를 구체적으로 규정했다. 특히 문화의 정의를 예술 영역에 국한하지 않고 "문화적 가치, 삶의 양식, 예술적 활동 및 이들의 결과물" 등 국민 삶의 전 영역으로 확장했다. 또한 교육 · 복지 · 환경 · 인권 등과 통합된 문화정책의 방향을 제시하며, 모든 정책 수립 시 '문화영향평가'를 도입하도록 했다.[1] 이 법에 따라 5년마다 범정부

1 문화체육관광부 문화여가정책과, "문화융성의 토대가 되는 「문화기본법」 제정안 및 「예술

차원의 '문화진흥 기본계획'을 수립하도록 의무화되었으며, 2019년에 첫 번째 계획인 「문화비전 2030: 사람이 있는 문화」가 수립되었다.[2]

「문화예술진흥법」은 1972년 제정된 문화예술 지원의 핵심 법률로, 한국 문화정책의 역사에서 가장 중요한 이정표 중 하나다. 우리가 국립극장에서 공연을 보거나, 지역 문예회관에서 전시를 관람하거나, 젊은 예술가들의 창작활동을 지원하는 각종 사업이 모두 이 법을 근거로 한다. 동 법 제1조에서 "전통 문화예술의 계승 · 발전과 새로운 문화예술의 창조를 지원함으로써 민족문화 창달에 이바지함"을 목적으로 명시하고 있다.

이 법을 근거로 문화예술진흥기금이 설치되어 문화예술 사업의 안정적 재원 마련이 가능해졌고, 우리가 접하는 대부분의 예술 지원 사업들이 이 기금을 통해 운영된다. 1973년에는 한국문화예술진흥원이 설립되었으며, 2005년 법 개정을 통해 한국문화예술위원회(ARKO)로 재출범한 후에는 민간 합의제 기구로서 예술 지원사업을 보다 독립적이고 전문적으로 수행하게 되었다.

2014년에는 지역 간 문화격차 해소와 고유한 지역문화의 발전을 위한 「지역문화진흥법」이 제정되었다. 서울 집중의 문화 불균형

인 복지법」 등 4개 법 개정안 오늘 국회 본회의 통과", 보도자료, 2013. 12. 10.

2 '문화비전 2030'은 개인의 행복한 삶을 보장하기 위한 2030년까지의 중장기 문화정책의 비전으로, '자율성', '다양성', '창의성'을 3대 가치로 내세우고, 개인의 자율성 보장, 공동체의 다양성 실현, 사회의 창의성 확산이라는 3대 방향을 세우고, 9가지 정책 의제와 이를 실현하기 위한 세부 과제를 담고 있다. 새문화정책준비단 · 문화체육관광부, 『문화비전 2030 사람이 있는 문화』, pp. 54-87.

을 해소하기 위해 만들어진 이 법 덕분에, 지방에서도 양질의 문화 공연을 볼 수 있도록 하는 '방방곡곡 문화공감' 사업이나, 각 지역의 고유한 문화자원을 발굴하고 활용하는 사업들이 추진되고 있다.

이 법은 중앙집권적 문화정책의 한계를 극복하고 문화 분권을 촉진하는 데 목적이 있다. 문화체육관광부 장관은 관계 부처 및 지방자치단체와 협의하여 5년 단위의 '지역문화진흥 기본계획'을 수립하고, 각 지방자치단체는 이에 따라 시행계획을 마련하여 추진하도록 규정하고 있다. 또한 지역문화전문인력의 양성, 지역문화진흥시설의 설치 · 운영, 지역문화예술단체 지원 등 구체적인 정책 수단들을 명시하여, 우리가 살고 있는 지역에서 문화생활을 풍성하게 만드는 다양한 정책들의 법적 근거가 되고 있다.

이 밖에도 디지털 시대 문화산업 육성을 위한 「콘텐츠산업진흥법」(2010), 문화 다양성 보호를 위한 「문화 다양성의 보호와 증진에 관한 법률」(2014), 예술인의 권익 보장을 위한 「예술인 복지법」(2011), 문화예술교육 지원을 위한 「문화예술교육 지원법」(2005) 등이 문화정책의 전문 분야를 담당하고 있다. 산업별로는 「영화 및 비디오물의 진흥에 관한 법률」, 「게임산업진흥에 관한 법률」, 「출판문화산업 진흥법」, 「대중문화예술산업발전법」 등이 각 분야의 진흥과 규제를 담당한다. 지역 차원에서는 「지역문화원진흥법」이 전국 230여 개 지역문화원 운영의 근거가 되고 있다.

이처럼 각 법령은 「문화기본법」의 기본이념과 원칙 아래 전문 분야별 정책 수단으로 기능하면서, 한국 문화정책의 포괄적이고 체계적인 법적 기반을 형성하고 있다.

문화정책 추진체계 및 의사결정 구조

한국의 문화정책은 누가 어떻게 만들고 실행하고 있을까? 중앙 정부 차원에서는 문화체육관광부가 사령탑 역할을 한다. 문화체육관광부는 '문화정책과', '지역문화정책과' 등을 통해 문화예술 전반의 정책 기획과 지역문화 지원을 담당하며, 예술정책과는 예술 창작 지원을, 콘텐츠정책국은 게임 · 영상 · 출판 등 콘텐츠 산업의 육성을, 저작권국은 저작권 보호와 이용 진흥을 각각 맡고 있다.[3]

문화체육관광부가 정책을 기획한다면, 실제 집행은 산하 기관들이 담당한다. 한국문화예술위원회는 문화예술진흥기금을 운용하여 공연, 전시, 문학 등 예술가와 예술단체에 대한 지원을 수행하며, 예술인 복지 사업과 창작 환경 조사 등도 담당한다. 우리가 문화예술교육 프로그램에 참여할 수 있는 것은 한국문화예술교육진흥원이 학교와 사회 영역의 문화예술교육 정책을 집행하고 있기 때문이다. 한류 콘텐츠의 해외 진출을 지원하는 한국콘텐츠진흥원은 콘텐츠 기업의 사업화 자금 지원, 글로벌 마케팅, 인력 양성, 해외 비즈니스 센터 운영 등을 통해 K-팝, K-드라마의 경쟁력 강화를 이끌고 있다. 영화진흥위원회는 영화 제작과 배급 지원, 영화발전 기금 운용, 영화인 복지 등의 업무를 통해 영화산업의 진흥을 도모하고 있다. 이 밖에도 예술경영지원센터, 지역문화진흥원, 세종학당재단 등 다양한 공공기관이 분야별로 특화된 기능을 수행하

3 문화체육관광부, "문화체육관광부: 조직도", 문화체육관광부 홈페이지, https://www.mcst.go.kr/kor/s_about/organ/main/mainOrgan.jsp.

고 있다.[4]

이러한 중앙 조직망은 '기획(본부) - 집행(산하 기관) - 시설(국립문화기관)'이 유기적으로 연계되는 방식으로 구성되어 있다. 예컨대, 공연예술 활성화를 위한 정책이 수립되면, 한국문화예술위원회가 민간 공연단체에 보조금을 지원하고, 국립극장이 창작극을 제작 · 보급하는 식이다. 각 기관은 특화된 경험과 네트워크를 바탕으로 정책의 실효성을 높이고 있다.

문화정책은 중앙정부만의 일이 아니다. 중앙정부와 지방자치단체, 공공과 민간이 협력하는 거버넌스 체제로 발전해 왔다. 중앙정부는 「문화기본법」과 「지역문화진흥법」에 따라 '문화진흥 기본계획'과 '지역문화진흥 기본계획'을 수립 · 시행하며, 문화정책의 큰 방향과 기준을 제시한다. 지방자치단체는 지역의 특성과 여건을 반영하여 자체적인 문화 시책을 개발하고 주민의 문화적 요구에 대응한다. 우리가 살고 있는 지역에서 열리는 축제, 생활문화센터 운영, 지역 예술인 창작 지원 등은 모두 광역 및 기초 지방자치단체가 수립한 문화예술 진흥계획이나 문화도시 조성계획에 따라 추진되는 사업들이다.

과거 정부 주도의 일방적 문화행정에서 벗어나, 이제는 민간 전문가와 현장 종사자가 정책 결정 과정에 참여할 수 있는 제도적 기반이 마련되어 있다. 한국문화예술위원회, 영화진흥위원회, 콘텐츠산업진흥위원회 등 다양한 위원회 제도를 통해 분야별 전문가들이

---

4 문화체육관광부 · 한국문화관광연구원, 『2023 문화예술정책 백서』(2024), pp. 46-59.

정책 형성과 조정에 참여하고 있으며, 문화체육관광부 내부에도 각각 분야별 정책자문위원회가 구성되어 학계와 예술계의 다양한 의견을 수렴하고 있다. 문화정책의 의사결정 과정은 공청회, 자문기구, 민관 협의체 등 개방적이고 협력적인 절차를 통해 투명성과 민주성을 확보하려는 방향으로 운영되고 있다.

문화정책의 집행 역시 다양한 행위자들의 협업으로 이루어진다. 중앙정부의 정책은 산하 기관이나 공공기관 위탁을 통해 실행되며, 지방자치단체는 지역문화재단, 지방문화원 등 지역의 문화기관을 중심으로 문화사업을 수행한다. 대부분의 지방자치단체는 지역문화재단을 설립하여 지역 문화예술 지원과 문화시설 운영을 전담하게 하고 있으며, 이를 통해 정책 집행의 전문성과 탄력성을 확보하고 있다. 또한 기업, 시민단체와의 공동사업도 점차 활성화되고 있다.

이처럼 한국의 문화정책 추진 체계는 중앙과 지방 간의 다층적 구조, 그리고 공공과 민간 간의 협력 체계 위에서 운영된다. 중앙정부는 법과 제도, 재정적 기반을 마련하는 역할을 담당하고, 지방자치단체는 지역 현장에서 창의적인 사업을 추진한다. 한편, 민간 전문가들은 의사결정과 집행 과정에 참여하여 문화정책의 민주성과 효율성을 동시에 추구하고 있다. 물론 이러한 거버넌스 체계는 아직 발전 중인 상태이며, 앞으로 문화 자치의 확대, 예술의 자율성 보장, 민간의 자율성 존중이라는 방향성을 중심으로 지속적인 개선이 요구되는 상황이다.

문화정책의 재정 구조: 예산과 기금

문화정책을 실행하려면 재정적 지원이 필수적이다. 그렇다면 한국의 문화재정은 어떤 구조로 이루어져 있으며, 문화 분야에 얼마나 많은 예산이 투입되고 있을까?

우리나라의 문화 분야 예산은 절대 규모 면에서 꾸준히 증가해왔다. 2024년 문화체육관광부 예산은 약 6조 9,545억 원으로 사상 처음 7조 원에 근접했으며, 이는 2010년 약 2조 원대였던 것과 비교하면 상당한 증가다. 하지만 전체 국가 예산이 더 빠른 속도로 늘어나면서, 문화체육관광부 예산이 차지하는 비중은 오히려 감소하고 있다. 2020년 1.27%였던 비중은 2024년 1.06%, 그리고 2025년 정부안에서는 1.05%로 하락했다. 이는 15년 만에 가장 낮은 수치로, 문화예산의 상대적 위축을 보여준다.[5]

문화재정은 일반회계와 특별회계, 그리고 여러 기금으로 구성된다. 일반회계는 우리가 내는 세금을 기반으로 편성되며, 문화체육관광부 본부와 산하 기관 운영, 주요 정책 사업에 배정된다. 한편, 특별회계와 기금은 특정 목적에 따라 조성된 재원으로, 문화정책 추진에 있어 중요한 역할을 한다.

가장 대표적인 것이 '문화예술진흥기금'이다. 1973년 「문화예술진흥법」에 근거해 설치된 이 기금은 초기에는 복권 수익금과 담배 개별소비세로 조성되었으며, 현재는 정부 출연금과 운용 수익

---

5 아주경제, "국가 전체 대비 문화체육관광부 예산 비중 '1.05%'…15년 만에 최저", 2024. 10. 6.

등으로 재원을 확보하고 있다. 한국문화예술위원회가 관리하며, 우리가 접하는 다양한 공연 · 전시 창작 지원, 문학 창작, 신진예술가 육성, 국제 교류 등에 매년 수백억 원 규모가 집행된다.[6]

'복권기금'은 문화나눔사업의 핵심 재원이다. 복권 수익금으로 조성되는 이 기금은 체육, 복지, 문화 분야에 배분되며, 가장 대표적인 사업이 바로 '통합문화이용권(문화누리카드)'이다. 기초생활수급자 및 차상위 계층을 대상으로 연간 일정액을 지원하여 공연, 도서, 여행 등에 사용할 수 있게 하며, 2024년에는 1인당 지원금이 기존 11만 원에서 13만 원으로 증액되었다. 복권기금은 이외에도 지방문화시설 개선, 장애인 문화예술교육 등 다양한 문화복지 사업에 활용되고 있다.

'관광진흥개발기금'은 관광 분야 특별회계이지만, 문화관광축제, 한류 관광자원 개발 등 문화와 관광이 연계된 사업에도 활용된다. 또한 「지역문화진흥법」에 따라 일부 광역지자체에서는 별도 조례를 통해 '지역문화진흥 기금'을 설치해 문화예술 창작과 지역문화 육성을 지원하고 있다.[7] 이 외에도 예술인복지기금, 방송통신발전기금 등도 문화 관련 사업에 일정 부분 기여하고 있다.

문화재정은 중앙정부만의 몫이 아니다. 지방자치단체도 지역축제, 생활문화센터 운영, 지역문화유산 보존, 문화예술 지원 등 지

---

6 한국문화예술위원회, "기금 현황: 기금 설치 및 조성", 한국문화예술위원회 홈페이지, https://www.arko.or.kr/content/915.

7 「충청북도 문화예술진흥에 관한 조례」는 "충청북도 문화예술의 계승 발전과 문화예술 창작활동 지원"(제1조)을 위해 2002년 10월 4일 제정되었다.

역 문화정책에 예산을 편성한다. 중앙정부의 교부금이나 공모사업을 통해 보완되기도 한다. 하지만 문화 분권이 강화되는 흐름 속에서도 지역 간 재정 격차는 여전히 크고, 문화예산 편성 여력 역시 불균등하다는 한계가 지적되고 있다.[8]

결국 한국의 문화재정은 일반회계와 다양한 기금으로 구성되며 점진적으로 확대되었으나, 전체 국가 예산에서 차지하는 비중이나 다른 분야와의 비교에서는 여전히 낮은 수준에 머물러 있다. 향후 문화재정의 지속가능성과 효과성을 높이기 위해서는 예산 비중 상향, 기금 수익 구조 개선, 민간 후원 확대, 지역 간 재정 격차 해소 등의 정책적 노력이 요구된다.

주요 분야별 문화정책

한국의 문화정책은 국민 삶의 질을 높이고, 문화산업의 경쟁력을 강화하는 데 초점을 맞추어 발전해 왔다. 복잡해 보이는 정책도 결국 몇 가지 큰 방향으로 요약된다. 그것은 모두가 문화를 향유할 수 있도록 하고, 지역마다 고유한 문화가 꽃피우게 하며, 한국 문화를 세계에 널리 알리는 것이다.

• 문화예술 진흥

문화예술의 창작을 돕고, 국민 누구나 예술을 접할 수 있도록 기

8 정보람, "지방분권과 문화재정 대응 방안", 『문화관광 인사이트』 제138호(한국문화관광연구원, 2019. 11. 15); 신정규, "지역문화발전을 위한 지방자치단체의 재정 확충 방안과 문제점", 『법과 정책』 제24집 제2호(제주대학교 법과정책연구소, 2018).

반을 다지는 것은 문화정책의 출발점이다. 예술인의 창작 환경을 개선하기 위해 2011년 「예술인 복지법」을 제정해 산재보험과 고용보험을 도입했고, 표준계약서와 권리보장센터 설치로 법적 권리를 지키고 있다. 또한, 예술 교육을 강화하기 위해 예술교육사 제도를 운용하고, 전문 인력을 학교와 지역 현장에 배치해 교육의 질을 높이고 있다. 국공립 박물관 · 미술관의 무료 개방 확대, 장애인과 노인을 위한 무장애 관광지, 이동형 문화 버스 같은 사업도 예술 접근성을 높이는 데 기여한다.

- 문화복지 · 향유 확대

'문화복지'는 경제적 · 지리적 여건과 관계없이 국민 누구나 문화를 누릴 수 있도록 돕는 정책이다. 대표적인 사업이 바로 '통합문화이용권(문화누리카드)'이다. 저소득층에게 매년 일정액을 카드 형태로 지급해 공연, 도서, 영화, 관광 등에 사용할 수 있게 하고 있다. 이와 함께 사회복지기관과 협력해 복지대상자의 문화참여를 지원하는 거버넌스 체계도 점차 정착되고 있다. 이러한 정책들은 사회적 약자의 문화 접근성과 예술인의 창작권 보호를 동시에 실현하는 것을 목표로 한다.

- 지역문화 균형발전

수도권과 비수도권, 도시와 농촌 간의 문화격차를 줄이는 것은 중요한 과제다. 중앙집중적 정책에서 벗어나, 지역이 스스로 기획하고 실행하는 자생적 문화생태계를 만드는 것이 목표다. 「지역문화진흥법」에 따른 '문화도시' 지정 사업은 각 지역의 특성을 살린 문화특화 프로그램을 지원하고, 생활문화센터, 생활예술 페스티벌, 동호회 활동 등 주민 참여를 촉진한다. 국립중앙박물관 지방관, 국립현대미술관 청주관, 국립극장 분원 등의 설립으로 문화시설의 수도권 편중도 완화하고 있다. 또한 문화나눔사업 중 하나인 '방방곡곡 문화공감'은 전국 각 지역 문예회관을 중심으로 우수한 공연과 전시를 기획 · 운영하며, 지역 주민들의 문화향유 기회를 확대하는 사업이다. 이와 함께 지역문화 전문 인력 양성 과정도 운영하여 지역 문화의 활성화와 예술 생태계의 지속 가능성을 도모하고 있다.

- 문화산업(콘텐츠) 육성

음악(K-팝), 영화, 드라마, 게임, 웹툰 등 한류 콘텐츠는 한국 문화정책의 핵심 성장 동력으로 자리 잡았다. 이를 위해 모태펀드, 완성보증제, 수익공유 대출 등 정책금융과 펀드를 조성해 창작의 위험을 분산시키고 산업 기반을 강화하고 있다. 특화 클러스터와 창작 인프라를 조성해 제작 환경을 개선하고, 코리아 콘텐츠 페어(K-Content Expo), 해외비즈니스센터, 온라인 홍보 플랫폼(KOCIS) 등을 통해 해외 진출을 적극 지원한다. 또한, AI, Xr (확장현실), 메타버스 같은 디지털 기술을 콘텐츠에 접목하는 연구개발도 활발히 진행 중이다.

- 문화 다양성 증진

한국은 2014년 「문화 다양성의 보호와 증진에 관한 법률」을 제정하고, 유네스코 협약 이행을 공식화했다. 문화 다양성은 사회 속 다양한 문화적 정체성과 표현이 동등하게 존중받는 환경을 만드는 것을 목표로 한다. 이를 위해 문화 다양성 주간을 운영하고, 소수자 문화 보호, 다문화사회 통합 지원, 향토예술과 이주민 문화 보존 사업을 병행하고 있다. 또한 학교 교육에 문화 다양성 교육을 포함시켜 포용적 사고를 기르는 프로그램도 진행한다.

- 문화의 디지털 전환

디지털 기술은 문화의 생산, 유통, 향유 방식을 빠르게 바꾸고 있다. 박물관 소장품, 고문헌, 미술작품을 디지털 아카이브로 구축하고, 온라인 공연 · 전시를 확대하는 것이 대표적이다. 문화 데이터를 개방해 민간이 새로운 서비스를 만들도록 지원하고, 고령층과 저소득층을 위한 디지털 격차 해소 사업도 함께 추진한다. 이러한 전략은 기술 기반의 새로운 문화참여를 촉진하고 있다.

- 국제문화교류와 한류 확산

K-컬처에 대한 세계적 관심이 높아지면서 국제문화교류는 한국 문화정책의 중요한 축이 되었다. 한국문화원과 세종학당을 중심으로 한류를 확산하고 현지 문화와의 교류를 진행하며, 문화 ODA를 통해 개발도상국과의 협력도 강화하고 있다. 해외 공연 ·

전시 공동제작과 한류 팬덤 지원도 병행되며, K-컬처의 외교적 위상을 높이는 데 기여한다.

이처럼 한국의 문화정책은 국민 모두가 문화를 즐길 수 있도록 보장하고, 각 지역마다 특색 있는 문화가 활발히 발전하며, 나아가 한국 문화를 세계적으로 널리 알리는 데 중점을 두고 있다. 이를 위해 문화예술 진흥, 문화복지와 향유 기회 확대, 문화산업 육성, 문화 다양성 증진, 디지털 전환, 그리고 국제 교류 등 다양한 전략이 유기적으로 작동하며 오늘날의 문화정책 체계를 형성하고 있다.

2. 문화향유정책이 걸어온 길

문화향유정책은 현재 한국 문화정책의 핵심 축 중 하나다. 제2장에서 확인했듯이, 문화가 개인의 취향에서 모든 국민이 누려야 할 권리로 인식이 바뀌면서 문화향유정책의 중요성도 함께 커졌다. 한국의 문화정책은 크게 문화예술 창작과 진흥을 지원하는 공급 중심 정책과 국민의 문화 향유를 돕는 수요 중심 정책으로 나뉜다. 문화향유정책은 후자에 해당하며, 단순히 부가적인 정책이 아니라 문화적 권리 실현을 위한 필수적 정책 영역으로 자리 잡았다.

왜 국가가 문화향유에 나서야 할까

"문화는 개인의 취향 문제 아닌가? 왜 국가가 세금을 써서 국민의 문화생활을 지원해야 하는가?" 이런 의문을 가질 수 있다. 하지만 현대 사회에서 문화향유정책은 단순한 여가 지원이 아니다.

첫째, 형평성 문제다. 문화는 이제 모든 국민이 누려야 할 기본적 권리로 인정받고 있지만, 현실에서는 경제적 여건, 거주 지역, 신체적 조건 등에 따라 문화 향유 기회에 큰 차이가 발생한다. 서울 강남에 사는 중산층 가정의 아이와 농촌 지역 저소득 가정의 아이가 누릴 수 있는 문화 경험의 격차는 상당하다. 이런 격차를 방치하면 문화적 불평등이 사회적 불평등을 재생산하는 악순환으로 이어진다.

둘째, 개인 삶의 질 향상이다. 문화 활동은 정신적 풍요로움을 제공하고 창의성을 기르며 스트레스를 해소하는 효과가 있다. 이는 개인의 행복뿐 아니라 정신건강에도 긍정적 영향을 미친다. 코로나19 시기에 문화 활동의 중요성이 더욱 부각된 것도 이런 맥락에서다.

셋째, 사회 통합 효과다. 함께 공연을 보고, 축제에 참여하고, 문화 활동을 하는 과정에서 사람들 사이의 유대감이 형성된다. 특히 다문화사회가 되어가는 한국에서 문화는 서로 다른 배경을 가진 사람들을 연결하는 중요한 매개체 역할을 한다.

창작 지원에서 향유 지원으로: 문화정책의 구조 변화

한국 문화정책을 이해하려면 '공급'과 '수요'라는 두 측면을 구분해서 봐야 한다. 간단히 말해 문화예술 작품을 '만드는 사람'을 돕는 정책과 '즐기는 사람'을 돕는 정책이 있다는 뜻이다.

초기 한국의 문화정책은 주로 창작자 지원에 집중되었다. 예술가들에게 창작비를 지원하고, 예술단체에 운영비를 주고, 문화시설을 건립하는 것이 정책의 핵심이었다. 이는 '좋은 작품이 많이 만들어지면 국민들의 문화생활도 자연스럽게 풍요로워질 것'이라는 생각에 기반한 것이었다.

하지만 시간이 지나면서 한계가 드러났다. 훌륭한 작품이 만들어져도 일반 국민들, 특히 경제적 여건이 어려운 사람들이 실제로 그 작품을 접할 기회는 여전히 제한적이었다. 서울 시내 좋은 공연장에서 아무리 훌륭한 연극이 공연되어도, 지방에 사는 저소득층 주민에게는 그림의 떡일 뿐이었다. 이런 문제의식에서 1980년대 중반 '문화향수(文化享受)'라는 용어가 처음 사용되면서 수요자 중심의 정책이 논의되기 시작했다.

현재 한국의 문화정책은 예술가의 창작과 표현 활동을 지원하는 '예술진흥정책'과 국민의 문화 접근성을 확대하는 '문화향유정책'이라는 두 축으로 나뉜다.[9] 이는 문화생태계가 건강하게 작동하려면 '만드는 사람'과 '즐기는 사람' 모두를 지원해야 한다는 인식의 결과다. 예를 들어 정부가 지역 예술단체에 새로운 창작 뮤지컬 제작비를 지원하는 것은 진흥 정책이고, 동시에 지역 주민들에게 그 뮤지컬 관람료를 지원하는 것은 향유정책이다. 두 정책이 함께 작동해야 창작자도, 관객도, 지역 문화생태계도 모두 발전할 수 있다.

9 양효석, "모두가 누리는 보편적 문화복지, 향유 지원사업의 성과와 과제", 한국문화예술위원회 웹진, Vol. 06 (2023.09), https://thearts.arko.or.kr/asquare/search/57.

문화나눔사업, 생활문화 활성화 등이 대표적인 향유정책들이다. 이들 정책이 본격 시행되면서 문화향유정책이 문화정책의 또 다른 중심축으로 자리매김하게 된 것이다. 이제 문화예술 지원체계는 '창작 지원'과 '향유 지원'이라는 두 기둥으로 확고히 구조화되었다. 여기서 중요한 것은 이 두 정책이 대립적인 관계가 아니라는 점이다. 창작 없이는 향유할 콘텐츠가 없고, 향유자 없이는 창작의 의미가 없다. 결국 문화생태계 전체가 선순환하도록 하는 것이 문화정책의 궁극적 목표이다.

이처럼 문화향유정책은 개인의 행복 추구부터 사회 통합, 국가 발전에 이르기까지 다층적인 의미를 갖는 중요한 정책 분야로 자리 잡았다. 이제 구체적으로 이 정책이 어떻게 발전해 왔는지 시기별로 살펴보자.

문화향유정책의 변화 과정

- 문화복지 담론의 태동과 초기 시도: 1990년대

1990년대는 한국 문화정책에서 중요한 전환점이었다. 1990년 정부 조직 개편으로 문화부(당시 문화체육부)가 독립 부처로 출범하면서 '생활 속의 문화'를 지향하는 새로운 정책들이 본격화되었다.

이어령 초대 문화부 장관이 내놓은 아이디어는 당시로서는 파격적이었다. '찾아가는 미술관'과 '찾아가는 도서관'이 바로 그것이다. 지금은 당연해 보이지만, 그전까지는 "문화를 즐기려면 사람들이 문화시설로 와야 한다"라고 생각했다. 하지만 이제는 "문화시설이 사람들에게 찾아가자"라고 발상을 바꾼 것이다. 이 순회형 문화 서비스는 수도권과 도시에 집중된 문화향유 기회를 농어촌과 소외지역으로 확장하려는 초기 시도였다. '문화의 민주화'라는 이념 아래 "국민 누구나 어디서든 문화를 누릴 수 있어야 한다"라는 목표를 담고 있었다. 이는 이후 문화복지 정책의 토대가 되었다.[10]

더 중요한 변화는 1990년대 중후반에 일어났다. '문화복지'라는 개념이 정책 담론으로 본격 등장한 것이다. 특히 1996년 발표된 '삶의 질 세계화를 위한 문화복지 기본구상'은 정부 차원에서 문화복지를 공식적으로 선언한 첫 사례였다. 당시 언론은 이를 "건국 이래 첫 문화발전 청사진"이라고 보도했다.[11] 이 구상은 지역 밀착형 문화 공간 조성과 생활 속 문화향유 기회 확대를 강조했다. 핵심은 '문화의 집' 정책이었다. 읍 · 면 · 동 생활권 단위에 주민들이 도보로 이용할 수 있는 복합문화공간을 설치하겠다는 계획이었다.

이는 기존 문화정책의 발상 전환이었다. 그전까지는 시 · 군 단위에 큰 문화시설 하나를 짓는 것이 일반적이었다. 하지만 '문화의 집'은 문화시설을 일상 생활권 수준으로 분산시키자는 아이디어였다. 더욱 혁신적인 것은 단순한 관람 중심이 아니라 주민 참여형 문화 활동을 지향했다는 점이다. 동호회 활동, 문화강좌, 주민들이 직접 기획하는 프로그램 등을 통해 주민들이 문화의 소비자가 아

10 양효석, "모두가 누리는 보편적 문화복지, 향유 지원사업의 성과와 과제."

11 조선일보, "건국 이래 첫 문화발전 청사진…문화복지 구상 의미", 1996. 2. 15, https://www.chosun.com/site/data/html_dir/1996/02/15/1996021570409.html.

닌 창조자가 되도록 하겠다는 구상이었다.[12]

이와 함께 한국문화예술진흥원도 문화향유 기회 확대를 위한 다양한 사업을 기획 · 운영했다. '문화의 달' 행사, '이달의 문화 인물' 선정, '생활문화 활성화 사업', '문화학교 및 국제문화학교 운영 지원' 등이 주요 사례다. 특히 '문화학교'는 주목할 만하다. 일반 국민이 문화예술에 대한 기본 역량을 갖추도록 돕는 교육 프로그램으로, 1990년대 전체 기금 지원액이 23억 원을 넘었다. 지금 기준으로는 적은 금액이지만, 당시로서는 상당한 투자였다.

1996년부터는 '문화복지지원' 사업이 본격 시작되었다. 문화 소외 계층과 지역을 대상으로 '사랑의 문화봉사단', '가정문화운동', '문화복지정보지' 발간 등 다양한 활동을 전개했다. 장애인의 문화향수권을 신장하기 위한 지원사업도 이때부터 본격화되었다. 예를 들어 '사랑의 문화봉사단'은 전문 예술가들이 복지시설이나 소외 지역을 직접 찾아가 공연하는 프로그램이었다. 그리고 '가정문화운동'은 가족 단위의 문화 활동을 장려하는 캠페인이었다. 이런 사업들은 작은 규모였지만, 문화가 특별한 사람들만의 전유물이 아니라는 인식을 확산시키는 데 기여했다.[13]

하지만 이러한 정책들이 모두 성공적이었던 것은 아니다. 특히 '문화의 집'은 좋은 아이디어였지만 현실에서는 여러 한계를 드러

---

12 '문화의 집' 관련 이하의 내용은 염신규, "1996년, 한국 문화향유정책의 기원 4 - 문화복지에서 문화 자치까지", 문화정책 리뷰, 2024. 5. 8 (한국문화정책연구소 월간 웹진) 참조, https://culture-policy-review.tistory.com/.

13 한국문화예술위원회, 『예술로 아름다운 세상, 한국문화예술위원회 40년사』(2013), pp. 204-208.

냈다. 가장 큰 문제는 제도적 기반 부족이었다. '문화의 집'은 2011년까지 500개소 설치를 목표로 했지만, 운영 인력 확보, 프로그램 개발, 예산 확보 등에서 체계적 준비가 미흡했다. 누가 운영할 것인지, 어떤 프로그램을 할 것인지, 예산은 어떻게 확보할 것인지에 대한 구체적 계획이 부족했다.

또한 「문화예술진흥법 시행령」의 일부 조항에만 의존할 뿐 별도 법적 근거가 없어 운영의 안정성이 떨어졌다. 그 결과 문화시설 자체는 만들어졌지만, 전문성을 갖춘 운영이나 장기적으로 지속 가능한 프로그램 제공에서는 한계가 드러났다. 멋진 건물은 지어졌지만, 그 안에서 무엇을 할지, 누가 관리할지에 대한 고민이 부족했던 셈이다. 실제로 당시 지어진 '문화의 집' 중 상당수는 제대로 활용되지 못하거나 다른 용도로 전용되는 경우가 많았다. 지역 주민들의 실제 수요와 괴리된 시설을 만들었거나, 전문 인력 없이 운영하다 보니 프로그램의 질이 떨어지는 문제도 발생했다.[14]

그럼에도 1990년대는 중요한 의미가 있다. 문화복지 개념이 공론화되고 시범 정책의 실험을 거치면서, 문화정책의 중심축이 창작 지원에서 향유자 권리 보장으로 확장되는 전환점을 마련한 시기이기 때문이다. 무엇보다 "문화는 일부 엘리트나 전문가의 전유물이 아니라 모든 국민이 누려야 할 기본적 권리"라는 인식이 정책적으로 자리 잡기 시작했다. 비록 시행착오가 많았고 완벽하지 않

---

14 우지연, "1996년, 한국 문화향유정책의 기원 4 '문화의 집'을 둘러싼 동상이몽", 문화정책리뷰, 2024. 10. 11 (한국문화정책연구소 월간 웹진), https://culture-policy-review.tistory.com/331.

았지만, 이후 문화향유정책 발전의 소중한 토대를 닦은 시기로 평가할 수 있다.

1990년대의 실험은 2000년대 더욱 정교하고 체계적인 문화향유정책으로 발전하는 밑거름이 되었다. 특히 '문화의 집'에서 드러난 문제점들은 이후 정책 설계에서 중요한 교훈이 되었다. 시설을 만드는 것만으로는 부족하고, 운영 시스템과 프로그램, 전문 인력이 함께 갖춰져야 한다는 깨달음을 준 것이다.

- 문화복지 정책의 구체화와 기반 구축: 2000년대

1998년 출범한 김대중 정부는 IMF 경제위기라는 혹독한 시련을 겪으면서 문화에 대한 새로운 관점을 갖게 되었다. 단순히 경제만 살리는 것이 아니라 국민 삶의 질도 함께 높여야 한다는 인식이 커진 것이다. 경제위기 극복 과정에서 삶의 질에 대한 사회적 관심이 커지고, 정보화 사회로의 진입이 가속되면서 문화의 중요성이 재조명되었다. 이에 따라 국민의 문화 향수권 보장 필요성이 정책적으로 제기되기 시작했다. 김대중 정부는 문화산업 진흥과 더불어 문화의 생활화를 주요 정책 기조로 삼았다.

이 시기에는 문화예술 창작 지원뿐 아니라 생활 문화인프라 확충에도 힘썼다. 전국적인 '작은 도서관' 설치, 지역 문화시설 건립 지원 등이 추진되었다. 또한 「문화예술진흥법」 개정을 통해 한국문화예술위원회 설립 근거를 마련하고, 예술지원의 투명성과 제도화 수준을 강화했다. 이러한 변화는 이후 문화향유정책을 전문적으로 수행할 수 있는 기반을 조성하는 계기가 되었다.

2000년대 중반 노무현 정부 시기에는 더 중요한 변화가 일어났다. 사회적 양극화에 대응하여 취약계층의 문화향유 기회를 확대하려는 정책 기조가 뚜렷해진 것이다. 이때 '문화민주주의' 담론이 부상했다. 국민을 단순한 문화 소비자가 아닌, 문화 활동의 주체로 인식하는 관점이 정책에 반영되기 시작한 것이다. 이는 나중에 2014년 「문화기본법」 제정으로 이어져 국민의 문화예술 향유를 보편적 권리로 인정하는 제도적 기반을 마련했다. 이러한 철학 아래 정부는 문화향유 기회 확대를 위한 다양한 정책 수단을 도입했고, 문화복지 및 문화나눔사업의 제도화 기반이 형성되었다.[15]

2000년대 가장 중요한 사건은 2005년 최초의 '문화바우처' 시범사업 시작이었다. 이는 문화향유를 통한 삶의 질 제고와 계층 간 격차 해소를 목적으로 한 새로운 시도였다. 문화바우처는 기초생활수급자 등 저소득층에게 문화향유 비용을 직접 지원하는 제도였다. 경제적 이유로 문화생활을 누리지 못하던 이들에게 처음으로 구체적이고 직접적인 지원을 제공한 획기적인 사례였다. 당시만 해도 "가난한 사람들에게 문화가 무슨 소용이냐?"라는 비판이 적지 않았다. 하지만 정책 입안자들은 달리 생각했다. 기본적인 생계 문제가 해결된다고 해서 삶의 질이 자동으로 향상되는 것은 아니라는 인식 때문이었다.

2006년에는 이 사업이 전국적으로 확대되어, 저소득층에게 연

15 최보연, "모두를 위한 정책, 고민해야 할 지점들, 보편적 권리로서 문화예술 향유." A Square, Vol. 1 (아르코 통합플랫폼, 2022. 11), https://thearts.arko.or.kr/asquare/search/9.

간 일정 금액의 문화향유 포인트를 지원함으로써 수요자 선택형 문화복지의 새로운 모델을 제시했다. 이는 "정부가 프로그램을 정해주는 것"이 아니라 "개인이 원하는 문화 활동을 선택할 수 있도록 돕는 것"이라는 점에서 혁신적이었다.[16]

같은 해 「문화예술교육지원법」이 제정되면서 학교 및 사회문화예술교육 프로그램이 활발히 추진된 것도 중요한 변화였다. 이는 문화향유의 기회를, 단순한 소비를 넘어 교육과 성장의 관점에서도 다루게 되는 계기가 되었다. 문화예술교육은 문화예술 참여 역량을 제고하고 문화 감수성을 확산시키는 데 기여했다. 아이들이 어릴 때부터 문화예술을 접하고 직접 참여할 수 있는 기회를 체계적으로 제공함으로써, 평생에 걸친 문화향유 능력을 기를 수 있게 된 것이다. 이처럼 2000년대에는 문화향유를 위한 재정지원 제도와 교육인프라가 본격적으로 구축되었으며, 문화복지 개념이 정책 실행 단계에서 구체적인 프로그램으로 구현되기 시작했다.

이러한 정책적 진전은 '복권기금'의 활용과 함께 더욱 확대되었다. 2004년에는 복권기금을 활용한 지방문예회관 특별공연 프로그램이 시작되었다. 2006년에는 문화바우처 사업이 복권기금 사업으로 편입되면서 지원 규모와 지속가능성이 크게 강화되었다.

복권기금 활용은 문화향유정책에서 획기적인 변화였다. 그전까지는 일반 예산에 의존해야 했는데, 이제는 안정적인 재원을 확보하게 된 것이다. 복권 수익금의 일정 부분을 문화복지에 사용한다

16 양효석, "모두가 누리는 보편적 문화복지, 향유 지원사업의 성과와 과제."

는 것은 "국민이 복권을 사면서 낸 돈이 다시 국민의 문화생활을 위해 쓰인다"라는 의미에서도 상징적이었다.

이 시기부터 정부는 이러한 일련의 사업들을 '문화나눔사업'으로 통칭하기 시작했다. 문화이용권, 문화순회, 사랑 티켓, 문학 나눔 등 다양한 문화복지 프로그램을 체계화해 나간 것이다. 특히 2008년경부터는 문화나눔사업이 정부 문화정책의 한 축으로 본격화되면서, 문화향유정책의 핵심 분야로 자리 잡게 되었다.

문화복지 정책의 제도적 기반은 「문화예술진흥법」 개정을 통해 보완되었다. 이 법은 본래 1972년 전통문화의 계승과 창달을 목적으로 제정되었으나, 2000년대 들어 여러 차례 개정을 거치며 생활문화의 개발 · 보급을 국가 시책에 포함하도록 규정했다. 특히 제3장 제목이 "문화예술복지의 증진"으로 개정되었고, 문화나눔 활동과 문화상품권 제도 등 문화복지 관련 제도의 법적 근거가 마련되었다.[17] 비록 해당 조항들이 오늘날의 문화복지 개념과 완전히 부합한다고 보기는 어렵지만, 문화향유의 증진을 국가의 책무로 명문화했다는 점에서 제도화의 중요한 전기가 되었다.

이처럼 2000년대는 1990년대의 이념적 토대 위에 구체적인 정책 수단과 제도적 기반을 마련한 시기였다. 문화바우처라는 혁신적 정책 도구가 탄생했고, 복권기금이라는 안정적 재원이 확보되었으며, 법적 근거도 보완되었다. 이는 2010년대 문화향유정책의 전면적 확대를 위한 토대가 되었다.

---

17 정갑영, 『문화복지 법제화 방안 연구』(서울: 문화관광연구원, 2007), p. 21.

- 문화향유 증진 정책의 본격 추진: 2010년대

2010년대에 들어서면서 문화향유정책은 드디어 제대로 된 제도적 기반을 갖추고 본격 추진되기 시작했다. 2011년에는 문화바우처 사업의 효율적 운영을 위해 한국문화예술위원회가 총괄기관으로 지정되었으며, 문화이용권도 카드 방식으로 전환되었다. 이듬해인 2012년에는 「문화예술진흥법」에 문화소외계층 지원과 문화이용권 지급에 관한 조항이 신설되어, 문화향유정책이 처음으로 법률적 근거를 확보했다. 이제 더 이상 "있으면 좋은 사업" 정도가 아니라 법적으로 보장된 정책이 된 것이다.

박근혜 정부는 국정 기조로 '문화융성'을 표방하며 문화예산을 대폭 확충하고, 다양한 문화향유 증진 정책을 추진했다. 가장 중요한 성과는 2013년 말 제정된 「문화기본법」이었다.

이 법은 국민의 문화권을 보장하고 국가 및 지방자치단체의 책무를 명시함으로써, 문화향유정책에 강력한 법적 기반을 제공했다. 사실 2004년 이후 국민의 문화 참여 확대를 위한 제도화 논의는 지속되어 왔는데, 「문화기본법」의 제정은 이러한 흐름이 현실화된 것이었다. 이 법의 의미는 단순히 하나의 법률이 만들어진 것을 넘어선다. 문화 개념을 예술 중심에서 삶의 질과 행복을 포괄하는 의미로 확장하고, 문화향유를 국가가 보장해야 할 기본권적 가치로 규정한 것이다. 이로써 문화향유정책은 단순한 복지지원이 아닌 국민 권리의 실현으로 성격이 격상되었다.[18]

---

18 류정아, "문화기본법", 행정안전부 국가기록원, 2014. 12. 1.

사업의 확대와 체계화도 본격화되었다. 문화체육관광부는 기존의 문화바우처에 관광과 스포츠 관람을 통합하여 '통합문화이용권' 체계를 도입했다. 2014년부터는 문화, 여행, 스포츠 관람을 하나의 카드(문화누리카드)로 이용할 수 있게 되었다. 이는 저소득층이 한 장의 카드로 공연, 영화, 전시뿐만 아니라 관광과 운동경기까지 선택적으로 향유할 수 있도록 한 것이다. 지원 금액도 2014년 5만 원에서 2019년 10만 원까지 점차 인상되었다. 이용자 수도 160만 명을 넘어섰고, 이용률도 90% 이상을 유지하면서 정책 효과를 입증했다.

여기서 중요한 것은 단순히 금액이 늘어난 것이 아니라, 선택의 폭이 확대되었다는 점이다. 과거에는 연극이나 음악회만 볼 수 있는 바우처였다면, 이제는 개인의 취향과 상황에 맞춰 다양한 문화 활동을 선택할 수 있게 된 것이다.

2014년에는 「지역문화진흥법」이 제정 · 시행되어, 지역 단위에서 주민의 생활문화 활동을 지원하고 지역 간 문화격차 해소를 위한 정책적 기반이 마련되었다. 같은 해, 2004년부터 이원적으로 운영되던 지역 문예회관 공연프로그램 지원과 국립예술단 지방공연 사업도 통합되어 '문예회관과 함께하는 방방곡곡 문화 공감' 사업으로 재편되었다. 이로써 지역 거점 문화시설을 활용한 전국 단위 순회공연 체계가 정비되었고, 문화 접근성 확대라는 정책 목적이 더 체계적으로 실현되기 시작했다. "방방곡곡"이라는 이름 자체가 "전국 어디든지"라는 의미를 담고 있듯이, 지역에 상관없이 양질의 문화콘텐츠를 향유할 수 있게 하겠다는 의지를 보여준다.

예술 현장의 수요를 반영하여 사업 내용도 점차 다양화되었다. 2017년에는 '방방곡곡 문화공감' 사업 내에 지역 문예회관의 자체 제작 역량 강화를 위한 레퍼토리 제작 지원이 신설되었고, 2019년에는 주민 참여형 생활문화 콘텐츠 프로그램도 도입되었다.

같은 시기에는 전국에 생활문화센터를 조성하는 사업도 본격화되었다. 생활문화센터는 도서관, 폐교, 옛 청사 등 유휴 공간을 리모델링하여 주민들이 동호회, 취미, 예술 활동 등을 할 수 있도록 지원하는 복합문화공간이다. 이는 1990년대 '문화의 집' 정책의 현대적 계승으로 볼 수 있다. 하지만 과거의 시행착오를 바탕으로 더욱 체계적으로 접근했다. 시설만 만드는 것이 아니라 프로그램과 운영 시스템도 함께 고려했고, 지역 주민의 실제 수요를 반영해 설계했다. 2014년 시범사업을 시작으로 각 지방자치단체에 설치된 생활문화센터는 주민이 일상에서 자발적으로 문화 활동을 누릴 수 있는 기반을 제공했다. 2010년대 말까지 수백 곳의 생활문화센터가 문을 열면서 풀뿌리 문화 환경이 조성되었다.

(단위: %)

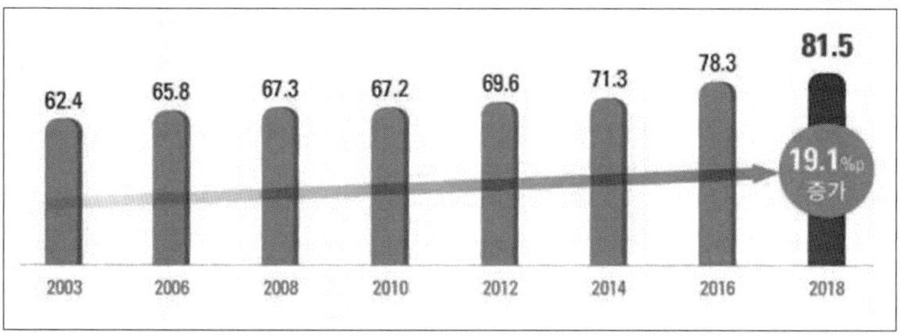

출처: 문화체육관광부 · 한국문화관광연구원, 『2018 문화향수 실태조사』(2018).

〈그림 3-1〉 문화예술행사 관람률 변화 추이

이러한 정책적 노력의 결과, 2010년대 후반 한국의 문화향유 수준은 크게 향상되었다. 〈그림 3-1〉에서 보듯이, 문화체육관광부의 2018년 문화향수 실태조사에 따르면, 국민 중 지난 1년간 한 번이라도 문화예술행사를 관람한 비율은 81.5%에 달했다. 이는 2003년(62.4%) 대비 19.1% 포인트나 상승한 수치다. 관람 횟수도 1인당 연평균 5.6회로 증가했고, 특히 읍 · 면 지역의 관람률이 71.7%에 이르며 대도시와의 격차가 눈에 띄게 축소되었다.[19] 이는 그간 추진된 순회공연, 생활문화시설 확충, 문화복지 제도 등이 실질적인 효과를 거두었음을 보여준다.

아울러 저소득층 어르신, 아동 · 청소년 대상의 할인제도(사랑 티켓)와 장애인 문화예술 관람 지원이 확대되면서, 특히 노년층의 문화 활동 참여율이 가장 큰 폭으로 증가하는 등 취약계층의 문화향유 수준도 뚜렷이 향상되었다.

문재인 정부 시기에는 "사람이 있는 문화"라는 정책 비전 아래 문화향유 기회의 형평성 제고가 강조되었다. 장애인 등 특수계층을 위한 문화향유 지원이 강화되었으며, 청년층을 위한 '청년 문화예술 패스'와 같은 새로운 정책도 논의 · 도입되었다.

이처럼 문화향유정책은 대상과 범위를 지속해서 확대하며, 문화소외계층 중심의 선택적 복지에서 전 국민을 포괄하는 보편적 문화복지로 이행하는 방향성을 분명히 보여주고 있다. 2010년대

19 문화체육관광부 문화인문정신정책과, "2018 문화향수 실태조사 결과 발표", 보도자료, 2019. 2. 11.

는 이처럼 문화향유의 양적 지표가 전반적으로 상승하고, 문화가 일부 계층의 전유물이 아닌 보편적 삶의 요소로 자리 잡아간 시기로 평가할 수 있다. 법적 기반이 완성되고, 정책 체계가 정비되며, 실질적 성과도 나타나기 시작한 문화향유정책의 전성기였다고 할 수 있다.

- 문화권 확립과 정책의 보편화 노력: 2020년대 이후

문재인 정부는 '문화비전 2030: 사람이 있는 문화'를 선포하며, 문화향유권의 보편적 보장을 핵심 과제로 제시했다. 이는 기존의 취약계층 중심 지원을 넘어 전 국민을 아우르는 문화향유의 보편화를 추진하겠다는 의미였다. 구체적으로는 통합문화이용권의 지원 대상을 '차상위 계층'[20]까지 확대하는 방안이 검토되었고, 청년층 등 새로운 수요 계층에 대한 지원도 논의되었다.[21]

이러한 방향은 문화기반시설 확충 정책으로도 이어졌다. 생활 SOC 사업을 통해 지역 곳곳에 도서관, 생활문화센터, 공연장 등 생활밀착형 문화인프라가 조성되었다. 국민 누구나 일상에서 문화를 향유할 수 있는 환경을 구축하고자 한 것이다. 2018년부터는 법정 문화도시 지정 사업이 추진되어, 지역의 자율성과 창의성을 반영한 문화생태계 조성이 시도되었다. 이는 중앙정부가 일방적으

20 차상위 계층은 「국민기초생활보장법」상 수급권자는 아니지만, 소득 인정액이 기준 중위소득의 50% 이하인 가구를 의미하며, 기초생활수급자보다 형편은 나으나 여전히 저소득층에 속한다.

21 양효석, "모두가 누리는 보편적 문화복지, 향유 지원사업의 성과와 과제."

로 문화를 공급하는 방식을 넘어서, 지역 주민이 주체가 되는 지속 가능한 문화 환경을 마련하려는 시도였다. 예를 들어 부천, 원주, 천안 등이 문화도시로 지정되어 각 지역의 특색을 살린 문화정책을 펼치기 시작했다.

하지만 2020년 초 발생한 코로나19 팬데믹은 이러한 흐름에 갑작스러운 전환을 불러왔다. 공연장과 박물관의 휴관, 축제의 전면 취소 등으로 대면 문화 활동이 중단되자, 정부는 문화향유정책의 방향을 신속히 비대면 지원으로 전환했다. 주요 공연예술의 온라인 중계, 비대면 박물관 · 미술관 서비스 확대, 드라이브인 공연 등 다양한 방식이 도입되어, 국민이 가정에서도 문화예술을 향유할 수 있도록 지원했다. 2021년 문화체육관광부의 실태조사에 따르면, 팬데믹 이후 문화향유와 여가 활동의 비대면화가 급속히 확산한 것으로 나타났다. 예를 들어 국립극장은 공연 실황을 유튜브로 중계했고, 국립중앙박물관은 VR을 활용한 가상 전시를 확대했다. 각 지역에서는 자동차를 타고 보는 '드라이브인 콘서트'가 인기를 끌었다. 갑작스럽게 찾아온 변화였지만, 결과적으로는 문화향유의 새로운 가능성을 열어준 계기가 되었다.[22]

하지만 비대면 문화향유가 확산하면서 새로운 문제도 드러났다. 바로 디지털 문화격차였다. 스마트폰이나 컴퓨터 사용에 익숙하지 않은 고령층, 인터넷 접근이 어려운 농촌 지역 주민들은 오히

22 문화체육관광부 문화정책과, "코로나19로 문화 향유, 여가 활동의 비대면화 가속", 보도자료, 2021. 12. 30.

려 문화에서 더 멀어질 위험이 생긴 것이다. 이에 따라 정부는 디지털 문화격차 해소를 위한 대응에도 나섰다. 농촌 지역을 대상으로 이동형 문화 버스(차량 기반 문화배달 서비스)를 운영하고, 고령층을 위한 스마트기기 활용 교육을 추진하는 등 문화 접근성 강화를 위한 지원이 이루어졌다.

2022년 이후 일상 회복 단계에서는 침체한 문화 수요 회복을 위해 문화재난지원금 지급, 공연 할인권 배포 등 소비 진작형 정책도 시행되었다. 2020년대 초반은 이처럼 전례 없는 위기 상황에서 문화향유권을 지키기 위한 정책적 전환과 실험이 이루어진 시기였다.

2022년 출범한 윤석열 정부에서도 이러한 흐름은 일정 부분 계승되었다. 새 정부는 '자유와 창의의 존중'을 문화정책의 핵심 가치로 내세우며, 예술인의 창작 자유 보장과 함께 국민의 문화향유 기회 확대를 주요 과제로 설정했다. 문화복지는 여전히 중요한 정책 영역으로 인식되고 있으며, 문화누리카드, 생활문화센터 등 기존 사업은 유지 · 보강되고 있다. 특히 민간의 문화자원을 활용하고, 다양한 주체 간 협력을 강조하는 방향으로 정책 기조가 조정되고 있다. 예를 들어 기업의 문화 메세나 활동을 장려하거나, 지역의 문화단체와 협력하는 방식이 강화되고 있다. 다만, 2023년 기준 고물가와 경기 둔화로 인해 문화향유 분야 예산 증액은 제한적인 상황이다.

그럼에도 정부는 범정부 차원의 문화격차 해소 대책을 수립하고, 교육 · 복지 부처와 협업하여 문화향유권 확대를 적극 도모하고 있다. 문화는 문화체육관광부만의 과제가 아니라는 인식도 점차 확산되고 있다. 특히 2020년대 중반 이후에는 디지털 전환이 핵심 화두로 부상하고 있다. 가상현실(VR), 증강현실(AR), 온라인 플랫폼 등 새로운 기술 기반의 향유 방식을 지원하고 있다. 예를 들어 VR을 활용해 집에서도 박물관을 생생하게 체험할 수 있는 서비스나, AI를 활용한 맞춤형 문화 추천 서비스 등이 개발되고 있다.

동시에 장애인을 포함한 정보 접근 취약계층의 문화권 보장을 위한 제도적 장치 마련도 함께 추진되고 있다. 시각장애인을 위한 음성해설 서비스, 청각장애인을 위한 수어 통역 서비스, 발달장애인을 위한 쉬운 해설 서비스 등이 그 예다. 이처럼 누구도 배제되지 않는 포용적 문화 환경 구축이 정책의 핵심 방향으로 자리 잡고 있다. 30여 년간 발전해 온 한국의 문화향유정책이 이제는 단순히 "가난한 사람들에게 문화를 나눠주는" 수준을 넘어, "모든 국민이 각자의 방식으로 문화를 누릴 수 있는 사회"를 만들어가는 단계에 이른 것이다.

현재 한국의 문화향유정책은 과거 어느 때보다 풍부한 경험과 체계적인 제도를 갖추고 있다. 하지만 동시에 새로운 도전들도 등장하고 있다. 디지털 격차, 세대 간 문화 취향의 차이, 다문화사회로의 변화 등이 그것이다. 이런 과제들을 어떻게 해결해 나가느냐에 따라 한국 문화향유정책의 미래가 결정될 것이다.

문화향유 관련 법·제도 변화

지금까지 문화향유정책이 시대에 따라 어떻게 발전해 왔는지 살펴보았다. 하지만 정책의 변화만으로는 이야기가 완전하지 않다. 문화향유정책이 말로만 끝나지 않고 실제로 국민에게 도움이 되려면, 정책이 실제로 안정적이고 지속적으로 시행되어야 하는데 그것을 뒷받침하는 것이 법적 기반과 제도적 장치이다.

특히 문화향유정책 영역에서는 법적 개념의 정의가 정책의 성격을 크게 좌우한다. 예를 들어 '문화'를 어떻게 정의하느냐, '문화복지'를 어떤 범위로 설정하느냐에 따라 구체적 정책 사업의 방향과 내용이 달라질 수 있다. 또한, 정책을 실행할 조직을 어떻게 구성하고 국민에게 어떤 방식으로 전달할 것인지도 정책의 성공 여부를 결정하는 핵심 요소이다.

이런 맥락에서 한국의 문화향유정책은 「문화예술진흥법」의 지속적 개정부터 「문화기본법」의 제정에 이르기까지 상당한 법적 발전을 이루어왔다. 이와 함께 한국문화예술위원회, 한국문화예술교육진흥원 등 관련 기관들의 역할도 시대에 따라 변화해 왔다. 이러한 법 · 제도적 기반의 변화는 훗날 문화나눔사업과 같은 구체적 정책들이 어떤 모습을 갖게 될지에도 큰 영향을 미쳤다.

이 모든 법적 · 제도적 변화는 정책 방향의 큰 전환과도 맞물려 있었다. 2000년대 이전까지 문화향유정책은 주로 추상적 차원에서 논의되었다. "문화는 좋은 것이니 모든 국민이 누려야 한다"라는 정도의 막연한 이상론에 머물러 있었다. 그러나 노무현 정부 시기 사회적 취약계층의 문화향유권 보장 필요성이 정책적으로 제기되면서, 문화향유정책은 본격적인 확대 국면에 접어들었다.[23]

---

23 허은영, 『예술향유정책 현황 및 개발 방안』(세종: 문화체육관광부, 2018).

이러한 변화는 예산만 봐도 알 수 있다. 2013년 기준으로 문화예술진흥기금에서 일반 국민의 문화 향유를 돕는 데 쓰인 예산이 예술가들을 지원하는 데 쓴 것보다 5배 이상 많았다.[24] 과거에는 "좋은 예술가를 지원하면 좋은 작품이 나오고, 그러면 국민이 자연스럽게 문화를 즐기게 될 것"이라고 생각했다. 하지만 이제는 "국민이 직접 문화를 누릴 수 있도록 돕는 것이 더 중요하다"라는 쪽으로 인식이 바뀌게 된 것이다.

이런 변화는 법 제도가 뒷받침되면서 가능했다. 「문화예술진흥법」의 개정을 통해 '문화복지' 개념이 법령에 명시되었으며, 2013년 「문화기본법」 제정으로 '문화권'의 법제화가 이루어졌다. 이를 통해 문화향유의 보장은 단순한 정책적 지향을 넘어 국가와 지방자치단체의 법적 책무로 자리 잡게 되었다.

그렇다면 이런 법적 토대는 구체적으로 어떻게 만들어졌을까? 가장 중요한 출발점은 「문화예술진흥법」의 변화에서 찾을 수 있다.

• 「문화예술진흥법」: 시대와 함께 진화하는 법

한국의 문화향유정책을 논할 때 빼놓을 수 없는 것이 「문화예술진흥법」의 역할이다. 1972년 제정된 이 법은 오랜 기간 우리나라 문화예술정책의 기본법 역할을 해왔다. 처음에는 전통 문화예술의 계승과 민족문화 창달을 목적으로 출발했지만, 시대의 변화에 따

---

24 김민주, "문화정책의 이론적 논거와 유형", 『사회과학연구』, 제31권 제3호(2015), pp. 133-157.

라 계속 진화해 왔다.

제정 당시에는 '문화향유'나 '문화복지'라는 개념이 본격적으로 논의되지 않았다. 하지만 헌법이 보장하는 국민의 문화적 권리 이념을 간접적으로 반영하려는 시도는 존재했다. 예컨대 제2조에서는 "문화예술 진흥 시책에는 국민 생활의 질적 향상을 위한 건전한 생활문화의 개발 · 보급에 관한 사항을 포함한다"라고 규정했다. 이는 당시로서는 문화의 복지적 기능을 언급한 드문 사례였다. 문화정책이 궁극적으로 국민 삶의 질 향상을 지향해야 함을 명시한 것으로, 이후 문화향유정책의 법적 단초가 되었다.[25]

「문화예술진흥법」에 '문화예술복지'라는 용어가 본격적으로 등장한 것은 2000년대 중반 법 개정을 통해서다. 2005년 개정에서는 제3장의 제목이 "문화예술복지의 증진"으로 변경되었으며, 해당 장에 문화향유 지원 시책의 법적 근거가 구체적으로 추가되었다. 구체적으로는 문화의 날 제정, 문화예술 후원 장려, 문화예술교육 활성화, 문화바우처 제도 도입 등이 포함되었다. 이는 비록 포괄적 수준에 머물렀지만, 국민의 문화예술 향수 증진을 위한 다양한 정책 수단들을 법령상 명시한 것으로, 문화향유정책의 제도화를 한층 진전시킨 계기가 되었다.

다만, 「문화예술진흥법」은 기본적으로 예술창작 지원 중심의 법체계로 구성되어 있어, 문화복지 관련 조항이 보조적 · 부가적으로 들어가는 데 한계가 있다는 지적도 있었다. 실제로 법조문 상 문화

25 정갑영, 『문화복지 법제화 방안 연구』(서울: 한국문화관광연구원, 2007), p. 21.

예술복지 장에는 다양한 진흥 시책이 열거되어 있으나, 문화복지의 기본 원리나 수혜자의 권리 보장에 대한 명확한 규정은 부족했다. 그럼에도 「문화예술진흥법」이 시대적 요구를 반영하여 개정을 거듭해 온 점, 특히 문화바우처 제도와 예술 교육 정책에 대한 법적 정당성을 부여하는 실용적 역할을 해 온 점은 긍정적으로 평가된다.[26]

• 관련 법률들의 잇따른 제정

2000년대 중반 이후에는 문화향유와 직·간접적으로 관련된 개별 법률들도 제정되었다. 대표적으로 2005년 「문화예술교육지원법」 제정은 학교와 사회 영역에서 문화예술교육을 제도화하며, 향유 역량을 제고하는 기반을 마련했다.

또한 2016년 제정된 「문화예술후원 활성화에 관한 법률」은 민간의 문화향유 지원을 장려하기 위한 후원제도를 체계화했다. 이처럼 다양한 법률이 문화향유 증진을 다각적으로 뒷받침하고 있으며, 2020년대에는 「예술인권리보장법」 등 창작자 권리 보호와 조화를 이루는 방향으로 문화정책의 법적 기반이 확대되고 있다.

• 「문화기본법」: 문화권의 헌법적 선언

본격적인 패러다임의 전환을 이끈 것은 2013년 12월 제정된 「문화기본법」이었다. 이 법은 한국 문화정책의 패러다임 전환을 상

26 정갑영, 『문화복지 법제화 방안 연구』, pp. 60-61.

징하는 입법으로 평가된다. 모든 국민의 문화권을 보장하고, 국가와 지방자치단체의 책무를 명시함으로써 문화향유정책에 헌법적 위상을 부여한 것이다.

'문화권'은 국민이 문화생활에 참여하고 이를 향유할 권리를 의미하며, 「문화기본법」 제4조에 명시되어 있다. "모든 국민은 문화를 향유할 권리를 가진다"라는 이 조항은 문화향유를 더 이상 부차적 복지가 아닌 기본권으로 선언한 것이다. 또한 제2조에서는 문화의 범위를 전통예술에 국한하지 않고, 생활양식과 여가 활동 등 일상 전반의 문화로 확장함으로써, 정책 대상이 전 국민의 일상적 문화 활동 전체임을 명확히 했다. 이로써 문화향유정책의 범위와 정당성은 이전보다 크게 확대되었다.

「문화기본법」은 전문과 13개 조문으로 구성되어 있으며, 이 가운데 문화향유와 직접적으로 관련된 조항으로는 제4조(문화권), 제12조(문화복지 증진), 제15조(문화격차 해소) 등이 있다. 이 외에도 정부가 문화발전계획을 수립하도록 의무화하고, 정책의 사전 검토를 위한 문화영향평가 제도도 도입함으로써, 문화향유권 보장을 위한 행정절차적 기반도 함께 마련되었다. 이 법은 단지 문화정책의 방향을 선언하는 데 그치지 않고, 이를 실행에 옮기기 위한 구조적 기반을 마련한 포괄적 법률이라 할 수 있다.

동 법의 제정 이후 중앙정부와 지방자치단체는 문화향유정책에 있어 권리 기반 접근을 본격적으로 채택하게 되었다. 과거에는 문화향유 지원이 "시혜적 복지"로 인식되는 경향이 있었다. "국가가 어려운 사람들을 도와주는 것"이라는 시각이었다. 하지만 「문화기본법」 제정을 계기로 "국민에게 보장되어야 할 권리 실현"이라는 인식이 정책 담론으로 자리 잡게 되었다.

또한 「문화기본법」은 관련 분야의 입법과 정책을 추진하고 통합하는 역할도 수행했다. 2014년 「지역문화진흥법」, 2022년 「문화도시 조성 및 발전에 관한 법률」 등 후속 입법이 이어졌고, 교육 · 복지 · 국토 등 다른 부처 정책에도 문화향유권 관점이 반영되었다. 예를 들어 학교 예술 교육 확대, 복지시설 문화 프로그램 운영, 도시재생 과정에서의 생활문화공간 확보 등이 종합적으로 추진되었다. 문화는 더 이상 문화체육관광부만의 일이 아니라 정부 전체가 함께 고민해야 할 과제가 된 것이다.

결과적으로 「문화기본법」은 문화향유정책의 위상을 기본권 수준으로 끌어올려 정책의 지속성과 정당성을 강화했으며, 한국이 문화 선진국으로 도약하기 위한 제도적 기반을 마련한 것으로 평가된다.[27] 30여 년간 시행착오를 거치며 발전해 온 한국의 문화향유정책이 드디어 확고한 법적 토대를 갖게 된 것이다. 이제 문화향유는 "있으면 좋은 것"이 아니라 "국가가 반드시 보장해야 할 국민의 권리"가 되었다.

3. 문화나눔사업은 어떻게 움직이는가

앞서 문화향유정책이 어떻게 법과 제도로 뒷받침되었는지 살펴

27 문화체육관광부 문화여가정책과, "문화기본법 제정 등 2013 문화융성 원년 문화예술 분야 10대 성과." 대한민국 정책브리핑, 2013. 12. 10.

보았다. 이제 그 정책이 실제로 어떤 모습으로 국민에게 다가가고 있는지 구체적으로 알아볼 차례다. 바로 '문화나눔사업'이다.

문화나눔사업, 문화향유정책의 핵심

문화나눔사업은 현재 한국 문화향유정책의 핵심이다. 이 사업이 생긴 이유는 간단하다. "국민 누구나 경제적 여건과 관계없이 문화를 즐길 수 있어야 한다"라는 생각 때문이다. 과거에는 문화생활이 어느 정도 여유가 있는 사람들만의 몫이었다. 공연 티켓값이 부담스럽거나, 문화시설이 없는 지역에 살거나, 신체적 어려움이 있으면 문화와는 거리가 멀어질 수밖에 없었다. 문화나눔사업은 바로 이런 문제를 해결하기 위해 만들어졌다.

문화나눔사업은 이름 그대로 문화를 '나눈다'라는 개념에서 출발한다. 경제적으로 어려운 사람들에게 문화이용권을 주거나, 문화시설이 부족한 지역에 직접 찾아가는 공연을 제공하는 식이다. 「문화기본법」에서 말하는 "모든 국민의 문화권"을 실제로 구현하는 대표적인 방법인 셈이다. 특히 취약 계층에게 돈을 지원하거나 맞춤형 프로그램을 제공해서 문화적 불평등을 줄이고, 누구나 공평하게 문화를 누릴 수 있게 하는 것이 목표다. 결국 문화나눔사업은 문화복지를 실제로 실현하는 정책이라고 할 수 있다. 경제적 여건이나 사는 지역 때문에 문화에서 소외되는 일을 줄이고, 나아가 사회 전체의 통합에도 도움이 되도록 설계된 것이다.

문화나눔사업의 독특한 점은 문화정책과 복지정책의 성격을 동시에 갖고 있다는 것이다. 사업 재원이 주로 복권기금에서 나오고, 지원 대상도 사회적 취약계층에 집중되어 있기 때문이다. 이는 예술가나 문화단체를 지원하는 전통적인 문화정책과는 확실히 다른 모습이다.

이러한 문화나눔사업이 실제로 어떻게 운영되고 있는지, 그리고 애초에 의도했던 목표를 제대로 달성하고 있는지를 알기 위해서는 그 구조를 파악할 필요가 있다. 즉, 법령상으로는 어떻게 규정되어 있고, 실제 운영은 어떤 조직이 담당하며, 예산은 어떤 구조로 이루어져 있는지 살펴봐야 한다. 이런 구조적 요소들이 문화나눔사업의 성격과 방향을 결정하는 중요한 틀이기 때문이다.

관련 법령의 구조

문화나눔사업이 어떻게 운영되는지 이해하려면 먼저 법적 근거부터 살펴봐야 한다. 문화나눔사업은 하나의 법이 아니라 여러 법령이 맞물려서 돌아가는 구조다. 핵심은 「복권 및 복권기금법」과 「문화예술진흥법」이다.

문화나눔사업의 큰 특징 중 하나는 일반적인 정부 예산이 아니라 복권기금으로 재원이 마련된다는 점이다. 복권을 사는 사람들이 낸 돈이 결국 문화소외계층을 돕는 데 쓰이는 셈이다. 따라서 이 사업은 「복권 및 복권기금법」에 근거를 두게 된다.

「복권 및 복권기금법」 제23조에 따르면, 복권 수익금은 정해진 비율에 따라 나뉜다. 매년 수익금의 35%는 법률로 미리 정해진 기금들에 자동으로 들어간다. 예를 들어 국민체육진흥기금, 문화예술진흥기금, 사회복지공동모금회 같은 곳이다. 나머지 65%가 바로 문화나눔사업과 관련이 깊다. 이 돈은 복권위원회가 선정한 공익사업에 쓰인다. 복권위원회에서 "이 사업이 공익에 도움이 된다"라고 판단하면 지원을 받을 수 있는 구조다.

현재 문화나눔사업은 이 65%에 해당하는 공익사업 중에서 "문화 · 예술 진흥 사업" 항목에 포함되어 있다. 복권기금 자체가 "국민복지 증진"을 목적으로 만들어진 기금이지만, 문화나눔사업은 그 안에서도 문화예술 분야로 분류되어 운영되고 있다.

「문화예술진흥법」은 문화나눔사업의 또 다른 중요한 법적 근거다. 이 법에서는 문화소외계층을 돕는 것을 국가와 지방자치단체의 의무로 못 박아놓고 있다. 제15조의3을 보면 "국가 및 지방자치단체는 경제적 · 사회적 · 지리적 제약 등으로 문화예술을 향유하지 못하고 있는 문화소외계층의 문화예술 향유 기회를 확대하고 문화예술 활동을 장려하기 위하여 필요한 시책을 강구하여야 한다"라고 되어 있다.

이 조항이 중요한 이유는 문화복지를 국가가 "해도 되는 일"이 아니라 "반드시 해야 하는 일"로 규정했기 때문이다. 문화향유권이 단순한 이상이 아니라 법적 의무가 된 것이다. 또한 제15조의 4에서는 문화이용권(문화바우처) 지급과 관리에 대한 근거를 제공한다. 현재 운영되고 있는 통합문화이용권(문화누리카드)이 바로 이 조항에 근거해서 만들어진 것이다.

<표 3-1> 문화나눔사업의 법적 근거

구분	내용
복권 및 복권기금법	제23조(복권기금의 배분 및 용도) ③ 제1항에 따라 배분된 복권 수익금과 제4항에 따른 비용 및 경비를 제외한 복권기금은 다음 각호의 어느 하나에 해당하는 사업에 사용한다. 다만, 제5호의 사업에 사용되는 복권기금의 비율은 100분의 5 범위로 한다. 1. 임대주택의 건설 등 저소득층의 주거 안정 지원사업 2. 국가유공자에 대한 복지 사업 3. 저소득층, 장애인, 성폭력 · 가정폭력 · 성매매 피해 여성, 불우청소년 등 소외계층에 대한 복지 사업과 다문화가족 지원사업 **4. 문화 · 예술 진흥 사업** 5. 공익사업으로서 대통령령으로 정하는 사업
문화예술진흥법	제15조의3 (문화소외계층의 문화예술복지 증진 시책 강구) 국가 및 지방자치단체는 **경제적 · 사회적 · 지리적 제약 등으로 문화예술을 향유하지 못하고 있는 문화소외계층**의 문화예술 향유 기회를 확대하고 문화예술 활동을 장려하기 위하여 필요한 시책을 강구하여야 한다. [본조신설 2012. 2. 17.]

출처: 문화예술진흥법 [법률 제17408호, 2020. 6. 9., 일부개정]; 복권 및 복권기금법[법률 제17146호, 2020. 3. 31., 일부개정]의 내용을 재구성.

이렇게 두 법을 함께 보면 문화나눔사업의 독특한 성격이 드러난다. 첫째, 재원이 복권기금이라는 것은 문화나눔사업이 일반적인 문화정책과는 다른 위치에 있음을 보여준다. 둘째, 「문화예술진흥법」에서 국가의 의무로 규정한 것은 문화향유정책의 법적 지위가 확고해졌음을 의미한다. 셋째, 복권기금법에서는 "문화 · 예술 진흥 사업"으로, 문화예술진흥법에서는 "문화소외계층 지원"으로 규정되어 있어 문화나눔사업의 이중적 성격을 보여준다. 이런 법령 구조는 문화나눔사업이 현재와 같은 모습을 갖게 된 중요한 배경이다. 법이 정하는 틀 안에서 정책이 운용되기 때문에, 법령의 성격이 곧 정책의 성격을 결정하게 되는 것이다.

조직 구조와 역할 분담

현재 문화나눔사업은 여러 기관이 역할을 나누어 운영하는 다층적 구조를 하고 있다. 중앙정부부터 지역 기관까지 다양한 주체들이 협력해서 사업을 진행하는 복잡한 시스템이다.

문화나눔사업의 전체적인 흐름을 보면 다음과 같다. 기획재정부 산하 복권위원회에서 예산을 지원하고, 문화체육관광부가 정책을 총괄하며, 한국문화예술위원회가 실제 사업을 관리한다. 그리고 각각의 세부 사업은 담당 기관이 따로 정해져 있어서 전문성을 살려 운영하고 있다. 예를 들어 통합문화이용권(문화누리카드)과 '신나는 예술여행'은 한국문화예술위원회가 직접 맡고 있고, '방방곡곡 문화공간'은 한국문화예술회관연합회가 담당한다. 이렇게 중앙정

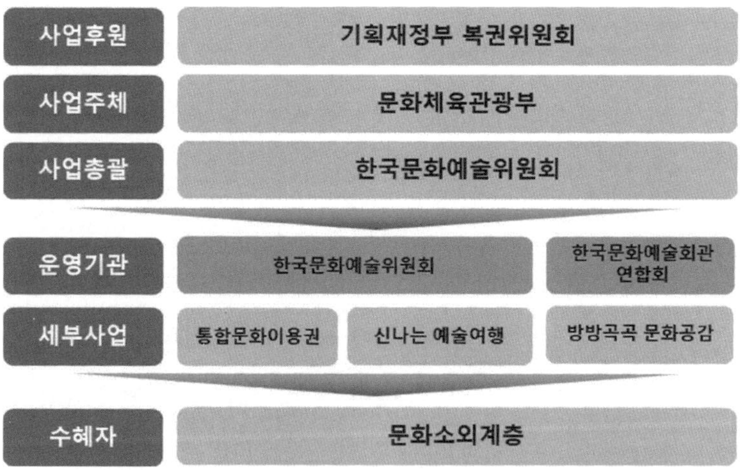

출처: 한국문화예술위원회, 『2017 복권기금 문화나눔사업 성과 및 타당성 연구』(2017), p. 16의 내용을 현 시점에 맞게 재구성.

〈그림 3-2〉 문화나눔사업 운용체계

부의 정책 기획, 복권기금의 재원 조성, 집행기관의 전문적 운영이 유기적으로 연결되어 돌아가는 구조다.

- 주요 기관별 역할

복권위원회는 문화나눔사업 예산의 대부분을 담당한다. 2004년 4월 출범한 이 기관은 현재 기획재정부 소속으로, 복권 발행과 판매를 관리하고 복권 수익금을 어디에 쓸지 결정하는 역할을 한다. 복권 정책 수립부터 발행계획 심의, 당첨금 규모 결정, 그리고 가장 중요한 복권 수익금 배분까지 복권에 관련된 모든 일을 총괄한다. 문화나눔사업이 안정적으로 운영될 수 있는 것도 결국 복권위원회가 매년 일정한 예산을 배정해 주기 때문이다.

문화체육관광부는 문화나눔사업의 사령탑 역할을 한다. 그중에서도 문화예술정책실 산하 예술정책관이 실질적인 정책 수립과 사업 관리를 담당한다. 예술정책관은 2017년 조직 개편을 통해 현재의 체제를 갖추었으며, 문화예술 창작 지원부터 국민의 향유권 보장, 문화예술교육까지 문화정책 전반을 아우른다. 예술정책관 산하에는 예술정책과, 공연전통예술과, 시각예술디자인과, 문화예술교육과가 있다. 이 중 예술정책과가 문화나눔사업과 가장 관련이 깊다. 예술정책과는 예술정책에 관한 종합계획 수립, 문화예술진흥 재원 조성 및 운영, 한국문화예술위원회 관련 사무 등을 담당하면서 문화나눔사업의 큰 방향을 결정한다.

한국문화예술위원회는 문화나눔사업의 실질적인 관리자다.

1973년 한국문화예술진흥원으로 출발해 2005년 현재의 위원회 체제로 바뀐 이 기관은 문화체육관광부 산하의 대표적인 예술지원 기관이다. 정부와 예술 현장을 연결하는 허브 역할을 하면서, 매년 문화예술진흥기금 사업계획을 수립하고 집행한다. 위원회의 사업 영역은 창작 지원, 정책 기반 조성, 향유 확대, 문화재 확산, 기반 구축으로 나뉜다. 문화나눔사업은 이 중 '향유 확대' 영역에 해당한다. 문학, 연극, 무용, 음악, 시각예술 등 다양한 장르의 창작활동을 지원하는 것과 함께, 문화소외계층의 접근성을 높이기 위한 향유 확대 프로그램을 병행하고 있다.

한국문화예술회관연합회는 지역문화시설을 연결하는 중간 지원 조직이다. 1996년 전국문예회관연합회로 시작해 2010년 현재 명칭으로 바뀌었고, 2012년에는 특수법인으로 전환되었다. 전국 문화예술회관 간의 협력 증진과 지역 문화예술 진흥이 주요 목적이다. 이 기관의 가장 중요한 역할 중 하나가 '방방곡곡 문화공감' 사업 운영이다. 지역 문예회관 네트워크를 활용해서 전국 구석구석까지 공연을 전달하는 이 사업은 한국문화예술회관연합회가 아니면 할 수 없는 일이다. 지역 문예회관 종사자 교육, 운영 컨설팅, 회관 간 교류 협력 등의 업무도 함께 수행한다.

문화나눔사업은 주관 기관들만으로는 운영이 불가능하다. 다양한 부처와 지역 기관의 협조가 필요하기 때문이다. '신나는 예술여행'의 경우 교육부(학교), 국방부(군부대), 법무부(교정시설) 등과 협력한다. 어떤 학교나 부대에서 공연을 원하는지 파악하고, 현장에서 필요한 지원을 연계하는 일을 함께한다.

'통합문화이용권'은 지방자치단체와의 협력이 핵심이다. 전국의 주민센터에서 신청받고 카드를 발급하며, 지역 단위 홍보도 지방자치단체를 통해 이루어진다. 지역 문화재단, 도서관, 문화원 등도 수혜자를 찾아내고 프로그램을 연결하는 역할을 담당한다.

- 다층적 협업 체계의 특징

이렇게 복잡한 조직 구조를 갖는 이유는 문화나눔사업의 특성 때문이다. 중앙에서 예산을 조달하지만, 실제 서비스는 전국 곳곳에서 이루어져야 한다. 또한 대상자도 다양하고 제공하는 서비스도 여러 종류라서 한 기관이 모든 것을 다 할 수는 없다.

결국 기획재정부의 복권기금을 바탕으로 문화체육관광부가 정책을 기획하고, 각 전담 기관이 전문성을 살려 집행하며, 지역에서는 다양한 기관이 실행을 담당하는 다층적 협업 체계가 만들어진 것이다. 이런 구조 덕분에 중앙의 재원이 지역 곳곳까지 전달되어 문화 소외계층에게 실질적인 도움을 줄 수 있다. 하지만 동시에 이런 복잡한 구조는 의사소통의 어려움, 책임 소재의 불분명함, 효율성 저하 등의 문제를 낳기도 한다. 너무 많은 기관이 관여하다 보니 조율이 쉽지 않고, 문제가 생겼을 때 누구의 책임인지 명확하지 않은 경우도 있다.

예산 구조

문화나눔사업을 이해하려면 재정의 흐름을 알아야 한다. 이 사업은 앞서 봤듯이 독특한 재정구조를 가지고 있기 때문이다.

문화나눔사업의 예산은 '복권기금 → 문화예술진흥기금 → 각 문화나눔사업'이라는 경로를 따라 흘러간다. 복권을 사는 사람들이 낸 비용이 복권기금으로 모이고, 그중 일부가 문화예술진흥기금으로 들어가서, 최종적으로 문화나눔사업 예산이 되는 구조다. 이런 구조가 2004년 문화나눔사업이 시작된 이후 지금까지 계속 유지되고 있다. 물론 중간에 일부 세부 사업의 재원이 바뀐 적은 있지만, 복권기금이 문화나눔사업의 핵심 재원이라는 점은 변하지 않았다.

- 문화예술진흥기금

문화나눔사업의 직접적인 재원이 되는 것은 문화예술진흥기금이다. 이 기금이 어떤 성격을 가졌는지 먼저 살펴보자. 문화예술진흥기금은 「문화예술진흥법」 제16조에 근거하여 한국문화예술위원회가 운용 · 관리하는 기금이다. 1972년 법 제정에 이어 1973년 한국문화예술진흥원이 설립되면서 본격적으로 운영되기 시작했다. 반세기가 넘는 긴 역사를 가진 기금인 셈이다.

이 기금의 용도는 법 제18조에 따라 상당히 광범위하다. 문화예술의 창작과 보급, 민족 전통문화의 보존과 계승, 남북 및 국제 문화예술 교류, 문화예술인의 복지 증진과 생활 안정, 지역문화예술 진흥, 장애인 등 소외계층의 문화향유 확대, 문화예술 기반 시설의 활성화, 공공미술 진흥 등에 이른다. 문화나눔사업은 이 중에서 '장

애인 등 소외계층의 문화향유 확대' 부분에 해당한다.[28]

현재 문화예술진흥기금이 어디서 재원을 조달하는지 보면 꽤 복잡하다. 과거에는 주로 '모금' 제도에 의존했다. 1973년부터 2003년까지 극장, 고궁, 박물관, 미술관 등의 입장료에서 일정 비율을 기금으로 징수하는 방식이었다. 하지만 1997년 외환위기 이후 정부가 준조세 정비를 추진하면서 모금 제도는 2004년 폐지되었다. 흥미롭게도 2003년 헌법재판소에서 모금 조항이 위헌이라는 결정이 나왔는데, 이는 제도 폐지 시기와 우연히 겹쳤다. 실제로는 정부 정책에 따라 이미 폐지가 예정되어 있었던 상황이었다.[29]

현재 문화예술진흥기금의 재원은 상당히 다양해졌다. 2023년 기준으로 전체 조성 실적을 보면 〈표 3-2〉와 같다.

이 표에서 주목해야 할 것은 복권기금이다. 전체 재원의 29.6%로 가장 큰 비중을 차지한다. 2004년 모금 제도 폐지 이후 복권기금이 가장 핵심적인 대체 재원으로 자리 잡은 것이다. 특히 2018년 이후 복권기금 전입액이 급격히 증가해서 2023년에는 2,357억 원에 달한다. 두 번째로 큰 재원은 이자 수익(13.0%)이고, 세 번째가 체육기금(12.6%)이다. 체육기금과 관광기금은 2016년부터 문예 기금의 안정적 운용을 위한 한시적 재원으로 전입되기 시작했다. 국고 지원은 8.2%로 그리 크지 않은 편이다.

문화예술진흥기금의 지원 정책도 시대에 따라 바뀌었다. 설립

28 문화체육관광부 · 한국문화관광연구원, 『2023 문화예술정책 백서』(2024), p. 82.

29 양경학, "50년의 명과 암: 한국문화예술위원회 10대 장면", A Square, Vol. 6 (아르코 통합플랫폼, 2023. 9), https://thearts.arko.or.kr/asquare/search/55.

〈표 3–2〉 문화예술진흥기금 재원별 조성 실적

구분	1973~2014	2015	2016	2017	2018	2019	2020	2021	2022	2023	계	비율 (%)
모금	418,596	-	-	-	-	-	-	-	-	-	418,596	8.2
국고	184,722	30,500	-	-	50,000	50,000	21,000	20,370	30,000	30,000	416,592	8.2
방송 발전 기금	167,290	-	-	-	-	-	-	-	-	-	167,290	3.3
복권기금	487,408	63,121	37,199	37,199	82,103	105,561	122,324	164,154	173,868	235,674	1,508,611	29.6
체육기금	-	-	50,000	50,000	50,000	100,000	100,000	97,000	97,000	100,000	644,000	12.6
관광기금	-	-	50,000	50,000	50,000	50,000	50,000	-	-	-	250,000	4.9
경륜 경정 수익 전입	114,347	12,018	20,655	21,717	16,775	10,693	8,670	-	-	-	204,875	4.0
민간 출연금	142,561	26,905	20,709	22,453	23,176	30,663	18,258	18,214	17,049	17,342	337,330	6.6
이자	633,647	4,795	2,696	3,021	1,225	3,438	4,088	4,053	1,149	4,162	662,274	13.0
융자 원금 회수	-	-	-	-	-	-	-	1,405	13,917	12,635	27,957	0.5
융자이자 수입	-	-	-	-	-	-	-	266	1,196	950	2,412	0.0
기타	213,668	31,168	34,086	12,327	12,991	16,610	23,730	16,548	45,758	47,889	454,775	8.9
계	2,362,239	168,507	215,345	196,717	286,270	366,965	348,070	322,010	379,937	448,652	5,094,712	100

출처: 문화체육관광부 · 한국문화관광연구원, 『2023 문화예술정책 백서』, p. 83.

초기에는 전통 문화예술 진흥이 중심이었다면, 지금은 현대문화예술로 확대되었다. 또한 예술창작 진흥에서 문화향유 확대로, 중앙 집중적 문화사업에서 지역문화 신흥으로 무게 중심이 이동했다.[30]

〈표 3-3〉 문화예술진흥기금 사업체계 변화

<table>
<tr><th>2007</th><th>2008</th><th>2009</th><th>2010~12</th><th>2013</th><th>2014~17</th><th>2018</th><th>2019~21</th></tr>
<tr><td colspan="3">예술가의 창조역량 강화</td><td rowspan="3">예술가의
창조역량 강화</td><td rowspan="4">예술가의 창작
역량 강화</td><td colspan="3" rowspan="4">예술창작 역량 강화</td></tr>
<tr><td colspan="3">새로운 예술세계의 개척</td></tr>
<tr><td colspan="3">예술의 국제협력 증진</td></tr>
<tr><td colspan="3">예술 현장의 자생력 확보</td><td>문화예술
공간 운영</td></tr>
<tr><td colspan="3">지역문화예술 진흥</td><td>지역문화예술
진흥</td><td colspan="4">지역문화예술 진흥</td></tr>
<tr><td>예술의 생활화</td><td colspan="3" rowspan="2">생활 속의 예술 활성화</td><td rowspan="2">생활 속
예술 활성화</td><td rowspan="2">생활 속
예술 활성화</td><td colspan="2" rowspan="2">예술 향유</td></tr>
<tr><td>예술의 사회적
역할 확대</td></tr>
<tr><td colspan="3">예술의 가치 확산과 보존</td><td>예술의 사회적
가치 제고</td><td>예술의 사회적
가치 제고</td><td colspan="2">예술 가치의
사회적 확산</td><td>기회 확대</td></tr>
</table>

출처: 한국문화예술위원회, 『2019 한국문화예술위원회 연차 보고서』(2019), p. 80의 내용을 재구성.

〈표 3-3〉을 보면 2013년부터 '예술의 사회적 역할 확대'라는 항목이 등장하고, 2018년 이후에는 '예술 향유 기회 확대'가 명시적으로 포함된다. 이는 문화향유정책, 즉 문화나눔사업의 비중이 커지고 있음을 보여준다. 실제로 현재 문화예술진흥기금에서 문화나눔사업이 차지하는 비중은 상당하다. 전체 기금 예산의 40% 이상이 문화나눔사업에 투입되는 것으로 추정된다.[31] 이는 문화향유정

30 한국재정학회, 『』(2020), p. 3

31 한국문화예술위원회, 『2024년도 문화예술진흥기금 운용계획서』(2024), pp. 10-11.

책이 문화정책 전체에서 얼마나 중요한 위치를 차지하게 되었는지를 보여주는 대목이다.

• 복권기금

그렇다면 문화예술진흥기금의 가장 큰 재원인 복권기금은 어떻게 운용될까? 이를 이해해야 문화나눔사업의 예산 구조를 제대로 파악할 수 있다. 복권기금은 2004년 「복권 및 복권기금법」에 따라 만들어졌다. 과거 여러 기관이 각자 복권을 발행하면서 생긴 혼란을 정리하고, 복권 수익금을 투명하게 관리하기 위해 통합적으로 운영되고 있다.

복권기금은 기본적으로 '계정성 기금'이다. 즉, 복권기금 자체가 직접 사업을 하는 게 아니라, 다른 기금이나 기관으로 재원을 보내서 공익사업을 하도록 돕는 역할이다. 복권기금의 재원은 모두 사회적으로 의미 있는 일에만 쓰도록 법으로 정해져 있다.

복권위원회는 기획재정부 차관을 위원장으로 하여 총 25명 이내로 구성된다. 이들이 복권 발행부터 수익금 배분까지 모든 것을 결정한다. 특히 어떤 사업에 얼마나 지원할지를 결정하는 권한이 있어서, 문화나눔사업의 예산 규모도 이들의 판단에 따라 달라질 수 있다.

복권기금의 재원은 다양하다. 가장 기본이 되는 것은 복권 발행으로 조성되는 자금이지만, 기금 운용 수익, 당첨되지 않아서 소멸시효가 지난 당첨금, 민간 출연금, 복권 판매 관련 이자 수입 등도 포함된다. 이렇게 모인 재원이 공익사업에 쓰이게 되는 것이다.

〈표 3-4〉 복권기금 개요

구분	내용
설치 근거	「복권 및 복권기금법」 제21조 · 복권 사업으로 조성된 재원을 투명하고 효율적으로 관리 · 사용하기 위해 설치
설치 연도	2004. 04. 01
관리 운용 주체	기획재정부 복권위원회(복권 및 복권기금법 제13조 및 제22조) · 기금, 일반회계 및 특별회계, 지방자치단체, 등에 전출 · 예탁 또는 출연
복권위원회 구성	「복권 및 복권기금법」 제14조 · 위원장(기획재정부 차관)을 포함하여 총 25인 이내로 구성
기금 조성 재원	「복권 및 복권기금법」 제21조 · 복권의 발행으로 조성되는 자금 · 복권기금의 운용으로 생기는 수입금 · 법 제9조 제3항의 규정에 의하여 소멸시효가 완성된 당첨금 · 정부 외의 자의 출연금 · 수탁사업자 또는 재수탁사업자가 복권기금 납입 전 복권 판매 대금 관리계좌에서 발생하는 이자 등의 수입금

출처: 한국문화예술위원회, 『2008년 복권기금 문화나눔사업 성과평가 연구』(2009), p.13의 내용을 재구성.

2023년 기준으로 복권 수익금은 총 3조 997억 원이 배분되었다. 이는 상당히 큰 규모다. 이 재원의 사용처는 크게 두 부분으로 나뉜다.

첫 번째는 '법정 배분 사업'으로 약 1조 1,279억 원(36.4%)이다. 이는 법으로 미리 정해진 기관들에 자동으로 배정되는 예산이다. 과학기술진흥기금, 국민체육진흥기금, 문화재보호기금 같은 곳들이 여기에 해당한다. 이 부분은 복권위원회가 임의로 조정할 수 없고, 법에 따라 자동으로 배분된다.

두 번째는 '공익사업'으로 약 1조 9,720억 원(63.6%)이다. 복권위원회가 선정한 다양한 공익사업에 쓰이는 예산이다. 문화나눔사업은 바로 이 공익사업 영역에 속한다. 이 부분은 복권위원회의 재량에 따라 배분이 결정되기 때문에, 사회적 요구나 정책 우선순위에 따라 변동될 수 있다.

구체적인 배분 현황은 〈표 3-5〉와 같다. 이 표를 자세히 보면 흥미로운 점들이 발견된다. 공익사업 중에서 가장 많은 예산을 받는 분야는 '저소득 · 소외계층' 지원이다. 양성평등 기금만 해도 7,582억 원으로 전체 공익사업의 상당 부분을 차지한다. 두 번째로 많은 것은 '저소득 주거 안정' 분야로 주택도시기금이 4,500억 원을 받는다.

그렇다면 문화예술 분야는 어떨까? 문화예술진흥기금은 2024년 기준 약 2,488억 원을 받는다. 전체 공익사업 중에서는 약 8.1%의 비중이고, 순위로는 6번째에 해당한다. 영화발전 기금 54억 원까지 합쳐도 문화예술 분야 전체가 받는 예산은 2,542억 원 정도다. 이는 다른 분야와 비교해 보면 상대적으로 적은 편이다. 양성평등 기금의 3분의 1 수준이고, 주택도시기금의 절반 정도다. 하지만 문화예술진흥기금은 복권기금 내에서 일정한 비중을 유지하고 있다는 점에서 의미가 있다.

〈표 3-5〉 복권 수익금 배분체계

(단위 : %, 백만 원)

구 분			2023	2024
법정 배분 사업	법정 대상기관			
	과학기술진흥기금		109,957	125,055
	국민체육진흥기금		91,450	91,954
	근로복지진흥기금		64,400	63,513
	중소벤처기업창업 및 진흥기금		78,907	72,752
	문화재보호기금		158,339	152,611
	지방자치단체		176,062	169,863
	제주개발특별회계		176,999	179,600
	사회복지공동모금회		47,205	41,697
	산림환경증진자금		72,576	72,967
	보훈복지의료공단		58,664	70,138
공익사업	공익사업분야	사업기관		
	저소득주거안정	주택도시기금	450,040	450,040
	국가유공자 복지	보훈기금	22,919	22,076
	저소득 · 소외계층	양성평등기금	675,632	758,242
		청소년육성기금	149,817	149,596
		기후대응기금	95,646	108,333
		보건복지부	91,708	95,458
		고용노동부	2,054	-
		법무부	-	-
		교육부	115,386	32,413
		금융위원회	212,484	181,969
	문화 · 예술진흥	문화예술진흥기금	243,896	248,786
		영화발전기금	-	5,400
	재해 · 재난 구호	응급의료기금	5,635	1,610
	〈총 계〉		3,099,776	3,094,073

출처: 기획재정부, 『2024년도 복권기금운용계획』(세종: 기획재정부, 2024), p. 5의 내용을 재구성.

- 문화나눔사업 예산의 특징과 한계

현재 문화나눔사업의 예산 구조는 몇 가지 중요한 특징을 갖고 있다. 첫째, 복권기금에 의존하는 구조다. 문화예술진흥기금 재원의 30%가 복권기금에서 나오고, 문화나눔사업은 그 기금에서도 상당한 비중을 차지한다. 이는 복권 판매량이나 복권위원회의 배분 정책에 영향을 받을 수 있음을 의미한다.

둘째, 간접적인 재정 흐름이다. 복권기금에서 바로 문화나눔사업으로 가는 게 아니라, 문화예술진흥기금을 거쳐야 한다. 이 과정에서 기획재정부(복권위원회), 문화체육관광부, 한국문화예술위원회 등 여러 기관의 의사결정이 개입된다.

셋째, '문화 · 예술 진흥' 분야로 분류되어 있다. 복권기금 배분표를 보면 문화나눔사업은 '저소득 · 소외계층' 지원이 아니라 '문화 · 예술 진흥' 영역에 들어가 있다. 이는 이 사업이 복지 사업보다는 문화사업으로 인식되고 있음을 보여준다.

넷째, 상대적으로 제한적인 규모다. 전체 복권기금에서 문화 분야가 차지하는 비중이 8% 정도로, 주거나 성평등, 청소년 분야에 비해서는 작은 편이다.

다섯째, 안정적이면서도 불안정한 재원이다. 복권기금 자체는 매년 일정한 규모가 확보되지만, 복권위원회의 배분 정책이나 사회적 우선순위 변화에 따라 문화 분야 배분액이 변동될 수 있다.

이런 예산 구조는 문화나눔사업의 성격과 방향에 큰 영향을 미친다. 복권기금의 공익적 성격 때문에 사업 목표도 공익성을 강조하게 되고, 제한된 예산 때문에 지원 대상이나 내용을 선별적으로 운영할 수밖에 없다. 또한 간접적인 재정 흐름 때문에 예산 확보나 사업 기획에서 여러 기관의 조율이 필요한 복잡한 구조를 갖게 된다. 결국 문화나눔사업의 현재 모습을 이해하려면 이런 예산 구조의 특성을 제대로 파악해야 한다. 법령과 조직 구조뿐만 아니라, 특히 예산 구조가 이 사업의 성격을 결정하는 매우 중요한 요소이기 때문이다.

4. 문화나눔사업의 현재

앞서 문화나눔사업의 법령, 조직, 예산 구조를 살펴보았다. 이제

〈표 3-6〉 문화나눔사업 체계

<table>
<tr><th colspan="2">사업명</th><th>운영주체</th><th>사업재원</th><th>사업목적</th><th>지원 내용</th></tr>
<tr><td colspan="2">통합문화 이용권</td><td>한국문화 예술위원회</td><td>복권기금 + 지방비 매칭</td><td>소외계층에게 문화예술 · 여행 · 체육활동 기회 제공으로 삶의 질 향상</td><td>문화예술 · 여행 · 체육 분야 전국 가맹점에서 사용할 수 있는 통합문화이용권(문화누리카드) 발급</td></tr>
<tr><td rowspan="2">공연나눔</td><td>신나는 예술여행</td><td>한국문화 예술위원회</td><td>문화예술 진흥 기금</td><td>문화소외지역을 찾아가 다양한 문화예술 향유 및 참여 프로그램을 제공함으로써 문화소외계층에 대한 문화 향유권 신장 및 문화 양극화 해소에 기여</td><td>예술단체의 문화소외 지역 및 계층 대상 문화예술 순회프로그램 개최 경비 지원</td></tr>
<tr><td>방방곡곡 문화 공감</td><td>한국문화 예술회관 연합회</td><td>문화예술 진흥 기금</td><td>문화 소외 지역민들에게 수준 높은 문화예술 관람 기회 제공을 통한 문화향유 기회 확대</td><td>문화 소외 지역민 대상 공연행사 개최 경비 지원 및 소외계층 의무 초청 비율 적용(30%)</td></tr>
</table>

출처: 문화체육관광부 · 한국문화관광연구원, 『2023 문화예술정책 백서』(2024), p. 90; 문화나눔 홈페이지(www.lotteryarts.or.kr).

이런 제도적 기반 위에서 실제로 어떤 사업들이 운영되고 있는지, 그리고 그 규모와 성과는 어떤지 구체적으로 알아보자.

문화체육관광부는 2004년부터 복권기금을 문화예술진흥기금 사업에 투입하여 소외계층을 위한 문화나눔사업을 시행해 왔다. 이 사업은 처음에는 개별적으로 운영되던 여러 사업이 2008년부터 '문화나눔'이라는 통합 명칭으로 묶이면서 현재의 모습을 갖추게 되었다. 현재 문화나눔사업은 크게 세 개의 핵심 프로그램으로 구성되어 있다. 통합문화이용권(문화누리카드), 신나는 예술여행, 방방곡곡 문화 공감이 그것이다. 각 사업은 서로 다른 방식으로 문화 소외계층에게 문화 향유 기회를 제공한다.

통합문화이용권(문화누리카드) – 문화나눔사업의 대표주자

통합문화이용권은 문화나눔사업의 핵심이라고 할 수 있다. 일반 국민이 문화나눔사업을 떠올릴 때 가장 먼저 생각나는 것이 바로 '문화누리카드'다. 통합문화이용권은 문화나눔사업의 대표적인 바우처(voucher)제도로 경제적 여건으로 인해 문화생활을 누리지 못하는 저소득층에게 일정 금액의 문화비를 지원함으로써 '개인의 기본적 문화권 보장'을 목표로 한다.

이 사업의 철학은 세 가지로 정리할 수 있다. 첫째, 경제적 제약으로 인해 문화 활동에 어려움을 겪는 기초생활수급자와 차상위계층에게 공연 · 전시 등 문화예술 향유 기회를 제공하여 문화 기회의 불균형을 해소하고 사회 통합에 기여하는 것이다. 둘째, 문화 활동을 생활 현장에 연결하여 국민의 '문화 행복'을 지원하고, 궁극적으로 품격 있는 문화국가를 구현하는 것이다. 셋째, 수혜자들이 예술 향유를 통해 창의성과 감수성을 높이고, 장기적으로는 문화 소비자에서 생산자로 전환될 수 있는 문화 역량을 갖추도록 돕는 데 있다.[32]

• 법적 근거와 정책적 위상

통합문화이용권 사업은 「문화예술진흥법」 제15조의 3과 제15조의 4를 근거로 추진되고 있으며, 윤석열 정부에서도 '일상이 풍요로워지는 보편적 문화복지' 실현을 위한 핵심 정책 중 하나로 계승 · 강화되고 있다. 「문화예술진흥법」 제15조의 3은 국가와 지방자치단체가 경제적 · 사회적 · 지리적 제약으로 인해 문화예술을 향유하기 어려운 문화소외계층을 위해 문화예술 향유 기회를 확대하고 문화예술 활동을 장려하는 시책을 마련해야 함을 명시하고 있다. 이는 문화복지를 공공의 책임으로 규정하고, 법제도 차원에서 문화향유권을 실현하는 기반이 된다.

이러한 법적 취지를 구체적으로 실현하기 위해 마련된 조항이 바로 제15조의 4이다. 이 조항은 문화이용권의 지급 대상, 자격 확인, 운영 방식 등 지급과 관리에 관한 세부 내용을 실행이 가능한 수준으로 구체화하고 있다.

「문화예술진흥법」 제15조의 4의 구체적 내용은 다음과 같다. 첫째, 국가 및 지방자치단체는 「국민기초생활 보장법」에 따른 수급

32 한국문화예술위원회, 『2016년 통합문화이용권 성과평가 연구』(2017), p. 13.

권자, 그 밖에 소득 수준이 낮은 저소득층 등 대통령령으로 정하는 문화 소외계층에게 문화이용권을 지급할 수 있다. 둘째, 수급 자격 및 자격유지의 적정성을 확인하는 데 필요한 가족관계증명 · 국세 · 지방세 · 토지 · 건물 · 건강보험 및 국민연금에 관한 자료 등을 관계 기관에 요청할 수 있다. 해당 기관의 장은 특별한 사유가 없으면 요청에 따라야 한다. 다만, 「전자정부법」에 따른 행정정보 공동이용을 통하여 확인할 수 있는 사항은 예외다.

셋째, 「사회복지사업법」에 따른 정보시스템을 연계하여 사용할 수 있다. 이는 복지 전달체계와의 연동을 통해 효율성을 높이기 위한 것이다. 넷째, 문화이용권의 발급, 정보시스템의 구축 · 운영 등을 위해 대통령령으로 정하는 바에 따라 전담 기관을 지정할 수 있다. 현재 한국문화예술위원회가 이 역할을 담당하고 있다. 다섯째, 앞의 규정 외에 문화이용권의 지급 · 이용 등에 필요한 사항은 대통령령으로 정한다.

윤석열 정부는 이러한 법적 기반 위에서 통합문화이용권의 지원 규모와 접근성을 한층 강화하였다. 2024년부터는 1인당 연간 13만 원으로 지원 금액을 상향하였고, 기초생활수급자, 차상위 계층 등 기존의 소외계층을 대상으로 문화예술 향유 기회를 보장하고 있다. 사용처도 공연, 전시, 도서 구입을 비롯하여 온라인 예매처와의 연계를 통해 접근성을 높였으며, 주요 온라인 플랫폼과의 협력을 확대하여 이용 편의성을 개선했다. 사업 운영에 있어서는 법령이 규정한 바에 따라 국가와 지방자치단체가 전담 기관을 지정해 카드 발급과 관리, 시스템 운영을 효율적으로 수행하고 있다.

이처럼 윤석열 정부의 통합문화이용권 정책은 법 제도의 취지를 충실히 따르면서도 현실적 제약을 줄이고 문화복지의 보편성을 높이는 방향으로 조정되었다. '생활 속 문화향유의 확대'라는 국정철학 아래, 문화향유권을 법적 · 제도적 차원에서 실질적으로 보장하려는 노력이 계속되고 있다. 이런 법적 근거는 통합문화이용권 사업이 단순한 시혜성 복지가 아니라, 법에 근거한 국민의 권리 보장 정책임을 보여준다. 정부가 바뀌어도 사업의 기본 틀이 유지되는 이유도 여기에 있다.

지금의 통합문화이용권은 하루아침에 현재 모습이 된 것이 아니다. 2005년 문화관광부와 한국문화예술위원회가 문화바우처 시범사업으로 시작하여 2006년부터 전국적으로 확대되었다. 2011년 카드제 도입 이후 '문화누리카드'라는 명칭으로 본격 시행되었다.

초기에는 가구 단위 포인트제 방식이었으나, 2015년부터 개인 단위 지원 방식으로 전환되어 형평성과 이용 편의성을 개선하였다. 이후 문화 · 여행 · 체육 분야를 통합한 단일 카드로 개편되면서 사업체계가 정비되었고, 이용처도 오프라인 공연장 · 서점뿐 아니라 온라인 음원, 전자책, OTT 등 디지털 플랫폼으로 점차 확대되었다.[33]

- 지원 현황과 예산 규모

현재 문화누리카드의 지원 대상은 기초생활수급자와 차상위 계

33 문화체육관광부 · 한국문화관광연구원, 『2023 문화예술정책 백서』, pp. 91-92.

층이다. 구체적으로는 생계 · 의료 · 주거 · 교육급여 수급자와 조건부 수급자, 보장시설 수급자가 기초생활수급자에 해당한다. 차상위 계층은 차상위 자활근로자, 장애 수당 수급자, 장애 아동수당 수급자, 장애인 연금 부가급여 수급자, 본인 부담 경감 대상자, 저소득 한부모가족, 차상위 계층확인서 발급자, 교육급여 수급자 등이 포함된다. 전체 지원 대상 규모는 상당하다. 사업 초기에 비해 지원 대상과 예산이 모두 크게 늘어났다. 그 변화 과정은 〈표 3-7〉과 같다.

〈표 3-7〉 문화누리카드 지원 현황

	2017년	2018년	2019년	2020년	2021년	2022년	2023년
지원 금액(연간)	6만 원	7만 원	8만 원	9만 원	10만 원	11만 원	11만 원
지원 대상*	161만 명	164만 명	160만 명	161만 명	198만 명	263만 명	267만 명
발급자 수	152만 명	59만 명	163만 명	175만 명	197만 명	230만 명	255만 명

* 발급 가능 인원수

* 출처: 문화누리카드 홈페이지(https://www.mnuri.kr/main/main.do) 내용 재구성.

이 표에서 주목할 점이 몇 가지 있다. 첫째, 지원 금액이 6년 사이에 두 배 이상 늘었다. 2017년 6만 원에서 2023년 13만 원으로 증가했고, 2025년 현재는 14만 원까지 확대되었다. 이는 저소득층의 실질적인 문화향유 기회 보장을 강화하기 위한 지속적인 노력의 결과다.

둘째, 지원 대상도 크게 확대되었다. 2017년 161만명에서 2023년 267만 명으로 100만 명 이상 늘어났다. 이는 복지 정책의 확대와 저소득층 지원 강화에 따른 결과로 풀이된다.

셋째, 발급자 수도 꾸준히 증가했다. 2017년 152만 명에서 2023년 255만 명으로 약 68% 증가했다. 이는 제도가 안정적으로 정착되고 내상자들에게 질 알려졌음을 보여준다.

2023년 기준으로 약 255만 명이 카드를 발급받았다는 것은 전체 인구의 약 5%에 해당하는 수치다. 우리나라 20가구 중 1가구는 문화누리카드 혜택을 받고 있다는 의미다. 이는 상당히 큰 규모로, 문화누리카드가 단순한 소규모 복지 사업이 아니라 국가적 차원의 문화정책임을 보여준다. 예산 규모도 마찬가지다. 2023년 2,983억 원은 문화체육관광부 전체 예산의 상당한 비중을 차지한다. 이 중 국비가 2,102억 원, 지방비가 881억 원으로, 중앙정부와 지방자치단체가 협력하여 추진하는 대표적인 국가사업이다.[34]

수혜자 구성을 보면 60세 이상 고령층이 약 47%로 가장 높은 비율을 차지한다. 이는 고령층이 상대적으로 소득이 낮고 문화 향유 기회가 제한적이라는 현실을 반영한다. 또한 고령층의 경우 자녀 독립 등으로 가구 소득이 줄어들면서 기초생활수급자나 차상위계층에 해당하는 경우가 많기 때문이기도 하다.[35]

한편 문화누리카드 이용률은 90% 이상으로 높은 수준을 유지하고 있다. 이는 상당히 긍정적인 지표다. 많은 복지제도가 낮은 이용률 때문에 실효성 논란을 겪는 것과 달리, 문화누리카드는 실제로 필요한 사람들에게 도움이 되고 있음을 보여준다. 특히 문화 소

34 문화체육관광부 · 한국문화관광연구원, 『2023 문화예술정책 백서』, pp. 93-94.

35 양효석, "모두가 누리는 보편적 문화복지, 향유 지원사업의 성과와 과제."

비 여력이 낮은 노년층과 농어촌 주민들의 문화생활을 실질적으로 증진시키는 데 기여하고 있다는 평가를 받고 있다. 이들에게는 연간 13~14만 원이라는 금액이 결코 적지 않은 문화예산이기 때문이다.

정부는 향후 예산 여건을 고려하여 지원 단가 인상과 함께, 차차상위 계층 등으로의 대상 확대도 단계적으로 검토 중이다. 현재는 기초생활수급자와 차상위 계층에 한정되어 있지만, 문화향유권이 보편적 권리라는 인식이 확산하면서 지원 대상을 더 넓히자는 의견이 나오고 있다. 하지만 예산 제약과 정책 효율성을 고려할 때 무제한 확대는 어려운 상황이다. 따라서 지원 대상 확대보다는 현재 수혜자들의 실질적인 문화향유 증진에 더 중점을 두는 방향으로 정책이 조정될 가능성이 높다.

- 운영 체계와 전달 구조

통합문화이용권 사업은 상당히 복잡한 운영 체계를 갖고 있다. 중앙과 지역 간 연계 체계를 기반으로 추진되고 있는데, 이는 전국 단위의 통일된 서비스를 제공하면서도 지역별 특성을 반영하기 위한 구조다.

기획재정부 복권위원회가 복권기금을 지원하고, 문화체육관광부가 사업 추진 방향과 정책 방침을 수립하면, 한국문화예술위원회가 중앙에서 사업을 총괄 운영한다. 한국문화예술위원회는 카드 발급 및 충전 시스템의 구축과 관리, 가맹점 모집 및 운영, 고객지원센터 운영을 포함한 이용자 서비스, 홍보 및 모니터링, 성과평가 등 사업의 모든 것을 관리한다고 봐도 무방하다.

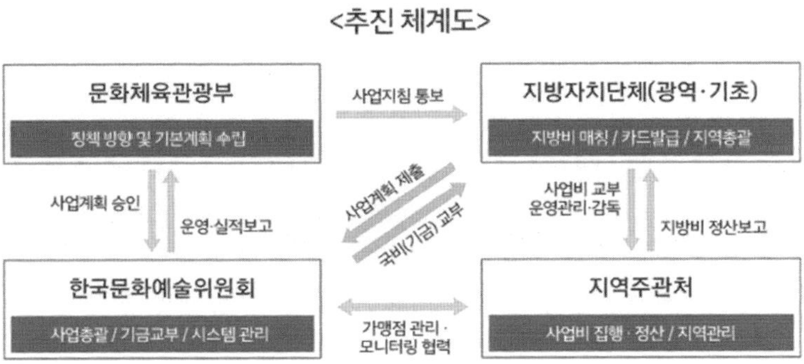

출처: 한국문화관광연구원, 『문화복지정책 중장기 발전 방향 연구: 통합문화이용권 사업을 중심으로』(문화체육관광부, 2020), p. 74.

〈그림 3–3〉 통합문화이용권 사업 추진체계

지역 단위에서는 17개 시 · 도별로 지정된 지역 주관처(주로 광역문화재단)가 카드신청 접수, 지역 홍보, 이용자 독려, 가맹점 발굴 및 관리 등 사업의 현장 집행을 수행한다. 기초 지방자치단체의 읍 · 면 · 동 주민센터는 카드 발급 창구로 기능하며, 주민 접점에서의 신청 접수와 민원 응대 등의 실무를 맡는다.

이처럼 통합문화이용권 사업은 중앙–지방–현장 단위 간 유기적인 역할 분담을 통해 전국 단위의 문화복지 전달체계를 구축하고 있다.

각 주체별 구체적인 역할은 〈표 3-8〉과 같다. 이 표에서 주목할 점은 역할 분담이 상당히 세밀하다는 것이다. 한국문화예술위원회는 전체적인 시스템 운영을, 지역 주관처는 지역별 특성에 맞는 현

〈표 3-8〉 통합문화이용권 사업 참여 주체별 역할

참여 주체	역할
문화체육관광부	· 정책방향 및 기본계획 수립
한국문화예술 위원회	· 사업 운영 · 홍보 총괄, 보조금 교부 · 정산, 카드시스템 구축 · 운영 · 지방자치단체 및 지역 주관처 담당자 교육 · 지원(담당자 워크숍 등) · 고객지원센터 운영 및 부정행위 모니터링(클린 센터 운영 등) · 이용자 만족도 조사(외부기관 의뢰) 실시 및 가맹점주, 사업 담당자 대상 수시 만족도 조사 실시(자체 진행) · 기타 '문화예술진흥법' 시행령 제23조의 4 제2항의 업무 수행
지역 주관처 (17개 시 · 도)	· 예산 집행, 정산 · 실적보고 등 자료 제출 및 관내 발급 · 이용 현황 관리 · 가맹점 발굴 및 관리(사업 인지 · 스티커 부착 여부, 취급 품목 등) · 이상 결제 내역 모니터링, 보고 및 현장점검 지원 · 이용 촉진 프로그램 기획 · 운영(관내 문화 분야 사회적 경제조직 연계)
카드사	· 카드 발급 및 정산 관리 · 콜센터 등 이용자 편의 서비스 운영
가맹점	· 문화, 여행, 체육 등 상품 및 서비스 공급
지방자치단체	① 광역자치단체(17개 시 · 도) · 관할 지역 사업 총괄, 시 · 도별 사업 시행계획 수립 · 지방비 매칭 · 교부, 지역 주관처 선정 및 관리 감독 · 관내 발급 · 이용 및 사업 현장점검 등 관리 총괄 · 실적 우수 기초지자체 사례 공유 및 실적 저조 기초지자체 독려를 위한 관계자 회의 개최, 현장 방문 및 전화 모니터링(수시) · 지역 유관기관 협력 및 지역 홍보 협조 ② 기초자치단체(시 · 군 · 구) · 사업 실적 관리(발급 · 이용 현황, 주민센터 모니터링 등) · 관내 복지시설 발급 · 이용 관리 · 감독 및 현장점검 · 실적 우수 읍면동 사례 공유 및 실적 저조 읍면동 독려를 위한 관계자 회의 개최, 현장 방문 및 전화 모니터링(수시) · 가맹점 점검 및 지원(전수조사, 이상 결제 가맹점 현장점검 등) · 지역 유관기관 협력 및 지역 홍보 협조 · 카드 이용 불편 계층의 이용 촉진 프로그램 기획 · 운영 등 ③ 주민센터(읍 · 면 · 동) · 카드 발급, 이용 안내 등 민원 대응(관리대장 점검, 관내 발급 · 이용 현황 점검, 민원 대응 등) · 카드 이용 불편 계층의 이용 촉진 프로그램 기획 · 운영 등 · 가맹점 점검 및 지원(전수조사, 이상 결제 가맹점 현장점검 등)

출처: 한국문화관광연구원, 『문화복지정책 중장기 발전 방향 연구: 통합문화이용권 사업을 중심으로』, p. 74.

장 관리를, 지방자치단체는 행정적 지원과 감독을, 주민센터는 최일선에서의 민원 대응을 담당한다. 이런 다층적 운영 체계를 통해 수혜 대상자는 전국 어디에서나 편리하게 카드를 발급받고, 다양한 가맹처에서 문화 활동을 누릴 수 있도록 지원받는다.

최근 통합문화이용권 사업은 단순한 운영 유지에서 나아가, 체계 정비와 추진 방식 개선을 통해 정책 효과를 높이기 위한 방향으로 전환되고 있다. 특히 저소득층의 실질적인 문화예술 향유를 보장하고, 문화예술 창작 분야로의 재정 선순환을 유도하는 것을 주요 목표로 삼고 있다. 구체적으로는 복지시설 전수조사 및 복합가맹점 전수조사를 하고 있다. 이는 카드가 실제로 문화 목적으로 사용되고 있는지 점검하기 위한 것이다. 또한 이용 부정행위를 방지하기 위한 신고센터도 운영 중이다.

아울러 복지시설을 기반으로 한 사회적 경제조직과의 협력을 강화하여, 문화소외계층의 실질적인 문화 활동 참여를 확대하기 위한 시범사업도 병행되고 있다.[36] 이는 단순히 카드를 나눠주는 것을 넘어서, 실제 문화 활동으로 이어질 수 있도록 돕는 방향으로 정책이 진화하고 있음을 보여준다.

- 성과와 한계

통합문화이용권은 세계적으로도 보기 드문 국가 주도의 문화바

36 한국문화관광연구원, 『문화복지정책 중장기 발전 방향 연구: 통합문화이용권 사업을 중심으로』(문화체육관광부, 2020), p. 72.

우처 성공 사례로 평가된다. 2013년 기준으로 저소득층의 약 50%가 수혜 대상에 포함되었으며, 이용률 역시 90%를 상회하는 높은 수준을 기록했다. 이는 제도의 실효성을 보여주는 지표로, 실질적인 지원이 필요한 계층에게 직접적인 혜택이 전달되고 있음을 시사한다. 또한 수혜자의 문화 활동 참여가 증가하면서 문화적 만족도와 삶의 질 향상에 긍정적 영향을 미쳤다는 연구 결과도 다수 보고되고 있다. 특히 문화누리카드는 정해진 프로그램을 제공하는 방식이 아니라, 이용자가 공연 · 영화 · 도서 · 관광 등 다양한 분야 중 스스로 선택하여 사용할 수 있도록 설계되어 있다는 점에서 의미가 크다.

이는 시혜적 문화복지에서 벗어나, 수요자 중심의 문화향유 정책으로 전환되었음을 보여주는 사례로 평가된다.[37] 정부가 정해주는 것이 아니라, 개인이 원하는 문화 활동을 선택할 수 있게 한 것이다. 이는 문화향유권의 본질에 더 가까운 접근이라고 할 수 있다.

하지만 제도 시행 과정에서는 여전히 몇 가지 한계가 지적되고 있다.

첫째, 지원 금액이 문화 활동 전반을 자유롭게 누리기에는 부족하다는 인식이 있다. 연간 13~14만 원으로는 공연이나 전시를 자주 관람하기 어렵다는 것이다. 특히 가족 단위로 문화 활동을 하려고 하면 금액이 턱없이 부족할 수 있다.

둘째, 디지털 활용 능력이 낮은 고령층 등 일부 계층은 접근성과 이용 편의 측면에서 제약을 겪고 있다. 카드 사용 방법이나 온라인

37 양효석, "모두가 누리는 보편적 문화복지, 향유 지원사업의 성과와 과제."

가맹점 이용 등에서 어려움을 겪는 경우가 많다.

셋째, 실제 이용 현황을 보면 애초 정책 목표와는 다른 양상도 나타나고 있다. 노서 구입에 집중되는 경향이 있어서, 다양한 문화예술 향유보다는 특정 분야에 편중되고 있다는 지적이 있다.

이러한 문제를 보완하기 위해 정부는 지원 단가를 점진적으로 인상해 왔으며, 2025년 기준 1인당 14만 원 수준으로 확대되었다. 향후 예산 규모뿐만 아니라 지역 간 이용 격차 해소, 정보 접근성 강화, 서비스 전달체계 개선 등 보다 세밀한 정책적 보완이 함께 이루어질 필요가 있다.

신나는 예술여행 – 직접 찾아가는 문화 서비스

통합문화이용권이 이용자가 원하는 문화 활동을 선택할 수 있게 하는 '바우처 방식'이라면, '신나는 예술여행'은 문화가 직접 찾아가는 '순회 방식'이다. 문화시설에 가기 어려운 곳에 예술단체가 직접 찾아가서 공연과 체험 프로그램을 제공하는 것이다.

'신나는 예술여행'은 문화기반시설이 부족한 지역이나 시설을 찾아가는 순회형 문화예술 프로그램이다. 2004년 복권기금의 지원을 받아 '소외계층 문화순회 사업'이라는 명칭으로 시작되었으며, 이후 '신나는 예술여행'이라는 이름으로 정착하였다.[38]

이 사업의 기본 철학은 "문화가 사람을 찾아간다"라는 것이다. 예술단체가 전국의 문화 소외 현장을 직접 방문해 공연, 전시, 체

---

38 김지영, "소외계층 · 지역 찾아가는 문화순회사업 확대", 정책주간지 K-공감, 2010. 9. 4.

험형 프로그램을 제공함으로써 지역 간 · 계층 간 문화격차 해소를 목표로 한다. 문화체육관광부가 정책적으로 지원하고 있으며, 예산은 복권기금 등 국가보조금으로 충당되어 참가자는 프로그램을 무료로 이용할 수 있다.

- 법적 근거와 정당성

'신나는 예술여행' 사업은 국민의 문화향유권 보장을 위한 국가 책무 이행의 일환이다. 2013년 제정된 「문화기본법」은 국민 누구나 문화를 누릴 권리가 있으며, 국가와 지방자치단체는 지역 간 문화격차 해소와 문화향유 기회 확대에 책임이 있음을 명시하고 있다. 이러한 법적 기반 아래 정부는 문화소외계층을 대상으로 다양한 사업을 추진해 왔으며, 그 대표 사례로 이 사업을 들 수 있다.

또한 「문화예술진흥법」 제15조의 3 (문화소외계층의 문화예술복지 증진 시책 강구), 제16조(기금의 설치), 제18조(기금의 용도) 등에도 사업의 추진 근거가 마련되어 있다. 한국문화예술위원회 정관 제4조(사업)는 "문화예술의 창작, 매개, 향수와 관련된 사업이나 활동"의 수행을 명시하고 있어서 이 사업의 법적 토대가 되고 있다. 이와 함께 「지역문화진흥법」은 지역 주민의 문화향유 증진과 지역 간 균형발전을 강조하고 있으며, 「복권 및 복권기금법」은 이 사업을 복권기금 기반 공익사업의 일환으로 수행할 수 있도록 하고 있다.[39]

39 한국문화예술위원회, "2020년 신나는 예술여행 사업계획"(2020), p. 2.

• 지원 대상의 포괄성

'신나는 예술여행'의 지원 대상은 상당히 포괄적이다. 크게 다섯 가지로 나눌 수 있다. 첫째, 경제적 소외계층이다. 기초생활수급자, 차상위 계층, 임대주택 거주자 등이 여기에 해당한다. 둘째, 사회적 소외계층이다. 장애인, 노인, 재활원 · 요양원 · 보육원 · 쉼터 등 사회복지시설 이용자, 외국인노동자, 소아병동 환자 등이 포함된다. 셋째, 지리적 소외계층이다. 읍 · 면 · 동, 도서 · 산간벽지, 공단지역 주민들이 여기에 해당한다. 문화시설이 없거나 접근하기 어려운 지역에 사는 사람들이다. 넷째, 특수 소외계층이다. 교정시설 수용자, 군인, 다문화 가정, 새터민 등이 포함된다. 특별한 환경에 처해 있어 일반적인 문화 활동 참여가 어려운 사람들이다. 다섯째, 문화소외계층이다. 연간 순수예술 관람 경험이 없거나 적은 계층을 말한다.

이처럼 문화기반시설이 부족하거나 경제 · 사회 · 지리적 제약으로 인해 문화예술을 접하기 어려운 다양한 시설과 지역을 직접 찾아가 프로그램을 제공하는 것이 이 사업의 핵심이다.[40]

• 운영 방식과 프로그램 현황

사업은 공모를 통해 예술단체를 선발한 뒤 전국 각지에 파견하

---

40 공연전통예술과, "소외계층 문화순회 사업", 문화체육관광부 홈페이지, 2014. 5. 20., https://www.mcst.go.kr/kor/s_open/realnmPolicy/realnmPolicyView.jsp?pSeq=44#:~:text=%E2%97%8B%20%EC%A3%BC%EC%9A%94%EB%82%B4%EC%9A%A9.

는 방식으로 운영된다. 음악, 미술, 연극 · 뮤지컬, 무용, 전통예술, 다원 예술 등 다양한 장르를 포괄한다. 수혜 대상별 특화 프로그램이 운영되며, 2024년부터는 예술단체가 방문지를 직접 발굴하고 일정 조정에 자율성을 갖는 방향으로 개선되었다. 매년 초 공모를 통해 예술단체를 선발하고, 이들이 전국 각지에서 순회공연과 참여형 프로그램을 실행함으로써 노인, 장애인, 저소득층 아동 · 청소년, 군인 등 다양한 문화 소외계층에게 실질적인 문화예술 향유 기회를 제공하고 있다.

이 사업은 공연예술뿐만 아니라 시각예술과 문학을 포함한 전 장르를 포괄하며, 수혜자 특성에 따라 맞춤형 콘텐츠가 구성된다. 예술단체들은 음악, 미술, 연극 · 뮤지컬, 무용, 전통예술, 다원 예술 등 분야별로 다양한 감상 및 체험 프로그램을 현장에서 제공한다.

'신나는 예술여행' 사업은 기존의 유형별 순회사업과 기획 순회 사업을 병행하던 이원적 구조에서 탈피하여, 2021년 이후 수요자 중심으로 사업 세부 유형을 일원화하였다. 이는 기존 사업 구조가 제공자 중심으로 기획 · 운영되던 한계를 보완하고, 방문시설의 특성과 수요에 따라 맞춤형 프로그램 기획을 유도하려는 목적에서 비롯되었다. 구체적으로는 아동복지시설, 노인복지시설, 군부대 등 6대 분류, 15개 방문시설 유형으로 체계를 재편하였다.

2023년 한 해 동안의 성과를 보면 상당한 규모다. 총 3,238개 프로그램이 운영되었으며, 누적 관객 수는 354,210명, 참여 단체 수는 218개에 이르렀다. 총예산은 약 197억 원이 편성되었으며, 특히 단체당 지원 순회 횟수를 기존보다 확대하여 평균 15회로 상향 조정함으로써 지역 현장 접근성과 프로그램 지속성을 높였다. 〈표 3-9〉는 구체적인 사업 유형별 실적을 보여준다.

〈표 3-9〉 신나는 예술여행: 사업 유형별 실적(2023)

(단위 : %, 백만 원)

방문시설 유형		프로그램 수	관객 수	난제 수	예산
Ⅰ. 아동	아동복지시설	150	5,200	10	833,800
	지역아동센터	120	3,004	8	650,800
	초등학교	777	109,586	52	4,639,300
Ⅱ. 청소년	중고등학교	550	102,672	37	3,466,300
	대안학교 및 학교밖청소년 이용시설	128	8,328	9	859,300
Ⅲ. 노년	노인복지관, 요양병원	351	28,695	24	2,185,300
Ⅳ. 장애인	장애인복지관	180	11,090	12	1,018,300
	장애인특수학교	165	16,773	11	1,060,300
Ⅴ. 특수	군부대	119	16,500	8	802,300
	교정시설	43	4,685	3	295,300
Ⅵ. 일반	병원(병원급)	72	4,980	5	428,800
	종합사회복지관	150	9,895	10	911,800
	건강가정다문화가족 지원센터	119	7,332	8	671,800
	임대아파트	300	24,760	20	1,828,300
	산업단지	14	710	1	91,300
총합계		3,238	354,210	218	19,743,000

출처: 한국문화예술위원회, "2020년 신나는 예술여행 사업계획"(2020), p. 4 내용 재구성.

- 예산 규모

'신나는 예술여행' 사업은 지난 20년간 약 963만 명에 달하는 문화 소외계층에게 수준 높은 문화예술 향유 기회를 제공하며, 지역 간 · 계층 간 문화격차 해소에 실질적으로 기여해 왔다. 연간 수천 회에 이르는 공연과 프로그램이 전국 권역에 걸쳐 운영되고 있으며, 도서벽지나 교정시설 등 일상적 문화접근이 어려운 공간까지 그 범위가 확장되었다.

이 사업은 2004년 시작 이래 예산과 지원 규모가 꾸준히 확대되었다. 특히 2014년 한국문화예술위원회로 이관된 이후 예산은 100억 원대를 상회하며 상승세를 이어갔고, 2019년에는 약 253억 원으로 최고치를 기록하였다. 그러나 2020년부터는 예산이 감소세로 전환되며, 2023년에는 207억 7천만 원 수준으로 하락하였다.

예산 규모와 공연 횟수는 대체로 유사한 흐름을 따라 비례적으로 증감하고 있다. 이는 예산 규모가 참여 단체 수와 수혜 지역 수 등 사업의 전반적인 성과에 직결된다는 점을 시사한다. 따라서 사업의 안정적 추진과 실질적 성과 달성을 위해서는 최근 감소 추세에 있는 예산의 지속적이고 안정적인 확보가 필수적이다.

- 운영 체계와 협력 구조

'신나는 예술여행' 사업은 복권기금을 재원으로 하여 여러 부처와 기관이 유기적으로 협력하는 구조로 운영되고 있다. 예산은 복권위원회가 지원하며, 문화체육관광부는 사업의 목적과 추진 방향을 설정한다. 한국문화예술위원회는 중앙 주관 기관으로서 사업 공모 시행, 예술단체 심의 및 선정, 지원금 교부, 현장 평가, 결과 보고 취합에 이르기까지 사업의 전 과정을 총괄한다.

협력 부처와 기관은 사업 연도 및 운영 환경에 따라 달라지며, 교육부, 국방부, 농림축산식품부, 보건복지부, 법무부, 여성가족부, 통일부 등의 중앙부처는 물론, 한국토지주택공사(LH), SH서울주택도시공사, 주택관리공단, 한국철도공사, 한국산업단지공단, 한국수자원공사, 한국사회복지협의회, 한국농어촌공사 등 다양한 공공기관이 참여하고 있다. 또한 지방자치단체는 공연장 제공, 홍보, 관람객 모집 등 지역 내 사업 진행에 필요한 행정적 협조를 담당한다.

〈표 3-10〉 '신나는 예술여행' 추진 주체별 역할

기관	역할
기획재정부 복권위원회	예산 지원
문화체육관광부	사업 추진 방침 확정
한국문화예술위원회	· 사업 총괄 실행 및 관리 · 사전 수요조사 자체 시행 · 예술단체 선정 및 프로그램 보급 · 공연신청 접수 및 수혜 대상 산정 · 사업 관리(공연변경, 추가 등) · 지원금 교부 및 정산 · 평가총괄 · 홍보 총괄
협력기관	· 사전 수요조사 · 공연신청 접수 협조 및 수혜 대상 선정 · 사업 관리 협조 · 현장 모니터링 · 수혜자 대상 공연 홍보 및 진행 협조
예술단체	· 공연 실행 · 사업 홍보
수혜시설 (담당자)	· 희망 공연신청 및 공연 장소 마련 · 수혜자 대상 공연 홍보 및 진행 협조 · 관람 후기 작성

출처: 각 연도별 『복권기금 문화나눔사업 성과평가 연구』 관련 내용을 참고하여 연구자 구성.

- 성과와 한계

'신나는 예술여행' 사업은 문화순회를 통해 예술 향유의 저변을 확대하는 데 분명한 효과를 보이고 있다. 동시에 이 사업에 참여하는 예술단체에는 새로운 관객층을 발굴하고 지역과의 교류를 확대할 수 있는 기회가 제공된다. 이러한 측면에서 볼 때, 이 사업은 단순한 문화향유 지원을 넘어 예술단체 지원의 성격도 함께 지니고 있어 그 파급효과는 훨씬 크다고 할 수 있다.

또한 지역문화시설의 활용도 제고, 주민들의 문화 만족도 향상 등 다양한 사회적 효과도 확인되고 있다. 실제로 정부의 '2012년 복권기금 사업 성과평가'에서는 소외계층 문화순회사업이 우수 사례로 선정된 바 있으며, 이를 통해 사업의 공공성과 효용이 제도적으로도 인정받았음을 알 수 있다.[41] 특히 도서 · 산간벽지나 교정시설처럼 문화누리카드를 받아도 사용할 곳이 없는 지역에서는 '신나는 예술여행'이 거의 유일한 문화 향유 기회가 되기도 한다. 이런 점에서 이 사업은 바우처 방식인 문화누리카드의 한계를 보완하는 중요한 역할을 하고 있다.

하지만 동시에 일회성 프로그램의 한계, 예술단체와 수혜시설 간의 매칭 문제, 프로그램의 질적 편차 등의 과제도 안고 있다. 이런 문제들을 해결하기 위해 지속적인 개선 노력이 필요한 상황이다.

방방곡곡 문화 공감 – 지역 문화격차 해소의 체계적 접근

문화나눔사업의 세 번째 축인 '방방곡곡 문화공감'은 지역 문화격차 해소를 위한 가장 구체적이고 체계적인 정책 사업이다. 이 사

41 류정아, "소외계층 문화향유 기회 확대 사업", 행정안전부 국가기록원, 2014. 12. 1.

업은 전국의 지방문화예술회관을 거점으로 수준 높은 공연과 전시를 지역 주민들에게 제공함으로써, 문화향유의 지역 간 불균형을 해소하려는 정부의 의지를 보여준다.

- 제도적 배경과 사업 목표

'방방곡곡 문화공감' 사업은 「문화기본법」이 강조하는 지역 간 문화격차 해소라는 정부 책무를 구체화한 대표적 사례다. 이 사업의 기본 철학은 명확하다. 국민 누구나 거주 지역과 관계없이 수준 높은 문화생활을 누릴 수 있어야 한다는 것이다. 수도권에 집중된 우수한 문화콘텐츠를 지방으로 확산시켜 문화향유의 균형을 도모하는 것이 핵심 목표다.

사업의 시작은 2004년으로 거슬러 올라간다. 당시 '지방문예회관 특별프로그램'으로 시작된 이 사업은 2013년 박근혜 정부의 국정과제에서 "전국 생활권마다 문화 기반 확충 및 향유 기회 확대"가 주요 의제로 제시되면서 전환점을 맞았다. 2014년 기존에 별도로 운영되던 공연 나눔 사업들을 통합하여 현재의 '방방곡곡 문화공감'이라는 명칭으로 통합 개편되었다. 이때부터 한국문화예술회관연합회가 단일 창구로서 사업을 주관하게 되었고, 전국적 확산을 전제로 한 지역문화진흥 프로그램으로서의 위상이 확립되었다.

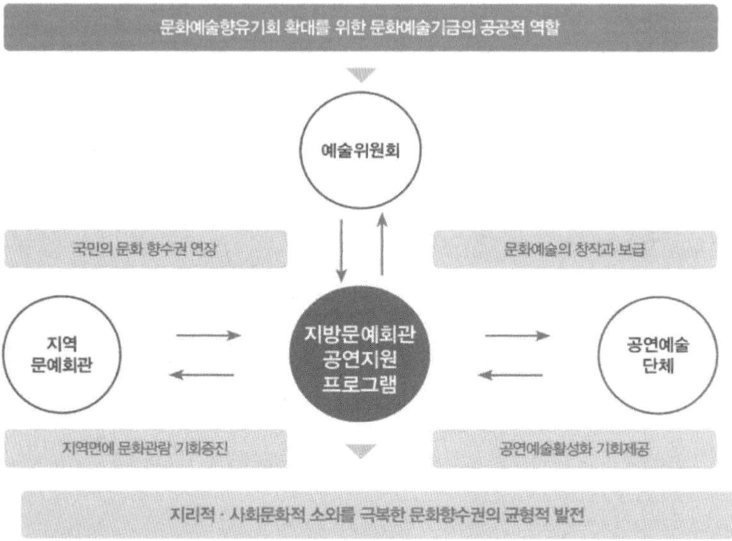

출처: 문화체육관광부 · 한국문화관광연구원, 『2018 문화예술정책 백서』(2019), p. 110.

〈그림 3-4〉 '방방곡곡 문화공감' 사업의 개념도

- 사업 구조와 운영 방식

'방방곡곡 문화공감' 사업은 크게 세 가지 유형으로 구분된다. 첫째는 '민간 예술단체 우수 공연프로그램'으로, 공모를 통해 작품성과 대중성이 검증된 민간 공연단체의 우수 작품을 선정한 후, 지역 문예회관이 이를 유치하여 공연할 수 있도록 초청 경비를 지원하는 방식이다. 둘째는 '국공립예술단체 우수 공연프로그램'으로, 국립국악원, 국립발레단, 서울예술단 등 12개 국립예술단체의 대표 레퍼토리를 지역 문예회관에 유치하여 제공한다. 셋째는 '문예회관 기획 · 제작 프로그램'으로, 지역 문예회관이 주체가 되어 지역문화 특성을 반영한 공연이나 콘텐츠를 기획 · 제작할 수 있도록 운영 경비를 지원하는 사업이다.

〈표 3-11〉 방방곡곡 문화 공간 지원 유형 및 내용

지원 유형	주요 내용	지원 방식
민간 예술단체 우수 공연프로그램	작품성 및 대중성 등에서 검증된 민간 예술단체의 우수 공연프로그램을 선정하여 지역 문예회관에서 유치한 우수 공연에 대해 초청 경비 일부 지원	해당자치단체의 재정자립도 따라 차등 지원
국공립예술단체 우수 공연프로그램	국공립예술단체의 전막 공연 등 우수 공연프로그램을 선정하여 지역 문예회관에서 유치한 우수 공연에 대해 초청 경비 일부 지원	
문예회관 기획 · 제작 프로그램	문예회관을 중심축으로 지역 예술단체 및 주민 등이 참여하여 지역문화의 특성을 반영할 수 있는 공연, 전시, 특별 기획프로그램을 기획 · 제작 운영할 수 있도록 운영 경비 일부 지원	프로그램 특성에 따라 선정심사 시 지원 금액 결정

출처: 공연전통예술과, "2020년 방방곡곡 문화 공감 사업계획(문화체육관광부, 2020), p. 1의 내용을 재구성.

이 사업의 운영 과정은 체계적이다. 사전 수요조사부터 성과평가에 이르기까지 단계별 절차에 따라 추진된다. 먼저 협의기관이 전국 문예회관 등 수혜 대상 시설의 수요를 사전 조사하고, 이 결과를 바탕으로 예술단체 공모와 사업설명회를 진행한다. 이후 한국문화예술회관연합회가 공모에 참여한 공연단체를 심의하여 지원 대상을 확정하며, 선정된 단체들은 현장에서 직접 프로그램을 운영하게 된다. 공연 이후에는 현장 평가와 성과 보고를 거쳐 최종 성과 평가가 이루어진다.[42]

42 김지현, "문화나눔사업의 활성화 방안 연구: 예술경영 관점에서", 『상업교육연구』 제30권 제6호(한국상업교육학회, 2016), p. 242.

출처: 김지현, "문화나눔사업의 활성화 방안 연구 : 예술경영 관점에서", 『상업교육연구』제30권 제6호(한국상업교육학회, 2016), p.242.

〈그림 3-5〉 방방곡곡 문화 공감 사업 추진체계

- 재정 구조와 지원 방식

사업 재원은 2018년부터 기존의 복권기금에서 문화예술진흥기금으로 전환되었다. 약 150억 원 규모의 예산이 자치단체의 재정자립도에 따라 차등 지원되는 방식으로 편성된다. 특히 재정자립도 40% 이하의 지방 중소도시 주민을 주요 수혜 대상으로 하며, 서울 소재 문예회관은 일부 유형을 제외하고는 대상에서 제외된다.

여기서 주목할 점은 지방비 매칭 제도의 도입이다. 외부 자원을 적극 활용함으로써 예산의 효율성을 높이는 동시에, 각 문예회관에 일정 수준의 책임성을 부여한다. 이는 자체 심사 및 기획 과정을 통해 지역 문예회관의 기획력과 운영 역량을 동시에 강화하는 효과를 거두고 있다.[43]

43 문화체육관광부 · 한국문화관광연구원, 『2018 문화예술정책 백서』, p. 110.

• 성과와 의미

사업 성과를 살펴보면, 2014년부터 2019년까지 주요 지표들이 꾸준한 상승세를 보였다. 예산 규모는 2배 가까이 증가했고, 수혜자 수는 41만 명에서 70만 명으로 늘어났다. 지원 문예회관 수도 351개에서 511개로 확대되었다. 코로나19 팬데믹의 영향으로 2020~2021년에는 사업 성과가 일시적으로 감소했으나, 이후 점진적인 회복세를 보이며 2023년에는 수혜자 수 48만여 명, 예산 약 178억 원 규모로 회복되었다.

이 사업이 거둔 효과는 단순한 공연 공급을 넘어선다. 지역 문예회관은 우수 콘텐츠를 유치하고 운영 역량을 강화할 수 있었다. 지역 주민들은 거주지 인근에서 수준 높은 공연을 경험함으로써 문화적 자긍심을 고취하고, 공연 관람 문화가 지역사회에 정착되는 효과를 거두었다. 특히 군 지역, 도서 · 산간 지역 등 문화소외지역까지 사업 대상이 확대되면서 문화 공급의 지역 간 불균형을 완화하는 데 기여하였다.

이와 같이 '방방곡곡 문화공감' 사업은 단순한 공연 유통을 넘어 지역문화생태계 활성화의 촉매 역할을 하고 있다. 레퍼토리 제작 지원 등을 통해 지역 문예회관이 지역 예술인과 협업하여 새로운 작품을 창작하는 구조가 형성되고 있다. 또한 국립예술단체와 지역 문예회관 간의 협력 체계를 구축하고, 지역 문예 인프라의 운영 활성화와 자생력 강화를 함께 도모하고 있다.

〈표 3-12〉 '방방곡곡 문화공감' 사업 및 성과

구분	2014	2015	2016	2017	2018
지역(개)	129	147	161	182	198
지원 문예회관(개)	351	318	438	479	529
수혜자(명)	412,733	527,805	654,982	716,318	722,453
예산액(백만 원)	7,983	8,000	15,000	15,000	15,000
구분	2019	2020	2021	2022	2023
지역(개)	201	171	192	197	182
지원 문예회관(개)	511	372	384	378	366
수혜자(명)	700,690	432,248	332,203	439,064	485,175
예산액(백만 원)	15,750	15,750	16,800	16,632	17,789

출처: 문화체육관광부 · 한국문화관광연구원, 『2023 문화예술정책 백서』, p. 281에서 발췌.

문화체육관광부 장관이 2024년 신년사에서 "2024년은 전국 방방곡곡, 지역 구석구석이 문화로 와글와글, 들썩들썩하는 신명 나는 해가 될 것"이라며 지역 밀착형 문화 서비스 강화를 강조한 것처럼, 이 사업은 앞으로도 지역문화 정책의 핵심 축으로서 지속해서 확대 · 발전될 전망이다. 지역 예술인과 주민이 함께 만드는 참여형 프로그램의 비중을 확대하고, 문예회관이 단순한 공연장 기능을 넘어 지역문화 플랫폼으로서 자리매김할 수 있도록 지원이 강화될 예정이다.

이처럼 '방방곡곡 문화공감' 사업은 문화나눔사업 중에서도 가장 명확한 정책 목표와 체계적인 운영 구조를 갖춘 사업으로 평가된다. 수도권 집중을 완화하고 지역 문화격차를 해소한다는 본래의 정책 의도가 비교적 일관되게 유지되고 있으며, 지역문화 진흥이라는 구체적 성과를 거두고 있다. 다만 여전히 서울과 지방 간의 문화인프라 격차, 우수 콘텐츠의 수도권 편중 현상 등 구조적 한계는 남아 있어, 장기적이고 지속적인 정책적 노력이 필요한 상황이다.

문화나눔사업의 정책 효과

앞서 살펴본 세 가지 주요 사업을 중심으로, 문화나눔사업이 거둔 성과와 한계를 종합해 보자. 이 사업들은 한국 사회의 문화향유 환경에 어떤 변화를 만들어냈을까.

가장 두드러진 성과는 국민 전체의 문화향유 기회가 크게 늘어났다는 점이다. 신나는 예술여행 등 소외계층을 위한 순회공연을 통해 지금까지 900만 명이 넘는 국민이 문화예술을 접했고, 통합문화이용권(문화누리카드)을 통해 매년 200만 명 이상이 공연 · 전시, 도서 · 음반 구입 등을 경험했다. 방방곡곡 문화 공감도 연간 40만 명 이상의 지역 주민에게 수준 높은 공연을 선보이며 문화 접근성을 넓혔다.

이런 양적 확대는 특히 저소득층의 문화예술 관람률 상승으로 이어졌다. 문화체육관광부의 문화향수 실태조사에 따르면, 최하위 소득계층의 관람률은 2000년대 초 10%대에서 2010년대 후반 30%대로 뛰어올랐다. 3배에 달하는 증가율로, 문화바우처의 기여가 크다는 평가를 받는다. 특히 눈에 띄는 점은 문화누리카드 이용자의 60% 이상이 이를 통해 생애 최초로 공연이나 영화를 관람했다는 조사 결과다. 경제적 장벽을 낮춘 정책이 실제로 효과를 거두고 있음을 보여준다. 물론 여전히 국민 평균 관람률(60~70%)에 비하면 낮지만, 격차가 줄어든 것은 의미 있는 변화다.

지리적 접근성의 개선도 눈에 띈다. 과거 대도시 중심이던 문화공연이 순회사업을 통해 읍 · 면 단위까지 확산하면서, 문화시설이 없는 지역 주민들도 집 가까이서 공연을 볼 수 있게 됐다. 이에 따라 지방의 문화향유 지수가 소폭 상승했고, 한국문화관광연구원 조사에 따르면 도서벽지 주민들의 연간 관람 횟수가 미미하나마 꾸준히 늘었다. 또 장애인, 노인, 아동 · 청소년 등을 위한 맞춤형 프로그램(장애인 문화예술축제, 찾아가는 어린이 공연 등)도 실시돼, 다양한 계층의 문화 접근성을 높이는 데 기여했다.

계층 간 문화격차 완화라는 목표에서도 긍정적인 변화가 나타났다. 문화누리카드 도입 전에는 상위 소득계층이 하위 계층보다 문화에 10배 이상을 지출했지만, 최근에는 그 비율이 5~6배 수준으로 줄었다. 하위 계층의 문화 소비가 정책 개입을 통해 어느 정도 보완된 것이다.

문화적 포용성 측면에서도 의미 있는 사례가 적지 않다. 세대 간, 계층 간 교류가 늘고 서로를 이해하는 기회가 늘어나고 있다. 예를 들어 '인생나눔교실'에서는 은퇴한 어른과 청소년이 함께 예술 활동을 하며 세대 격차를 좁히고 존중을 배우는 시간을 가졌다. 교정시설 순회공연은 수용자들의 심리적 안정과 사회 복귀 의지를 높이는 데 도움이 됐다는 평가를 받는다.

이런 질적 효과들은 숫자로 정확히 재기 어렵지만, 문화나눔이 지닌 사회적 가치를 잘 보여준다. 문화예술이 단순한 여가 활동을 넘어 사회를 하나로 묶는 힘이 있다는 사실을 확인하게 해준다.

이처럼 지난 20여 년간 문화나눔사업은 한국 사회의 문화향유 환경을 크게 바꾸어 놓았다. 경제적 장벽과 지역적 격차를 줄이고, 취약계층의 문화 접근성을 높였으며, 사회 통합에도 기여했다. 문화가 더 이상 특정 계층의 전유물이 아니라 모두의 권리라는 인식이 정책을 통해 확산한 것이다. 복권기금을 활용한 대규모 투자와 체계적인 사업 설계를 통해, 한국 사회의 문화향유 기반은 한층 두터워졌다.

제4장

문화나눔사업의 흔들린 정체성

1. 정책은 왜 의도와 다르게 흘러가는가

성과 이면의 패러독스

제3장에서 살펴본 것처럼, 문화나눔사업이 거둔 성과는 분명하다. 문화예술을 접한 국민의 수는 크게 늘었고, 최하위 소득계층의 문화예술 관람률은 10%대에서 30%대로 세 배 가까이 상승했다. 지역 간 문화격차도 어느 정도 완화되었고, 사회 통합에도 긍정적인 기여를 한 것으로 보인다. 수치만 놓고 보면 정책은 분명히 성공적이라고 할 수 있다.

하지만 그 이면을 들여다보면, 여전히 풀리지 않은 문제가 남아 있다. 제1장에서 제기했던 근본적인 딜레마, 즉 문화나눔사업이 '문화적 감수성을 높이는 것이냐, 현실적 필요를 채우는 것이냐?'라는 질문은 아직도 유효하다. 예를 들어 〈그림 4-1〉의 2024년 문화누리카드 사용 현황을 보면, 도서 구입이 62.9%로 가장 높고, 공연 관람은 20.2%에 그쳤다. 도서 역시 훌륭한 문화콘텐츠지만, 애초 '문화적 감수성의 사회화'를 목표로 했던 사업의 취지를 생각하면 다소 아쉬운 대목이다.

이것은 단순한 우연이 아니다. 정책이 실행되는 과정에서는 흔히 이런 일이 벌어진다. 표면적으로는 성공처럼 보이지만, 애초에 의도했던 방향과는 다른 모습으로 흘러가기도 한다. 원래의 목표와 예기치 않은 결과가 함께 나타나는 것이다. 문화나눔사업의 성과가 보여주는 이 복합적인 양상이 바로 그것이다.

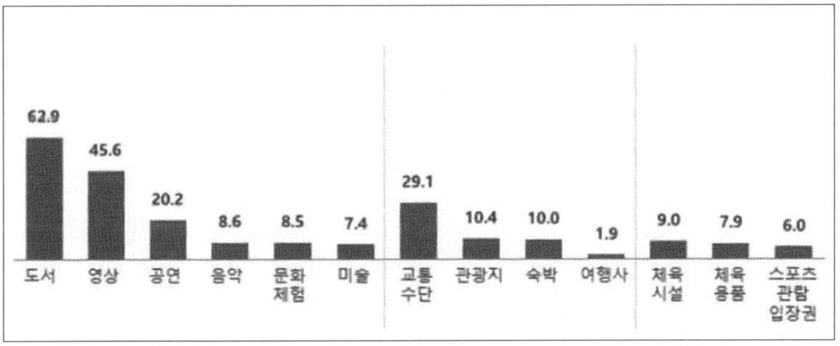

출처: 한국문화예술위원회, 『2024년 통합문화이용권(문화누리카드)사업 만족도 조사 용역 결과 보고서』 (2024), p. 114.

〈그림 4-1〉 문화누리카드 주 이용 분야(중복 응답)

더 주목할 점은 이런 양상이 일시적인 현상이 아니라는 것이다. 문화나눔사업이 시작된 2004년 이후 지금까지 20년 가까이 비슷한 패턴이 반복되고 있다. 정책 담당자들 역시 이 문제를 인식하고 있고, 매년 발간되는 각종 보고서에서도 꾸준히 지적되었다. 그럼에도 불구하고, 왜 근본적인 변화가 쉽게 일어나지 않는 걸까? 성과는 분명한데 방향은 어긋나 있고, 문제를 알면서도 고치기는 어렵다. 이는 단순히 누군가의 무능이나 우연 때문이 아니다. 그 이면에는 보이지 않는 거대한 힘들이 작동하고 있기 때문이다.

정책을 이끄는 '보이지 않는 힘'

정책은 설계도대로만 움직이지 않는다. 책상 위에서 계획된 대로만 흘러가는 정책은 없다. 왜냐하면 정책은 언제나 이미 존재하는 사회의 질서 속에서 작동하기 때문이다. 그 사회 속에는 정책 담당자들이 쉽게 건드릴 수 없는 힘이 있다. 우리는 그것을 '보이지 않는 힘'이라고 부를 수 있다.

정책을 결정짓는 보이지 않는 힘에는 크게 세 가지가 있다. 구조적 환경, 제도적 틀, 그리고 행위자들의 전략이 그것이다. 이 세 가지는 각각 독립적으로 존재하는 듯 보이지만, 사실은 서로 얽히고 부딪히며 정책의 방향을 만들어낸다.[1]

• 구조적 환경: 정책을 둘러싼 큰 흐름의 변화

첫 번째는 구조적 환경이다. 경제, 정치, 문화처럼 사회 전체를 지배하는 조건들이 여기에 속한다. 이들은 정책 담당자가 통제하기 어렵지만, 정책이 가능한 범위를 결정한다. 마치 경기장의 크기와 게임의 규칙처럼, 쉽게 바꿀 수는 없지만 반드시 고려해야 하는 조건이다.

1 James Mahoney and Richard Snyder, "Rethinking Agency and Atructure in the Study of Regime Change", *Studies in Comparative International Development*, Vol. 34, No. 3 (1999), pp. 9-10.

예를 들어 경제가 침체되고 양극화가 심화하면, 사회 전반에서 취약계층을 지원하라는 요구가 커지고 복지정책이 핵심 과제가 된다. 실제로 세계 곳곳에서 금융위기 이후 공공복지 지출이 늘어난 것이 그 사례다. 또 사회의 가치관이 바뀌면 정책의 방향도 달라진다. 여성의 경제활동이 늘어나면서 육아와 보육 정책이 강화됐고, 주5일제가 시행되면서 여가와 여행에 대한 정책 수요가 급격히 높아진 것처럼 말이다. 정권 교체 역시 구조적 환경을 크게 바꾸는 요인이다. 새로운 정부가 들어서면, 전과 다른 가치와 비전으로 정책을 다시 설계하기 때문이다. 예를 들어 한 정권은 청년 일자리를 최우선에 두지만, 다른 정권은 저출산 문제 해결에 방점을 찍는다. 이런 변화는 정책의 방향을 바꾸는 중요한 배경이 된다.

- 제도적 틀: 과거의 결정이 현재를 제약하는 방식

두 번째는 제도적 틀이다. 법, 예산, 절차처럼 정책을 가능하게도 하지만 동시에 제한하기도 하는 고정된 장치다. 정책은 이 틀 안에서 설계되고 집행된다.

예를 들어 사회보장기금은 법으로 용도가 정해져 있어서 다른 분야로 돌리기 어렵다. 교육예산의 상당 부분이 법적 의무 지출로 묶여 있어서 새로운 사업을 하려면 기존 사업을 줄여야 하는 경우가 많다. 환경정책도 마찬가지다. 이미 보호구역으로 지정된 지역은 법을 바꾸지 않고서는 개발할 수 없다. 제도는 정책을 안정적으로 만들어주지만, 동시에 새로운 시도에는 장애물이 된다. 기차가 레일 위를 달릴 때 안전하긴 하지만 방향을 마음대로 바꾸지 못하는 것과 같다.

- 행위자들의 전략: 각자의 이해관계와 합리적 선택

마지막으로 중요한 것은 행위자들의 전략이다. 정책을 만들고 집행하는 사람들은 모두 각기 다른 이해관계와 목표를 갖고 움직인다. 같은 제도적 틀 안에서도 누가 어떤 선택을 하느냐에 따라 정책의 모습은 크게 달라진다.

예를 들어 재개발 정책을 보면, 시장은 경제적 효과를 중시하지만, 주민들은 생활환경 개선을, 개발업자는 수익성을, 환경단체는 생태계 보전을 우선한다. 이들이 서로 협력하거나 갈등하며 정책이 결정된다. 교육정책에서도 교사단체, 학부모, 정치인들이 각자의 입장에서 움직인다. 어떤 집단은 기득권을 지키려 하고, 어떤 집단은 변화를 밀어붙인다. 그 결과, 정책은 처음 구상했던 것과는 전혀 다른 형태로 타협되거나 왜곡되기도 한다.

- 세 가지 힘의 작동 방식

이 세 가지 힘은 독립적으로만 작동하지 않는다. 구조적 환경이 바뀌면 행위자들이 새로운 전략을 짜고,[2] 그 결과 제도가 바뀌기도 한다. 반대로 제도가 바뀌면 사람들의 행동이 달라지고,[3] 사회적 요

2 김윤권, "제도 변화의 통합적 접근: 역사적 신제도주의를 중심으로", 『한국정책학회보』 14권 1호(2005), p. 313.

3 Ellen M. Immergut, "The Theoretical Core of the New Institutionalism", *Politics & Society,* Vol. 26, No. 1 (1998), pp. 25-26.

구와 구조가 달라지기도 한다. 예를 들어 경제위기가 오면(구조), 정치인들은 복지 확대를 주장하고(행위자), 그 결과 법과 예산(제도)이 바뀐다. 시간이 지나면 새로운 제도가 행위자들의 선택을 제한하거나 유도하고, 사회의 구조와도 맞물리며 정책의 새로운 국면을 만든다. 이처럼 보이지 않는 힘들이 맞물려 정책을 움직인다는 사실을 이해해야만, 표면적인 현상만 보고 성급히 평가하는 오류를 피할 수 있다.

정책의 관성과 순환고리

정책은 왜 쉽게 바뀌지 않을까? 많은 사람은 "의지가 부족해서" 혹은 "관료주의가 문제라서"라고 말한다. 하지만 좀 더 깊이 들여다보면, 정책이 쉽게 바뀌지 않는 데에는 그만한 이유가 있다. 바로 정책이 가진 '관성'과 '순환고리' 때문이다.

• 처음의 선택이 나중을 결정한다

정책은 한 번 선택되면, 그에 맞춰 법과 규칙, 예산과 조직이 차곡차곡 쌓인다. 시간이 지날수록 그 틀은 점점 더 단단해지고, 안에서 움직일 수 있는 여지는 줄어든다.

우리가 흔히 경험하는 일상에도 비슷한 사례가 있다. 스마트폰을 처음 살 때를 떠올려보자. 아이폰을 선택하면, 이후에도 계속 아이폰을 쓰게 되는 경우가 많다. 이미 앱을 깔아놨고, 사용법에 익숙하고, 데이터도 아이클라우드에 쌓여 있다. 안드로이드가 더 좋아 보일 때도 있지만, 지금까지 쌓아온 걸 포기하기가 쉽지 않다.

정책도 마찬가지다. 한 번 만들어진 틀은 그 안에 이해관계가 얽히고, 권력과 자원이 배분되며 점점 더 고착된다. 시간이 갈수록 다른 선택을 하기에는 더 큰 비용과 갈등을 감수해야 하고, 대안도 점점 사라진다.[4] 연금제도가 대표적이다. 지금의 방식이 지속 불가능하다는 걸 다들 알지만, 이미 수많은 사람의 권리와 기대가 걸려 있어 쉽게 바꾸지 못한다. 도시의 교통체계도 그렇다. 자동차 중심으로 설계된 도시는, 나중에 보행자와 대중교통 중심으로 바꾸고 싶어도, 기존의 도로와 건물, 자동차 산업과 이해관계가 장벽이 된다.

이런 특성은 "처음의 선택이 나중을 결정한다"라는 원리에 따라 작동한다. 정책이 한 번 방향을 잡으면, 그 길 위에 자원이 쌓이고 이해관계자들이 자리 잡으며 다른 선택을 어렵게 만든다. 이런 힘이 바로 정책의 관성이다.

- 정책이 스스로를 강화한다

더 흥미로운 것은 정책이 한 번 자리를 잡으면, 그 정책이 스스로를 더욱 강화하는 힘을 만들어낸다는 점이다.[5] 처음에는 작은 시도로 시작했더라도, 시간이 지나면서 점점 더 크고 강해진다.[6]

---

4 Paul Pierson, "Increasing Returns, Path Dependence, and the Study of Politics", *American Political Science Review*, Vol. 94, No. 2 (2000), pp. 251-267.

5 T. Skocpol & P. Pierson, "Historical Institutionalism in Contemporary Political Science", in I. Katznelson and H. V. Milner (eds.), *Political Science: State of the Discipline* (New York: W.W. Norton, 2002), p. 6.

6 구현우, "제도 변화의 통합적 접근: 신제도주의 하위 분파 간 통합적 접근의 가능성", 『국

예를 들어 기초생활보장 제도를 보자. 제도가 도입되면 수혜자들이 생기고, 시민단체들이 더 나은 권리를 요구한다. 제도를 운용하는 부처와 공무원들도 자신의 업무와 조직을 지키기 위해 제도 확대를 주장한다. 이런 힘들이 더해지면서, 처음에는 작은 정책이었어도 점차 사회의 중요한 제도로 자리 잡는다.

이런 현상은 문화나눔사업에서도 발견된다. 복권기금으로 출발한 이 사업은 점점 더 많은 수혜자와 기관이 얽히면서 규모가 커졌고, 관련 기관과 담당자들도 사업의 확대를 위해 적극적으로 목소리를 내고 있다. 결과적으로 사업은 안정성을 얻지만, 동시에 쉽게 바꾸거나 없애기 어려운 구조가 된다.

- 사람들이 변화를 피하는 이유

이쯤에서 질문이 생긴다. 그렇다면 정책을 움직이는 사람들은 왜 스스로를 바꾸지 않을까? 왜 늘 현상 유지 쪽을 선택할까?

가장 큰 이유는 기득권이다. 기존 체제에서 유리한 위치에 있는 사람들은 새로운 규칙이 자신들의 이익을 해칠까 두려워한다. 예를 들어, 택시업계가 카카오택시나 우버 같은 플랫폼 서비스에 거세게 반대한 것도 그 때문이다. 기존 방식에서 소외된 사람들은 변화를 원하지만, 그들의 목소리는 상대적으로 약하다.

조직 안에서도 비슷한 심리가 작동한다. 공무원들이 전자정부 시스템 도입을 꺼렸던 것도, 자신들이 쌓아온 노하우와 지위가 무

정관리연구』 제7권 제2호(2012), p. 96.

의미해질까 두려워했기 때문이다. 새로운 방식이 주는 불확실성과 갈등, 적응에 드는 비용이 부담스럽다. 사람들은 확실하지 않은 새 길을 택하기보다는, 지금 방식에서 조금씩 손을 보는 것을 더 합리적인 선택으로 여긴다.

하지만 이건 단순히 변화를 거부하는 것이 아니다. 더 깊이 들여다보면, 사람들은 변화의 압력을 완전히 거부하기보다, 기존 제도에 적응하면서 자신에게 유리한 방식으로 흡수해 낸다. 그리고 그 과정에서 오히려 기존 틀을 유지하고 강화한다.[7]

예를 들어 연금제도 개혁을 생각해보자. 많은 사람이 현재 제도의 한계를 인식하고 있으나, 갑작스러운 변화가 기존에 쌓인 신뢰와 미래 전망을 위협할 수 있어 큰 틀 안에서 점진적인 조정을 택하게 된다. 의료보험제도도 처음에는 직장가입자만을 대상으로 시작했지만, 조금씩 지역가입자와 의료급여 대상자를 포함시켜 확대됐다. 아예 새로 만들기보다는 기존 틀을 활용해 변화에 적응하는 쪽을 택한 것이다.

사람들은 변화의 압력을 흡수하고 적응하면서 자신이 살아남을 길을 찾는다. 그 과정에서 기존 제도는 오히려 더 단단해진다. 이해관계와 기대가 켜켜이 쌓이면서 정책의 틀은 쉽게 흔들리지 않는다. 마치 오래된 집을 헐어버리는 대신, 벽지를 바꾸고 방을 더해가며 시대에 맞춰 적응해 가는 것처럼, 사람들은 기존 틀 안에서 살아간다. 이렇게 적응하는 모습 속에 숨어 있는 힘을 이해해야, 왜

7 G. John Ikenberry, "Conclusion: An Institutional Approach to American Foreign Economic Policy", *International Organization*, Vol. 42, No. 1 (1988), pp. 223-224.

정책이 쉽게 바뀌지 않는지를 설명할 수 있다.

정책의 변화 유형: 조금씩, 그러나 분명히

하지만 그렇다고 해서 정책이 완전히 굳어버린 채 멈춰 있는 것은 아니다. 겉으로는 그대로인 듯 보이지만, 그 안에서는 조금씩 움직이고 있다. 사람들의 적응과 선택 속에서도 작은 변화들이 쌓이고, 어느새 다른 방향으로 흘러가기도 한다. 서서히, 누적적으로, 때로는 눈에 잘 띄지 않게 진행되면서 결국에는 새로운 모습을 만들어낸다. 이런 누적된 변화가 쌓여 정책의 미래를 만들어간다.[8]

학자들은 이렇게 축적된 변화가 나타나는 방식을 몇 가지 유형으로 구분해 왔다.[9] 각각의 방식은 조금씩 다르지만, 공통점이 있다. 기존의 틀을 한순간에 무너뜨리기보다는, 그 안에서 방향을 비틀고 조정하며 새롭게 바뀐다는 것이다. 이제 그 다섯 가지 방식을 살펴보자.

- 대체(displacement): 새로운 중심이 등장하다

첫 번째는 대체다. 기존 정책의 핵심 요소가 약해지면서, 그동안 주변에 머물러 있던 대안이 중심으로 떠오르는 경우다. 유럽의 국

---

8 Wolfgang Streeck and Kathleen Thelen, "Introduction: Institutional Change in Advanced Political Economies", Wolfgang Streeck and Kathleen Thelen (eds.), *Beyond Continuity: Institutional Change in Advanced Political Economies* (Oxford: Oxford University Press, 2005)p. 9.

9 Wolfgang Streeck and Kathleen Thelen, "Introduction: Institutional Change in Advanced Political Economies", p. 8.

가 정책이 한때는 산업 성장에 초점을 맞췄지만, 시간이 흐르면서 '지속 가능한 발전'이 핵심 가치로 자리 잡은 것이 좋은 예다. 겉으로는 기존의 틀을 유지하는 것처럼 보이지만, 사실은 중심에 있는 가치와 목표가 다른 것으로 바뀐 것이다.

- 중첩(layering): 기존 위에 덧대어 쌓아 올리다

두 번째는 중첩이다. 기존 정책 위에 새로운 규칙이나 사업을 덧붙이는 방식이다. 집을 허물지 않고 새로운 방을 하나씩 증축하는 것과 비슷하다. 한때는 도로를 넓히고 고속도로를 만드는 것이 교통정책의 전부였지만, 그 위에 자전거 도로, 대중교통 전용차로, 친환경차 보조금 같은 요소들이 하나씩 붙었다. 처음에는 보완처럼 보였지만, 결국 전체 정책의 성격을 바꾸는 힘이 된다.

- 전환(conversion): 같은 틀, 다른 기능

세 번째는 전환이다. 정책의 형태는 그대로 두고, 목적이나 기능을 바꾸는 방식이다. 국공립 도서관을 예로 들어보자. 과거에는 자료를 보관하고 열람하는 게 주된 기능이었지만, 최근에는 지역 주민을 위한 커뮤니티 공간으로 바뀌었다. 도서관이라는 이름과 형태는 그대로지만, 그 안에서 수행하는 역할은 크게 변화했다.

- 표류(drift): 제자리에 머물러 퇴화하다

네 번째는 표류다. 사회와 환경이 바뀌었는데도 정책은 그대로

남아, 본래 목적을 제대로 수행하지 못하는 경우다. 한국의 '산아제한 정책'이 대표적이다. 이미 저출산이 심각한 사회문제로 떠올랐음에도 1990년대까지는 여전히 산아제한 정책이 명목상 유지됐다. 변화에 적응하지 못해 정책이 표류한 것이다.

- 소멸(exhaustion): 수명을 다해 사라지다

마지막은 소멸이다. 정책이 더 이상 필요 없거나 효과가 없어져서 자연스럽게 사라지는 경우다. 한국의 '쌀 의무 수매제'가 그랬다. 한때는 농업의 핵심 정책이었지만, 농업 환경이 바뀌고 국제무역체제가 달라지면서 의미를 잃고 폐지됐다. 표류와 달리, 소멸은 주체들이 명확한 의사결정을 통해 정책이나 제도를 공식적으로 종료하거나 폐지한다는 점에서 차이가 있다.

의도하지 않은 결과가 나타나는 이유

정책은 언제나 설계자의 계획대로만 흘러가지는 않는다. 아무리 치밀하게 설계해도, 현실 속에서는 누구도 예상하지 못한 결과가 나타난다. 처음에 의도한 효과와 전혀 다른 방향으로 흘러가기도 하고, 예상치 못한 부작용이 발생하기도 한다. 이것은 누군가의 실수나 무능 때문이 아니다. 오히려 정책이 현실 속에서 작동하는 본질적인 방식 때문이다.

앞서 살펴본 것처럼, 정책은 구조적 환경, 제도적 틀, 그리고 행위자들의 전략이 얽혀서 만들어진다. 각각은 나름의 논리와 필요에 따라 움직이지만, 이들이 한데 모이면 의도치 않은 방향으로 힘이 작동한다. 마치 여러 사람이 같은 밧줄을 잡고 각자 다른 방향으로 당기면, 정작 밧줄은 누구도 원하지 않았던 곳으로 끌려가는 것과 같다.

청년 일자리 지원사업이 좋은 예다. 처음에는 청년들이 사회에 안정적으로 자리 잡고, 스스로의 역량을 키울 수 있도록 돕는 것을 목표로 했다. 그러나 시간이 지나면서 경기 불황과 일자리 구조 변화(구조), 예산 편성과 재원 배분 방식(제도), 부처와 기관 간의 이해관계(행위자)가 얽히면서 방향은 점점 '역량 강화'보다 '당장의 고용 안정'에 치우치게 되었다. 이는 특정 주체가 의도적으로 바꾼 결과가 아니라 여러 요인이 뒤섞여 나타난 흐름이었다.

흥미로운 점은, 이런 의도하지 않은 결과가 반드시 나쁜 것만은 아니라는 것이다. 오히려 예상보다 더 좋은 효과를 가져오는 경우도 있다. 중요한 것은 이런 현상을 이해하고, 성급하게 비난하기보다 꾸준히 점검하고 개선해 나가는 것이다.

이처럼 정책은 다양한 힘이 부딪히고 엇갈리면서 현실 속에서 자기만의 길을 만들어간다. 설계자들이 아무리 좋은 뜻으로 출발하더라도, 그 길은 종종 의도한 것과 다르다. 하지만 그것이 바로 정책이 살아 있다는 증거다. 사회가 바뀌고 사람들의 요구가 달라지면, 정책도 거기에 적응하며 새로운 모습으로 변해간다. 우리는 그 과정을 이해하고, 필요할 때마다 방향을 조금씩 바로잡아 가면 된다.

문화나눔사업을 들여다보는 세 가지 질문

이런 관점에서 지난 20년 동안 문화나눔사업이 어떻게 현재의 모습에 이르게 되었는지를 본격적으로 살펴볼 것이다. 그 과정을 이해하기 위해 세 가지 질문에 답하고자 한다.

첫째, 문화나눔사업은 언제부터 어떻게 변화해 왔는가? 2004년 시작부터 현재까지의 과정을 시간 순서대로 추적하면서, 중요한 변환점에서 어떤 선택이 이루어졌는지 살펴본다. 단순한 연표가 아니라, 각 시점에서 사회적 환경과 정책의 틀, 그리고 관련 기관들의 전략이 어떻게 맞물렸는지를 이해하는 것이다.

둘째, 누가 이런 변화에 영향을 미쳤는가? 복권위원회, 기획재정부, 문화체육관광부, 한국문화예술위원회 등 주요 기관들이 각자 어떤 이해관계를 가지고 어떤 전략을 펼쳤는지 분석한다. 이들이 협력하거나 갈등하는 양상과 그 결과가 사업에 미친 영향을 구체적으로 들여다본다.

셋째, 어떻게 문화향유에서 문화복지로의 전환이 이루어졌는가? 앞서 소개한 다섯 가지 정책 변화 방식—대체, 중첩, 전환, 표류, 소멸—중 어떤 것들이 실제로 나타났는지 구체적으로 확인할 것이다. 이를 통해 변화의 메커니즘을 이해하고, 향후 정책 개선 방향을 모색한다.

이런 분석을 통해 문화나눔사업이 왜 지금의 모습이 되었는지, 그리고 앞으로 어떻게 개선해 나갈 수 있는지에 대한 답을 찾고자 한다. 이는 단순히 과거를 돌아보는 것이 아니라, 미래를 위한 교훈을 찾는 작업이다.

2. 문화나눔사업의 시작: 여러 조건들의 만남

문화나눔사업의 시작을 이해하려면 먼저 2003년으로 거슬러 올라가야 한다. 당시 한국의 문화정책은 커다란 위기에 직면해 있었다. 1972년부터 30여 년간 문화예술 지원의 핵심 재원이었던 문화예술진흥기금의 모금 제도가 갑작스럽게 폐지된 것이다.

> **【 '문화예술진흥기금 모금 폐지' 관련 헌법재판소 판결문 】**
>
> 헌법재판소 전원재판부(주심 權誠 재판관)는 2003년 12월 18일(목) 재판관 8:1의 의견으로 구 문화예술진흥법 제19조 제5항, 제19조의2 제3항은 헌법에 위반된다는 결정을 선고하였다.
>
> 재판관 하경철, 재판관 권성, 재판관 김효종, 재판관 송인준 등 4인의 의견은 심판 대상 법 조항들이 특별부담금의 헌법적 허용한계를 벗어나서 국민의 재산권을 침해하므로 위헌이라는 것이고 한편 재판관 윤영철, 재판관 김영일, 재판관 김경일, 재판관 전효숙 등 4인의 의견은 심판 대상 법 조항들이 포괄위임금지의 원칙에 위배되어 위헌이라는 것이다. 심판 대상 법 조항들을 위헌이라고 보는 이유는 두 개가 되어 비록 서로 다르지만 8인의 재판관 모두 심판 대상 법 조항들이 위헌이라는 결론에는 일치한다. (이하 생략)

출처: "(구)문화예술진흥법 제19조 제5항 등 위헌 제청에 관한 선고 결과"(2003.12.18.).

문화예술진흥기금의 모금 제도는 공연장 등 문화시설 운영자나 대관을 받은 자가 입장료에 일정 금액(2.0~6.5%)을 부과해 문화예술진흥원에 납부하도록 하는 방식으로 운영되었다. 그러나 이를 불이행할 경우 과태료가 부과되는 구조였기 때문에, 실질적으로는 준조세에 해당한다는 지적을 받아왔다. 이 제도는 2003년 기획재정부의 준조세 정비 방침과 함께, 같은 해 12월 헌법재판소의 위헌

결정으로 폐지되기에 이르렀다.[10]

헌법재판소는 "공연 등을 관람하는 일부 국민만이 문화예술의 진흥에 집단으로 특별한 책임을 부담하여야 할 이유가 없다"라는 점을 명시하며, 특정 이용자에게만 부담을 지우는 구조의 정당성을 인정하지 않았다. 2003년에만 약 536억 원이 모금될 정도로 안정적인 재원이었지만, 하루아침에 사라지게 된 것이다.

문화관광부와 한국문화예술진흥원은 제도의 합법성과 문화 기반 재원의 필요성을 주장하였으나, 받아들여지지 않았다. 정부는 입장료 부담 경감을 통해 공연단체 및 예술인의 활동 여건이 개선될 것으로 기대한다고 발표했지만, 문화예술계는 큰 위기감을 느꼈다. 연간 500억 원이 넘는 돈이 갑자기 사라진 상황에서 어떻게 그 공백을 메울 것인가가 시급한 과제가 되었다.

재정 위기에서 찾은 새로운 가능성

그런데 마침 2004년, 뜻밖의 해결책이 나타났다. 바로 「복권 및 복권기금법」이 제정된 것이다. 이 법 제23조에는 복권 수익금을 '문화예술진흥 및 문화유산 보존'에 사용할 수 있다고 명시되어 있었다. 정부로서는 가뭄에 단비 같은 해결책이었다. 문화예술진흥기금 모금제 폐지로 생긴 재원 공백을 메울 뿐만 아니라, 복권을 구매하는 서민층을 위해 그 수익금을 사용한다는 명분까지 확보할

10 한국문화예술위원회, 『예술로 아름다운 세상, 한국문화예술위원회 40년사』(2013), pp. 290-291.

수 있었기 때문이다.[11]

사실 복권기금법 제정 논의는 문화와는 전혀 상관없이 시작되었다. 2002년부터 복권 사업 전반의 문제점이 지적되고 있었다. 당시 건설교통부를 포함한 10개 부처가 각각 개별 법률에 근거해 복권을 발행하다 보니 비효율과 혼란이 심각했다. 복권 상품 간 과열 경쟁이 벌어지고, 사행성 조장 우려도 커졌다. 수수료도 과다하게 지급되어 정작 공익사업에 쓰일 돈은 줄어들고 있었다.

정부는 이런 문제들을 해결하기 위해 2002년부터 본격적인 복권제도 개편에 나섰다. 복권 발행 조정위원회를 설치하고, 통합 복권법 제정을 추진했다. 2년여의 긴 논의 과정을 거쳐 2004년 「복권 및 복권기금법」이 제정되었다.

〈표 4-1〉 복권 및 복권기금법 제정 추진 경과

시기	주요내용
제1차 복권 발행 조정위원회 (2002.6.20)	· 복권 발행기관 간 경쟁과열로 유통비용이 상승하고 복권의 수익률이 악화하는 점을 고려하여 복권 발행 체제의 근본적 개선을 위해 '통합 복권법'을 제정 추진하는 방안 논의
제2차 복권 발행 조정위원회 (2002.11.26)	· 복권의 무분별한 신규 발행을 억제하고 복권 발행에 대한 통일적 절차를 마련하며, 소비자 · 청소년보호 및 과장 광고 규제 등을 위해 상반기까지 '통합 복권법' 제정을 추진키로 결정
제3차 복권 발행 조정위원회 (2003.1.27)	· 통합 복권법 제정 방안에 대한 연구용역과 공청회* 등 여론 수렴 과정을 거쳐 정부안 마련하여 상반기 중 국회 제출 * 각종 공청회 등을 통해 전문가의견 수렴 - 5.27, 조세연구원, 「로또복권 수익금 활용 방안」공청회 - 5.29, 국회 정무위, 「복권 관련 기본법제정」공청회 - 6.5, 시장경제연구원, 「복권 산업의 공익적 기능 제고를 위한 로또복권의 역할」심포지엄

11 이세진 · 고준혁, 『복권기금 운용과 복권 사업 운영 체계의 문제점과 개선 과제』(서울: 국회예산정책처, 2012), p. 4.

시기	주요내용
제5차 복권 발행 조정위원회 (2003.5.1)	· 복권법 제정 방향 논의 - 복권 법안에 대한 정부 입장을 5월 중 확정 - 의원입법안 2건(송석찬 · 심재철의원)에 정부방침을 반영하는 방식으로 입법 추진
관계 차관회의 (2003.5.31)	· 복권법 제정에 대한 정부 입장 확정 - 복권 발행 체제를 통합하고, 기획예산처가 복권 발행 및 감독업무 주관하지만, 중요한 복권 정책은 복권심의위원회가 결정 - 복권 수익금(로또 포함)은 기존 10개 부처에 30%, 새로운 용도에 70% 배분하여 사용 - 복권 관리기금을 신설하여 수익금 전액을 관리하고 사용 내역을 공개함으로써 투명성 확보 - 복권법에 수수료 조정 및 제한 근거를 규정하여 적정하게 수수료가 책정될 수 있도록 조치함. 단 법 제정 전이라도 건교부 및 기획예산처가 수수료 인하를 추진
의원입법안 정무위 상정 (2003.6.13)	· 의원입법안에 대한 대체토론만 하고, 세부적인 심의는 다음 국회에서 진행하기로 결정
제6차 복권 발행 조정위원회 (2003.8.21)	· 정부안을 마련하여 국회에 제출하고, 의원입법안(4건)*에 대한 정부의 공식 입장을 마련하여 대응 * 의원입법안(4건) * 심재철 · 윤경식 · 김무성 의원안: 현행 부처별 발행 체제 유지 * 송석찬 의원안: 발행 체제 통합(복권 관리공단 신설)
제7차 복권 발행 조정위원회 (2003.11.1)	· 복권법의 원활한 국회 심의를 위한 후속 조치 사항 - 행자부 · 자치단체 및 제주도가 행자위 입법안 철회에 적극 협력한다는 조건으로 복권 수익금 30% 중 건교부의 배분액을 행자부 · 제주도에 배분하되, 복권 수익금 70% 배분 시 임대주택 건설에 대부분*을 배분하기로 하고, 구체적인 비율은 실무 협의키로 결정 * 건교부는 복권 수익금 70% 중 70% 이상 배분 요구

출처: 이세진 · 고준혁, 『복권기금 운용과 복권 사업 운영 체계의 문제점과 개선 과제』(서울: 국회예산정책처, 2012), pp. 6-7의 표 내용 재구성.

복권기금을 문화예술 분야에 사용할 수 있게 된 것은 정말 절묘한 타이밍이었다. 문화예술진흥기금 모금제 폐지와 복권기금법 제정이라는 두 사건이 거의 동시에 일어났기 때문이다. 12월 18일

헌법재판소가 문화예술진흥기금 모금제를 위헌으로 판결했고, 불과 11일 후인 12월 29일 국회에서 복권기금법이 통과되었다. 만약 이 타이밍이 어긋났다면 어떻게 되었을까? 문화예술계는 재원 없이 몇 년을 버텨야 했을지도 모른다.

복권기금을 문화예술에 사용하겠다는 아이디어에는 나름의 설득력이 있었다. 우선, 재원이 안정적이었다. 경기 변동에도 크게 영향을 받지 않는 복권 수익을 문화에 투자하는 것은 지속 가능한 방안으로 여겨졌다. 무엇보다 복권 수익의 성격이 설득력을 더했다. 복권을 사는 사람들의 상당수가 서민층이었기 때문에, 그 돈을 다시 서민들의 문화생활을 위해 쓰자는 논리는 사회적 공감을 얻기에 충분했다.

이렇게 해서 2004년부터 복권기금이 문화예술진흥기금으로 전입되기 시작했다. 첫해에 약 446억 원, 그다음 해에 498억 원이 지원되었다. 잃어버린 모금 수입을 거의 완전히 대체할 수 있는 규모였다.[12]

문화예술진흥기금 폐지라는 재정적 위기는 단순히 돈의 문제만이 아니었다. 이는 문화예술 지원체계 전반을 다시 생각해 보는 계기가 되었다. 기초예술인들을 중심으로 정부에 문화예술진흥기금의 대체 재원 마련과 함께, 문화예술 현장의 목소리를 반영한 정책 전환을 요구하는 움직임이 본격화되었다.

이러한 요구는 당시 한국문예진흥원의 구조적 개편 필요성으로

12 한국문화예술위원회, 『복권기금 예술사업 중장기 전략수립 연구』(2006), p. 84.

이어졌다. 노무현 정부는 문화 부문 대선공약 25개 중 세 번째 과제인 '문화예술의 자율성 및 다양성 확대'의 세부 항목으로 "순수 문화예술진흥 기구인 한국문화예술진흥원을 현장 문화예술인 중심의 지원 기구로 전환"한다는 계획을 명시하였다.[13]

이에 따라 정부, 국회, 예술계 등 관련 주체들 간의 오랜 협의와 조율 끝에 2005년 1월, 한국문화예술진흥원을 위원회 체계로 전환하는 내용을 담은「문화예술진흥법」개정안이 공표되었다. 같은 해 8월에는 법인 설립등기를 마치고, 11인의 현장 예술인으로 구성된 합의제 기구인 한국문화예술위원회가 공식 출범하였다. 이는 문화행정 기구가 관 주도의 정책 집행기관에서 자율성과 전문성을 갖춘 문화예술 현장 중심의 지원 기구로 전환되는 분기점이었다.[14]

노무현 정부의 '참여복지' 철학과 문화정책

복권기금 확보라는 기술적 해결책 못지않게 중요했던 것은 당시의 정치적 · 사회적 분위기였다. 2003년 출범한 노무현 정부는 '참여정부'를 표방하며 기존과는 다른 접근을 시도하고 있었다. 노무현 정부의 핵심 가치는 자율 · 참여 · 분권이었다.[15] 특히 '더불어 사는 균형발전 사회'를 국정 목표로 내세우며 사회 양극화 해소에

13 대통령 자문 정책기획위원회,『한국문화예술위원회 설립』(서울: 대통령 자문 정책기획위원회, 2008), pp. 14-15.

14 대통령 자문 정책기획위원회,『한국문화예술위원회 설립』, pp. 61-62.

15 박광무,「한국 문화정책의 변동에 관한 연구」, 성균관대학교 국정관리대학원 박사학위논문(2009), p. 209.

강한 의지를 보였다.[16]

1997년 IMF 경제위기 이후 한국 사회는 급격한 변화를 겪었다. 대량 실업과 구조조정이 이어지면서 소득 격차가 크게 벌어졌다. 중산층이 줄어들고 양극화가 심화하였다. 문화생활도 예외가 아니었다. 경제적 어려움으로 인해 문화향유를 포기하는 사람들이 늘어났다. 노무현 정부는 이런 상황을 단순한 시장 메커니즘의 결과로만 보지 않았다. 정부가 적극 개입해서 해결해야 할 구조적 문제라고 판단했다.

이런 철학은 문화정책에도 그대로 반영되었다. 2005년 정부는 '창의 한국의 구현'이라는 비전 아래 '모두가 함께 누리는 문화'를 핵심 정책 목표로 설정했다.[17] 여기에는 다섯 가지 구체적인 추진과제가 있었는데, 그 첫 번째가 바로 "소외계층을 찾아가는 문화"였다.

> (1) 소외계층을 찾아가는 문화: 문화 바우처제(4억 원, 10,000명) 도입 등 문화향수 지원, 여행 바우처제(20억 원, 12,000명) 등 복지관광 확대, 운동용품과 프로그램 등 체육활동 지원, 특별지원 청소년 대상 복지서비스 도입 등을 추진하고자 하였다.
>
> (2) 문화예술교육 활성화로 개개인의 창의 역량 강화: 문화예술교육의 제도적 기반 조성, 청소년을 위한 문화예술교육 활성화, 평생

16 국정홍보처, 『참여정부의 국정 비전과 국정과제 평화 번영 도약』(2003), p. 6.

17 문화관광부 · 한국문화관광정책연구원, 『2005 문화정책 백서』(2006), p. 83.

문화예술교육 기반 조성, 유아 · 어린이를 위한 문화예술교육 여건 마련 등을 추진하고자 하였다.

(3) 생활 속의 체육활동으로 삶의 질 제고 및 체험 확대: '한국형 스포츠 클럽' 모델 개발 및 시범 운영, '스포츠 7330 운동' 전개, 학생 · 청소년의 체육활동 등 참여 활성화(교육인적자원부와 MOU), 2008 북경올림픽 대비 경기력 향상 특별 대책 추진 등을 수행하고자 하였다.

정부는 문화 바우처제에 4억 원(1만 명), 여행 바우처제에 20억 원(1만2천 명)을 투입하겠다고 발표했다. 지금 기준으로는 적은 예산이지만, 당시로서는 파격적인 결정이었다. 정부가 개별 국민에게 직접 문화향유 지원금을 주겠다는 것은 이전에 없던 방식이었다.[18]

여가 시간 증가에 따른 문화격차 심화

이 시기 문화정책에 큰 영향을 준 또 다른 변화는 주5일 근무제의 확산이었다. 2003년부터 단계적으로 도입되기 시작한 주5일 근무제는 2004년 1,000인 이상 사업장에 전면 적용되었다.[19] 이는 한국 사회의 여가 패턴을 근본적으로 바꾸는 변화였다. 갑자기 늘어난 여가 시간을 어떻게 보낼 것인가가 사회적 관심사가 되었다. 여행, 스포츠, 문화 활동에 대한 수요가 급증했다. 주말 극장가는 인

18 문화관광부 · 한국문화관광정책연구원, 『2005 문화정책 백서』, p. 83.

19 대한민국 정책브리핑, "7월부터 주5일 근무제 본격 시행", 2004.1.5, https://www.korea.kr/news/policyNewsView.do?newsId=60005134

파로 북적였고, 공연장 예매 경쟁도 치열해졌다. 하지만 이런 혜택을 누릴 수 있는 것은 경제적 여유가 있는 계층에 한정되었다. 저소득층은 여가 시간이 늘어나도 마땅히 할 일이 없었다. 오히려 추가 소득 기회를 잃게 되어 경제적 부담만 커졌다.

정부는 이런 '여가 격차' 문제를 심각하게 받아들였다. 주5일 근무제의 도입 취지를 살리려면 모든 국민이 여가를 제대로 누릴 수 있는 환경을 만들어야 한다고 보았다. 정부가 적극적인 문화정책을 추진한 가장 직접적인 이유는 당시 문화격차가 너무나 심각했기 때문이다. 〈그림 4-2〉의 2003년 문화향수 실태조사 결과는 충격적이었다. 소득 수준에 따른 차이가 극명했다. 월 소득 100만 원 이하 가구의 예술행사 관람률은 고작 25.3%에 불과했다. 반면, 월 소득 400만 원 이상 가구는 80%가 넘었다. 거주지역별로도 마찬가지였다. 서울 거주자들의 관람률은 높았지만, 군 지역 주민들은 크게 뒤떨어졌다.

더 심각한 것은 격차가 벌어지고 있다는 점이었다. 전체 관람률은 2000년 54.8%에서 2003년 62.4%로 증가했지만, 세부 계층별 격차는 오히려 심화하였다. 특히 월 소득 100만 원 이하 응답자의 예술행사 관람률은 2000년 39.7%에서 2003년 25.3%로 감소했고, 연 4회 이상 관람 비율도 같은 기간 17.1%에서 4.0%로 급감했다.[20]

20 문화관광부 · 한국문화관광정책연구원, 『2003 문화향수 실태조사』, p. 26

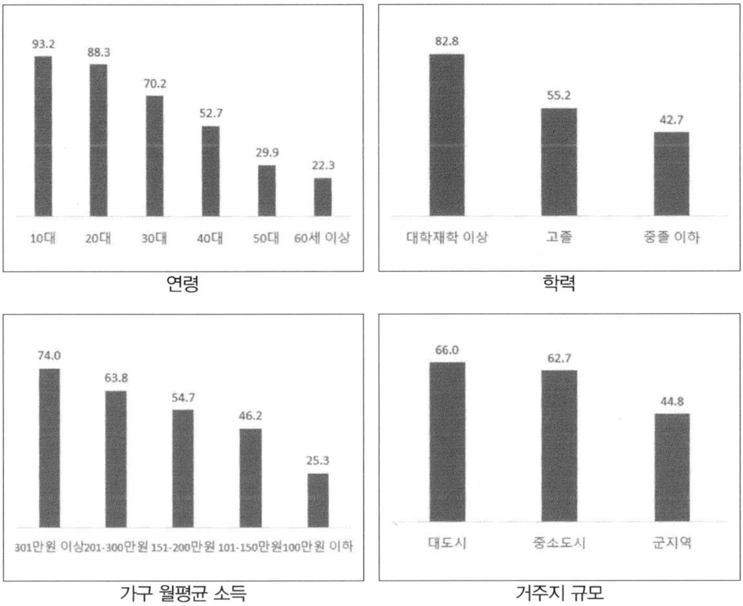

출처: 문화관광부 · 한국문화관광정책연구원, 『2003 문화향수 실태조사』(2003), pp. 26-27.

〈그림 4-2〉 2003년 문화향수 실태조사: 예술행사 관람률

결국 경제력과 거주 지역이 문화향유의 결정적 변수가 되어버린 상황이었다. 이는 문화향유권이 헌법에 명시된 국민의 기본권이라는 점을 고려할 때 심각한 사회문제였다. 더 나아가 사회 통합에도 악영향을 미쳤다. 문화 경험의 차이는 계층 간 소통을 어렵게 만들고, 사회적 갈등을 키우는 요인이 되기도 했다.

정부는 이런 상황을 단순한 개인의 선택 문제로 보지 않았다. 구조적인 문제라고 판단했다. 『2003 문화정책 백서』에서는 문화격차의 원인을 여섯 가지로 분석하고 각각에 대한 정책적 대안을 제시

했다.[21]

〈표 4-2〉 문화격차의 요인 및 대안

문화격차의 요인		발생원인	대안
객관적 요인	경제적 요인	· 빈곤으로 인해 문화비 지출 여유가 없음 · 생업으로 인한 여가 시간 부족	· 문화비 소득공제 제도 · 관람 · 입장료 할인 제도
	지리적 요인	· 물리적 거리 · 집적 효과 · 낮은 인구밀도로 인한 문화시장 부재	· 취약지역 인프라 우선지원 · 문화교류 프로그램 활성화 · 균형발전
	신체적 요인	· 신체적 장애	· 장애인 접근성 제고
	사회적 요인	· 사회적 소수자 · 적절한 문화콘텐츠 부재	· 쿼터제 등 적극적 조치 · 표현 기회 확대
주관적 요인	문화적 요인	· 과거의 문화체험 부족 · 문화해독력 부족 · 관심 부족	· 문화체험 기회 확대 · 문화예술교육 강화
	심리적 요인	· 심리적 부담 · 소외감 · 문화적 소비에 대한 거부감	· 공동체 프로그램 확대

출처: 문화관광부 · 한국문화관광정책연구원, 『2003 문화정책 백서』, p. 455 내용 재구성.

이는 매우 정교한 분석이었다. 단순히 "돈이 없어서 못 간다"라는 차원을 넘어, 문화격차가 다층적이고 복합적인 문제임을 인정한 것이다. 경제적 요인뿐만 아니라 지리적, 신체적, 사회적 요인들과 더 나아가 문화적, 심리적 요인까지 포괄적으로 고려했다. 각 요인에 대한 정책적 대안도 함께 제시되었다. 문화비 소득공제 제도, 관람료 할인 제도, 취약지역 인프라 우선 지원, 표현 기회 확대, 문

21 문화관광부 · 한국문화관광정책연구원, 『2003 문화정책 백서』(2004), pp. 454-455.

화예술교육 강화, 공동체 프로그램 확대 등이었다.

• '모두를 위한 예술'이라는 거대한 꿈

복권기금을 확보하고 문화격차의 심각성을 인식한 문화관광부와 한국문화예술위원회는 새로운 비전을 제시했다. 바로 '모두를 위한 예술(Art for All)'이었다. 이는 단순히 예산을 확보했다는 것 이상의 의미가 있었다.

지금까지 한국의 문화정책이 겪어온 딜레마를 다시 한번 짚어보자. 1970년대와 1980년대에는 주로 문화예술 창작 지원에 집중했다. 좋은 작품을 만들면 자연히 국민도 그 혜택을 누릴 것이라는 '낙수효과' 논리였다. 하지만 실제로는 그 혜택이 일부 계층에만 머물렀다. 1990년대 들어서는 문화산업 육성에 방점을 찍었다. 경제적 가치를 만들어내는 문화, 수출할 수 있는 문화에 주목했다. 하지만 이 역시 문화향유의 격차 문제는 해결하지 못했다.

'모두를 위한 예술'은 이런 한계를 뛰어넘으려는 시도였다. 창작 지원도 중요하고, 산업 육성도 필요하지만, 그보다 먼저 모든 국민이 문화를 향유할 수 있는 기반을 만들어야 한다는 철학이었다. 이 비전에는 몇 가지 핵심 아이디어가 담겨 있었다.

첫째, 문화는 소수의 전유물이 아니라 모든 국민의 권리라는 것이다. 헌법 제9조가 명시한 "국가는 전통문화의 계승 · 발전과 민족문화의 창달에 노력하여야 한다"라는 조항과 제27조 4항의 "국가는 국민의 문화 향수권을 보장해야 한다"라는 규정을 적극 해석한 것이었다.

둘째, 정부가 적극적으로 개입해서 문화향유의 기회를 확대해야 한다는 것이다. 시장에만 맡겨둬서는 문화격차가 해결되지 않는다는 판단이었다. 정부가 나서서 소외계층에게 문화향유 기회를 제공해야 한다는 것이다.

셋째, 예술의 사회적 역할을 강화해서 공동체 통합에 기여해야 한다는 것이다. 예술이 개인의 취향이나 오락 차원을 넘어 사회 전체의 화합과 발전에 기여할 수 있다는 믿음이었다.

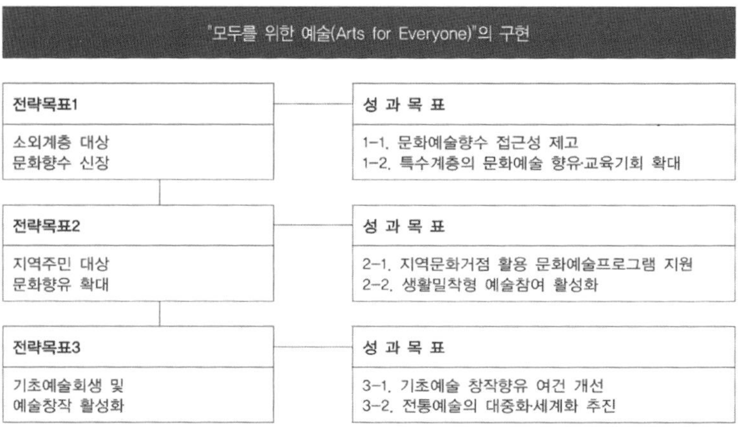

출처: 한국문화예술위원회, 『2008년 복권기금 문화나눔사업 성과평가 연구』(2009), p. 19.

〈그림 4-3〉 2004~2006년 복권기금 예술사업(문화나눔사업) 성과 목표

'모두를 위한 예술'이라는 비전 아래, 2004년과 2005년에는 총 15개의 다양한 사업이 시작되었다. 이 사업들은 크게 세 가지 목표 아래 구성되었다.

첫째, '소외계층의 문화향수 기회를 늘리자.' 가장 우선순위에 둔 것은 문화소외지역과 소외계층 지원이었다. '문화소외지역 전국 순회사업'은 공연단이 직접 농어촌이나 산간벽지를 찾아가는 프로그램이었다. 도시에서는 쉽게 볼 수 있는 공연을 시골에서도 볼 수 있게 하자는 취지였다. 이 사업에는 2004년 40억 원이 투입되었다. 당시로서는 상당한 규모였다. 전국 628개 지역을 대상으로 연간 1,800여 회의 공연과 전시가 이루어졌다. 농어촌, 도서벽지, 사회복지시설 등을 찾아가는 '찾아가는 문화' 프로그램이었다.

'아동복지시설 아동 대상 문화예술교육 프로그램'도 주목할 만하다. 경제적 어려움으로 문화교육을 받기 어려운 아이들에게 직접 프로그램을 제공했다. 단순히 구경만 하는 것이 아니라, 직접 체험하고 배울 기회를 준 것이다. 2005년에는 '문화예술교육영상 콘텐츠 제작' 사업도 추가되어 교육의 질을 높이려 했다.

둘째, '지역의 문화 거점을 활용하자.' 전국 곳곳에 있는 문화시설들을 적극 활용하는 방향도 모색했다. 지방문예회관에서는 특별공연 프로그램을 개발하도록 지원했고, 문화의 집에서는 연령별 맞춤 체험 프로그램을 운영하도록 했다. 지방문화원과 사립 박물관, 미술관에도 특별 프로그램 예산을 지원했다. 이는 매우 현실적인 접근이었다. 새로운 시설을 짓는 데는 많은 시간과 비용이 든다. 하지만 기존 시설의 프로그램만 개선해도 충분히 문화향유 기회를 늘릴 수 있다는 판단이었다.

예를 들어 '지방문예회관 특별공연 프로그램 개발지원' 사업에는 2004년 146억 원이 투입되었다. 이는 전체 복권기금 문화사업

예산의 가장 큰 비중을 차지하는 것이었다. 전국의 문예회관들이 지역 특성에 맞는 프로그램을 기획하고 운영할 수 있도록 지원한 것이다. '문화의 집 계층별 체험 프로그램'도 흥미로운 시도였다. 문화의 집은 일종의 동네 문화센터 역할을 하는 곳인데, 여기서 어린이, 청소년, 성인, 노인 등 각 연령층에 맞는 문화 프로그램을 운

〈표 4-3〉 2004~2005년 복권기금 문화나눔사업 내용 변화

<table>
<tr><th>정책 목표</th><th>세부 목표</th><th>단위 사업</th><th>2004</th><th>2005</th></tr>
<tr><td rowspan="3">소외계층
대상
문화향수
신장</td><td>문화예술 향수
접근성 제고</td><td>문화소외지역 전국 순회사업지원</td><td>○</td><td>○</td></tr>
<tr><td rowspan="2">특수계층의
문화예술
향유 교육 기회 확대</td><td>아동복지시설 아동 대상
문화예술교육 프로그램 지원</td><td>○</td><td>○</td></tr>
<tr><td>문화예술교육영상 콘텐츠 제작</td><td>-</td><td>○</td></tr>
<tr><td rowspan="7">지역주민
대상
문화향유
확대</td><td rowspan="5">지역문화거점
활용
문화예술
프로그램 확산</td><td>지방문예회관 특별공연
프로그램 개발지원</td><td>○</td><td>○</td></tr>
<tr><td>문화의 집 계층별 체험
프로그램 개발지원</td><td>○</td><td>○</td></tr>
<tr><td>지방문화원 문화체험 프로그램 지원</td><td>○</td><td>○</td></tr>
<tr><td>사립 박물관. 미술관
특별전시 프로그램 지원</td><td>○</td><td>○</td></tr>
<tr><td>민속마을 전통축제 지원</td><td>○</td><td>-</td></tr>
<tr><td rowspan="2">생활밀착형
예술참여 활성화</td><td>다중 밀집 지역 작은 문화장터 사업</td><td>-</td><td>○</td></tr>
<tr><td>도시 저소득층 및 농어민 대상
생활 친화적 문화 공간 조성</td><td>○</td><td>○</td></tr>
<tr><td rowspan="5">기초예술
회생 및
예술창작
활성화</td><td rowspan="4">기초예술 창작
향유
여건 개선</td><td>문학 회생 프로그램지원</td><td>-</td><td>○</td></tr>
<tr><td>올해의 예술작품 축제 시상</td><td>○</td><td>○</td></tr>
<tr><td>대학로 소규모 복합공연장 조성</td><td>-</td><td>○</td></tr>
<tr><td>무대예술인 재교육사업</td><td>○</td><td>-</td></tr>
<tr><td>전통예술 대중화 ·
세계화 지원</td><td>전통예술의 대중화 · 세계화 지원</td><td>○</td><td>○</td></tr>
</table>

출처: 한국문화예술위원회, 『2008년 복권기금 문화나눔사업 성과평가 연구』, p. 24 기초로 재구성.

영하도록 지원했다. 일상 생활권 내에서 문화를 접할 수 있게 하자는 아이디어였다.

셋째, '기초예술의 토대를 튼튼히 하자.' 창작자들에 대한 지원도 빼놓지 않았다. '올해의 예술작품 축제 시상'이나 '무대예술인 재교육사업', '전통예술의 대중화 · 세계화 지원' 등이 그것이다. 특히 흥미로운 것은 '대학로 소규모 복합공연장 조성' 사업이었다. 2005년에 100억 원이라는 큰돈이 투입된 사업이었다. 젊은 예술가들이 마음껏 실험할 수 있는 공간을 만들어주자는 아이디어였다. 큰 극장에서 공연하기는 부담스럽지만, 작은 공간에서라도 관객과 만날 수 있는 기회를 제공하려 했다. '문학 회생 프로그램'도 독특한 시도였다. 2005년에 시작된 이 사업은 문학이 대중들로부터 멀어지고 있다는 위기의식에서 출발했다. 좋은 문학작품을 더 많은 사람이 읽을 수 있도록 하고, 문학 창작 환경도 개선하자는 취지였다.

정책 탄생의 복잡한 매커니즘

2004년부터 2006년까지 3년간 문화나눔사업은 '모두를 위한 예술'이라는 비전 아래, 복권기금과 참여복지 철학, 문화격차 해소라는 사회적 요구가 맞물리며 추진되었다. 하지만 문화나눔사업이 단순히 "좋은 정책을 만들어보자"라는 정부의 결단으로 탄생한 것은 아니었다. 그 배경에는 서로 다른 힘들이 복잡하게 얽혀있었다.

첫째, 사회 전체를 둘러싼 큰 흐름이 바뀌고 있었다. 2000년대 초 한국 사회는 큰 변화의 한복판에 있었다. IMF 경제위기 이후 소득 격차가 벌어지면서 문화생활의 기회 역시 '가진 자'와 '못 가진 자'로 나뉘었다. 동시에 주5일 근무제가 도입되면서 여가 시간은 늘어났지만, 그 혜택을 누릴 수 있는 사람은 제한적이었다. 이런 사회 분위기 속에서 "문화도 복지의 일부"라는 요구가 자연스럽게 제기됐다. 노무현 정부가 '참여복지'를 내세우며 양극화 해소에 강한 의지를 보인 것도 이 같은 배경 때문이었다. 정부는 이를 개인의 선택이 아니라 국가가 책임져야 할 구조적 문제로 판단했다.

둘째, 법과 예산, 그리고 조직이라는 제도적 기반이 새로 만들어졌다. 2003년 문화예술진흥기금 모금제가 위헌 결정을 받으면서 갑자기 500억 원이 넘는 재원이 사라졌다. 문화예술계로서는 큰 위기였다. 하지만 이 위기는 오히려 문화예술 지원체계를 근본적으로 바꾸는 계기가 되었다. 재원 문제의 해결책으로 복권기금법이 제정되면서 복권 수익금을 문화예술에 사용할 수 있게 되었다. 하지만 이는 단순한 '재원 교체'가 아니었다. 복권을 사는 사람들은 대부분 서민층이었고, 따라서 그 수익금도 서민들을 위해 써야 한다는 논리가 설득력을 얻었다. 복권기금법 자체가 이미 '취약계층 지원'이라는 방향을 내포하고 있었다. 새로운 재원을 확보했지만, 그 재원의 성격이 문화정책의 방향을 미리 정해놓은 셈이었다.

동시에 조직 체계도 크게 바뀌었다. 기존의 관 주도 한국문예진흥원이 현장 예술인 중심의 한국문화예술위원회로 전환되었다. 이는 단순한 명칭 변경이 아니라, 문화예술 지원의 철학과 방식을 바꾸는 근본적 개편이었다. 현장의 목소리를 더 적극적으로 반영하겠다는 의지가 조직 구조에 반영된 것이다. 이처럼 새로운 재원(복권기금)과 새로운 조직(한국문화예술위원회)이 동시에 만들어지면서, 문화정책의 방향도 자연스럽게 바뀔 수밖에 없었다. 재원의 성격상 서민층 지원이 우선시되고, 조직의 성격상 현장 중심의 접근이 강화된 것이다.

셋째, 각 기관의 서로 다른 필요와 목표가 한 지점에서 만났다. 노무현 정부는 양극화 해소를 위한 가시적인 성과가 필요했고, 문화관광부는 문화예술진흥기금 폐지로 생긴 위기를 메울 새로운 재원이 절실했다. 2005년 새롭게 출범한 한국문화예술위원회는 현장 예술인 중심의 자율적이고 전문적인 문화예술 지원을 지향했다. 목표는 달랐지만, '문화소외계층 지원'이라는 지점에서 이해가 일치했다. 정부는 복지정책의 성과를 보여줄 수 있었고, 문화관광부는 재원을 확보할 수 있었으며, 한국문화예술위원회는 조직의 정체성에 부합하는 새로운 방향의 문화정책을 추진할 토대를 마련할 수 있었다.

놓치기 쉬운 사실은 문화나눔사업이 전혀 새로운 발상이 아니었다는 것이다. '소외계층 문화순회'는 이미 1986년부터 있었던 '공연예술 순회 활동 지원' 사업과 유사했고, '취약계층 문화예술교육'도 1986년 '문화예술 사회교육 활동 지원'의 연장선상에 있었다. '사랑 티켓' 사업도 1992년부터 시작된, 오래된 사업이었다.[22]

22 한국문화예술위원회, 『예술로 아름다운 세상, 한국문화예술위원회 40년사』(2013), pp. 126-127, 199.

즉, 오랫동안 문화정책의 한편에 머물던 '소외계층 지원' 사업들이 중심으로 올라선 것이다. 앞서 살펴본 정책 변화 유형으로 보자면, 기존 정책의 주변부 요소가 환경 변화 속에서 중심이 되는 '대체'에 해당한다.

결국 문화나눔사업은 사회적 요구, 제도적 기회, 정치적 의지, 그리고 기존 정책 요소들이 절묘하게 맞물리며 탄생한 것이다. 이는 완전히 새로운 정책을 창안한 것이 아니라, 기존 요소를 재구성한 결과였다.

하지만 이렇게 시작된 문화나눔사업이 처음 의도한 대로 유지될 수 있었을까? 정책은 한 번 만들어진다고 끝이 아니다. 시간이 지나면서 사회 환경도 바뀌고, 관련 기관들의 우선순위도 달라진다. 더 중요한 것은 각 기관이 서로 다른 이해관계를 가지고 정책에 개입한다는 점이다. 복권기금을 관리하는 기관, 문화정책을 담당하는 부처, 실제 사업을 집행하는 조직들이 각자 다른 목표를 좇기 시작했다. 그 과정에서 문화나눔사업은 처음 설계자들이 예상하지 못한 방향으로 조금씩 변해갔다.

그렇다면 누가, 언제, 어떤 이유로 이 정책의 방향을 바꾸려 했을까? 각 기관은 어떤 셈법으로 움직였을까? 이제, 문화나눔사업이 걸어온 20년의 여정 속에서 벌어진 이해관계자들의 복잡한 게임을 들여다보자.

3. 누가, 왜 방향을 바꿨나: 이해관계자들의 셈법

복권위원회의 개입: '수혜자 직접 체감' 요구

문화나눔사업이 '모두를 위한 예술'이라는 이상적 목표를 가지고 출발한 지 3년이 지난 2007년, 정책의 방향을 근본적으로 바꾸는 변화가 일어났다. 복권기금의 운용 주체인 복권위원회가 본격적으로 개입하기 시작한 것이다. 복권위원회는 문화나눔사업이 시작된 초기부터 일관되게 복권기금 공익사업은 "소외계층과 지역주민 등 수혜자가 직접 체감할 수 있는 형태로 운영되어야 한다"라는 원칙을 고수해 왔다. 하지만 2007년에 들어서는 이 원칙을 훨씬 더 강력하고 구체적으로 적용하기 시작했다.

복권위원회는 2007년 복권기금운용계획을 편성하면서 문화예술 분야 사업에 대해 명확한 기준을 제시했다. 〈표 4-4〉에서 보듯이, 핵심은 "소외계층을 위한 숙원사업 또는 소외계층을 주된 수혜대상으로 하는 사업"에 집중하라는 것이었다. 더 중요한 것은 "수혜자에게 직접적인 혜택이 가는 사업"을 우선 고려하겠다는 원칙이었다.

이 기준은 단순한 가이드라인이 아니었다. 복권을 사는 사람들은 대부분 서민층인데, 그 수익금이 예술가나 문화기관을 지원하는 데 쓰이는 것보다는 직접 서민들에게 돌아가는 것이 맞다는 논리였다. 복권위원회는 이를 '복권기금의 공익성'이라는 이름으로 강력하게 밀어붙였다. 복권위원회의 새로운 기준은 즉각 현실이 되었다. 2005년까지 문화나눔사업의 중요한 축을 담당했던 소외계층의 문화향수 접근성을 고려한 간접 지원 사업들이 하나둘 사라지기 시작했다.

〈표 4-4〉 복권기금 사업 선정 기준(2007년 복권기금운용계획 편성 방향 중)

구분	내용
사업목적 및 내용의 적합성	· 사업의 목적 및 내용이 복권기금의 목적 · 성격과 부합하는 사업으로서 소외계층을 위한 숙원사업 또는 소외계층을 주된 수혜 대상으로 하는 사업 · 국가유공자 복지, 문화예술진흥 및 문화유산보존 분야 사업으로서 소외계층을 대상으로 하는 사업일 경우 우선 고려 · 신규 사업으로서 복권기금의 성격과 부합하고 사업내용이 우수한 경우에는 다년간 사업(계속사업)도 가능하며, 사업심의 시 우선 고려 · 일반회계나 타 기금 사업과 달리 복권기금을 지원해야만 하는 필요성이 명확한 사업
사업의 효율성과 타당성	· 예산 및 타 기금의 사업과 중복되지 않는 사업 · 수혜자에게 간접적인 혜택을 주는 사업보다 수혜자에게 직접적인 혜택이 가는 사업 우선 고려 · 예비타당성 조사 등 관련 법상 규정된 절차 이행 대상 사업인 경우 해당 절차를 거친 사업 · 신규 사업의 경우 그 사업 타당성에 대한 전문가 등의 분석 및 평가가 있는 사업 · 매년 복권기금 사업 평가 결과 및 복권위원회 사업심의 시 지적 사항을 사업계획에 반영한 사업
사업의 구체성	· 사업계획(사업 설계) 및 수혜계층(대상)이 구체적이고 분명한 사업 · 사업 성과가 구체적이고 분명한 사업 · 해당 사업별로 구체적인 지원 근거가 명확하게 제시된 사업 · 사업 홍보계획이 잘 짜인 사업 우선 고려

출처: 한국문화예술위원회, 『2008년 복권기금 문화나눔사업 성과평가 연구』, p. 20 내용 재구성.

가장 대표적인 것이 '대학로 소규모 복합공연장 조성' 사업이었다. 2005년에 무려 100억 원이 투입된 이 사업은 젊은 예술가들이 실험적인 작품을 선보일 수 있는 공간을 만들어주려는 취지였다. 기존 대형 극장에서는 부담스러운 실험적 작품들이 소규모 공간에서라도 관객과 만날 수 있게 하겠다는 의도였다. 하지만 복권위원회 기준으로 보면, 이는 명백히 문제가 있는 사업이었다. 공연장을 짓는 것은 인프라를 구축하는 일이지만, 그 혜택을 받는 것은 결국 예술가들이었다. '소외계층에 직접적인 혜택'을 주는 사업이 아니었다. 복권위원회는 2006년 사업계획 심의 과정에서 이 사업에 강한 의문을 제기했고, 결국 그해부터 지원이 중단되었다.

'올해의 예술작품 축제 시상' 사업도 마찬가지 운명을 맞았다. 2005년 30억 원 규모로 운영되던 이 사업은 우수한 예술작품을 선정해 시상하고 축제 형태로 국민에게 소개하는 프로그램이었다. 예술가들에게는 창작 동기를 부여하고, 일반 국민에게는 좋은 작품을 접할 기회를 제공한다는 명분이 있었다. 하지만 복권위원회가 보기에는 이 역시 예술가와 문화기관을 위한 사업이었다. 시상금과 축제 운영비는 결국 예술계로 들어가는 돈이고, 일반 국민 특히 소외계층이 얻는 직접적 혜택은 제한적이라는 판단이었다. 이 사업 역시 2006년부터 폐지되었다.

'다중 밀집 지역 작은 문화장터' 사업도 같은 이유로 사라졌다. 2005년 15억 원이 투입된 이 사업은 시장이나 터미널 같은 사람들이 많이 모이는 곳에서 소규모 문화행사를 열어 일반 시민들이 쉽게 문화를 접할 수 있도록 하자는 아이디어였다. 취지는 좋았지만, 복권위원회가 볼 때는 행사 운영을 맡은 문화기관이나 예술단체에 돌아가는 혜택이 더 크다고 여겨졌다.

문학 분야에서도 큰 변화가 일어났다. 2005년 시작된 '문학회생 프로그램'은 출판업계 침체와 문학 독자 감소에 대응하기 위한 사업이었다. 좋은 문학작품을 더 많은 사람이 읽을 수 있도록 하고, 문학 창작 환경도 개선하자는 취지였다. 하지만 2006년부터는 '문학 나눔'으로 이름이 바뀌면서 성격도 완전히 달라졌다. 문학 생태계 전반을 지원하는 방식에서 저소득층에게 직접 우수 문학 도서를 제공하는 방식으로 전환된 것이다. 복권위원회의 관점에서 보면 훨씬 명확하고 직접적인 사업이 된 셈이었다. 수혜자가 누구인지 분명하고, 그들이 받는 혜택도 구체적으로 측정할 수 있었기 때문이다.

- 사업 명칭과 목표의 전면 개편

변화는 개별 사업에만 그치지 않았다. 2007년부터는 사업 명칭 자체가 바뀌었다. 기존의 '복권기금 예술사업'에서 '복권기금 문화나눔사업'으로 변경된 것이다. 이는 단순한 명칭 변경이 아니라 정책 철학의 근본적 전환을 의미했다. '예술'에서 '문화나눔'으로 바뀐 것은 예술의 창의성이나 우수성보다는 소외계층의 문화 향유 기회를 우선시하겠다는 신호였다. 예술을 '나누는' 행위에 방점이 찍힌 것이다. 이에 맞춰 문화예술진흥기금 단위 사업명도 '예술의 사회적 역할 확대'와 '예술의 생활화'로 변경되었다.[23] 예술 그 자체보다는 예술이 사회에 미치는 영향과 일상에서의 역할을 강조하는 방향으로 바뀐 것이다.

정책 목표도 명확하게 바뀌었다. 2004년부터 2006년까지는 '모

23 한국문화예술위원회, 『2008년 복권기금 문화나눔사업 성과평가 연구』, pp. 19-22.

두를 위한 예술'을 지향하면서 소외계층 지원, 지역 주민 문화향유 확대, 기초예술 활성화를 균형 있게 추진했다. 하지만 2007년부터는 '소외계층의 문화 향수권 증대'가 명시적이고 압도적인 목표가 되었다.

구체적인 전략목표도 재편되었다. 기존의 '소외계층 대상 문화향수 신장', '지역 주민 대상 문화향유 기회 확대', '기초예술 회생

〈표 4-5〉 2006~2008년 복권기금 문화나눔사업 내용 변화

구분	단위 사업(명)	2006	2007	2008
소외지역 대상 문화향수 프로그램 지원	문화순회사업	○	○	○
소외계층 대상 문화나눔	문학 나눔	○	○	○
	전통 나눔	○	○	○
	공연 · 전시 나눔(사랑티켓)	○	○	○
	공연 · 전시 나눔(문화바우처)	○	○	○
	교육영상 콘텐츠 나눔	○	-	-
지역문화거점 활용 문화예술 프로그램 확산	지방문예회관 특별공연 프로그램 개발지원	○	○	○
	문화의 집 계층별 체험 프로그램 개발지원	○	-	-
	지방문화원 문화체험 프로그램 지원	○	○	○
	사립박물관, 미술관 특별전시 프로그램 지원	○	○	○
소외지역 공동체 문화 환경 조성	생활 친화적 복합문화공간 조성	○	○	-
	공공미술활용 생활문화 환경 가꾸기	○	○	-
	컬처 팩토리 설립 및 운영	○	-	-
	작은 도서관 조성 및 운영 사업	-	○	-
사회취약계층 대상 문화예술교육 지원	아동복지시설 문화예술교육 프로그램 지원	○	○	-
	노인 · 장애인 시설 문화예술교육	○	○	-
	사회문화예술교육 활성화	○	○	-

출처: 한국문화예술위원회, 『2008년 복권기금 문화나눔사업 성과평가 연구』, p. 25를 기초로 재구성.

및 예술창작 활성화' 등 세 가지 목표에서 '기초예술 회생 및 예술창작 활성화'는 사실상 사라지고, 나머지 두 목표도 '사회 양극화 해소를 위한 문화복지 제공'과 '지역기반시설을 활용한 문화 프로그램 제공'으로 더욱 구체화 되었다.

이에 따라 기존 15개 단위 사업도 대폭 정리되었다. 나열식으로 편성되던 개별 사업들은 5개 목표사업으로 통합 편성되었다: 〈표 4-5〉와 같이 '소외지역 대상 문화향수 프로그램 지원', '소외계층 대상 문화나눔', '지역문화거점 활용 문화예술프로그램 확산', '소외지역 공동체 문화 환경 조성', '사회취약계층 대상 문화예술교육 지원' 등이었다.

- 복권위원회는 왜 이런 변화를 요구했을까?

복권위원회의 개입에는 나름의 논리가 있었다. 첫째, 복권기금의 정당성 확보였다. 복권 구매자 대부분이 서민층인 상황에서 그 수익금이 일반 대중과 거리가 먼 예술창작에 쓰인다면 비판을 받을 수 있었다. 실제로 "서민들이 사는 복권으로 왜 예술가를 지원하느냐"라는 지적이 간헐적으로 제기됐다. 복권위원회로서는 이런 비판에 선제적으로 대응할 필요가 있었다. 특히 복권이 '가난한 사람들의 세금'이라는 비판을 받는 상황에서, 그 수익금이 다시 가난한 사람들에게 돌아가는 선순환 구조를 만드는 것이 중요했다. 복권위원회는 이를 통해 복권 사업 자체의 사회적 정당성을 확보하려 했다.

둘째, 성과의 가시성이었다. 예술 창작 지원은 효과를 측정하기 어렵고 국민이 체감하기도 힘들다. 좋은 작품이 나왔는지, 예술가의 창작 환경이 개선됐는지를 객관적으로 평가하기 쉽지 않았다. 반면 소외계층에게 직접 문화 기회를 제공하면 수혜자 수, 만족도, 참여율 등으로 성과를 명확하게 보여줄 수 있었다. 복권위원회는 매년 기금 사업에 대한 평가와 점검을 받아야 했기에, 명확한 성과 지표를 제시할 수 있는 사업이 유리했다.

셋째, 복권 판매 확대에도 도움이 됐다. "복권 수익금이 어려운 이웃을 위해 쓰인다"라는 메시지는 복권 구매의 사회적 정당성을 높였다. 복권을 사는 것이 단순한 사행성 게임이 아니라 이웃을 돕는 의미 있는 행동이라는 인식을 심어줄 수 있었다. 복권위원회로서는 일석이조의 효과였다.

넷째, 정치적 부담을 줄이는 효과도 있었다. 복권기금 사업은 늘 정치권과 시민사회의 감시를 받았다. 특히 기금이 공익 목적에 맞게 쓰이는지에 대한 관심이 높았다. 소외계층 직접 지원 사업은 이런 감시와 비판으로부터 상대적으로 자유로울 수 있었다.

- 정책 변화의 의미와 영향

복권위원회의 개입은 문화나눔사업의 결정적인 전환점이었다. 이를 통해 몇 가지 중요한 변화가 나타났다.

첫째, 정책의 수혜 대상이 명확해졌다. '모든 국민-문화 격차를 겪고 있는-'이라는 다소 애매한 목표에서 '소외계층'이라는 구체적 대상으로 집중된 것이다. 이는 정책의 효과성을 높이는 긍정적인 변화였다. 제한된 예산으로 더 많은 사람에게 도움을 주려면 대상을 명확히 할 필요가 있었기 때문이다.

둘째, 복권기금의 성격이 정책에 미치는 영향이 분명해졌다. 재원의 성격이 정책 방향을 결정하는 강력한 요인임이 드러난 것이다. 이후 문화나눔사업은 복권기금의 논리에서 벗어나기 어려운 구조가 되었다. 복권기금을 사용하는 한, "복권 구매자들에게 정당한가?"라는 질문에 답해야 했다.

셋째, 문화정책에서 '효율성'과 '성과 측정'이 중요한 기준으로 자리 잡았다. 예술의 내재적 가치보다 사회적 효용과 가시적 성과가 더 중시되는 경향이 강화된 것이다. 이는 이후 한국 문화정책 전반에 영향을 미쳤다.

넷째, 정책 결정 과정에서 재정 당국의 영향력이 커졌다. 복권위원회가 문화정책의 방향을 실질적으로 결정하는 상황이 된 것이다. 이는 문화의 자율성 측면에서는 우려스러운 변화였다.

- 정책 전환의 과정: 조금씩 쌓아 올린 변화

2007년을 기점으로 문화나눔사업의 정책 지향점은 '모두를 위한 예술'에서 '소외계층의 문화 향수권 증대'로 명확히 바뀌었다. 이런 변화는 단순히 구호만 바뀐 것이 아니었다. 여러 단위 사업이 폐지되거나 조정됐고, 예산 집행 기준도 달라졌다. 제도 전반에 실질적인 영향을 미친 것이다. 특히 주목할 점은, 이런 변화를 주도한 주체가 문화관광부나 한국문화예술위원회가 아니라 복권위원회였다는 점이다. 예산을 통제하는 쪽에서 정책의 방향을 바꿔버린 셈이었다. 재원을 통제하는 행위자가 얼마나 강력한 영향력을 가지는지를 잘 보여주는 사례였다.

하지만 이런 정책 전환이 하루아침에 이루어진 것은 아니었다. 복권위원회가 "이제부터 모두 바꾸겠다"라고 선언하며 기존 사업을 없앤 것이 아니라, 기존 틀을 유지한 채 내용을 조금씩 바꾸는 방식을 택했다. 예를 들어 '문학회생 프로그램'은 폐지되지 않고 '문학 나눔'으로 이름과 성격을 바꿨고, 전체 사업 구조도 한 번에 뒤엎지 않고 15개 개별 사업을 5개 목표사업으로 묶어 정리했다. 명칭도 '복권기금 예술사업'에서 '복권기금 문화나눔사업'으로 바꾸어 방향성을 분명히 했다. 이렇게 기존 정책의 틀 위에 새로운 요구를 덧붙이며 점차 쌓아 올린, 이른바 '중첩'의 방식으로 변화가 이루어진 것이다.

문화관광부가 이런 방식을 선택한 데는 현실적인 이유가 있었다. 복권기금 없이는 문화나눔사업 자체가 불가능했기 때문이다. 2004년 문화예술진흥기금 모금제가 폐지된 이후 이를 대체할 재원이 없었고, 복권기금이 유일한 대안이었다. 따라서 복권위원회의 요구를 정면으로 거부할 수는 없었다. 그렇다고 기존에 하던 일을 모두 포기할 수도 없었다. 절충안이 필요했다. 복권위원회가 원하는 방향으로 사업을 조정하되, 기존 사업의 명맥은 최대한 유지하려 한 것이다.

복권위원회 입장에서도 이런 점진적 접근이 유리했다. 한 번에 모든 걸 바꾸면 문화예술계의 반발이 클 수 있었고, 새로운 사업을 처음부터 만드는 것보다 기존 사업을 조정하는 쪽이 위험 부담이 적었다. 복권기금의 공익성이라는 대원칙만 지켜진다면 세부적인 부분에서는 융통성을 발휘할 수 있었다. 이런 과정을 거치며 복권위원회는 "수혜자 직접 체감"이라는 자신들의 원칙을 문화나눔사업에 깊숙이 심어놓았다. 한 번 심어진 이 원칙은 시간이 지날수록 강화됐다. 예산 심사 기준이 되고, 성과 평가 지표가 되면서 문화나눔사업을 규정하는 핵심 원리로 자리 잡았다.

결과적으로 문화나눔사업은 2007년을 기점으로 누구나 알아볼 수 있을 만큼 확실히 달라졌다. 수혜 대상도 '소외계층'으로 명확해졌고, 정책 목표도 '문화격차 해소'로 구체화됐다. 하지만 이런 변화는 기존 정책을 완전히 뒤엎고 새로 만든 것이 아니라, 복권기금이라는 재정적 제약 속에서 정책을 조금씩 조정해 쌓아 올린 결과였다.

이렇게 만들어진 변화는 매우 견고했다. 복권위원회가 제시한 "수혜자 직접 체감" 원칙은 20여 년이 지난 지금도 문화나눔사업의 핵심 기준으로 작동하고 있다. 2007년의 이 변화가 없었다면 문화나눔사업은 지금과는 전혀 다른 모습이었을 것이다. 한 번 길이 정해지면 그 길에서 벗어나기 어렵다는 것을 보여주는 대표적인 사례다.

운영 체계 혁신의 시도와 좌절: 문화나눔추진단 실험

2007년 복권위원회의 개입으로 문화나눔사업의 방향이 '소외계층 직접 지원'으로 전환된 후 새로운 과제가 떠올랐다. 바로 운영 체계의 혁신이었다. 기존의 복잡하고 분산된 운영 구조로는 새로운 정책 목표를 효과적으로 달성하기가 어려웠기 때문이다. 이런 배경에서 문화나눔추진단이라는 실험이 시작되었다.

- 복잡한 운영 체계의 한계

당시 문화나눔사업의 운영 체계를 한눈에 파악하기는 쉽지 않았다. 복권기금 문화나눔사업은 사업계획을 수립하는 문화관광부, 예산을 집행하는 한국문화예술위원회, 단위 사업을 시행하는 주관 단체로 구성되며, 여기에 전체 복권기금 운용계획을 수립하는 복권위원회, 기획재정부, 국회가 연계되어 있었다. 사업계획은 문화관광부가 각 사업별 시행 주체들과의 협의를 통해 총괄적으로 수립하고, 복권위원회 · 기획재정부 · 국회를 거쳐 복권기금 사업운용계획이 확정되면, 해당 기금이 한국문화예술위원회로 전입되는 구조였다.

2004년부터 2007년까지 사업 시행 주체는 한국문화예술위원회를 중심으로, 한국문화예술교육진흥원, 공공미술추진위원회, 국립중앙도서관, 한국메세나협의회, 한국문화원연합회, 전국문예회관연합회, 한국박물관협회, 한국문화의집협회 등이 참여하였다. 이들 시행 주체는 사업계획 수립과 결과 보고는 문화관광부와 협의하고, 예산 신청 · 교부 · 정산은 한국문화예술위원회와 협의하는 방식으로 운영되었다.

단위 사업의 운영 구조 역시 한국문화예술위원회가 직접 추진하는 사업과 문화관광부 협력사업으로 이원화되었다. 이 중 문화관광부 협력사업은 지방문예회관 공연 지원사업 등, 한국문화예술위원회 외의 시행 주체들이 관여하는 사업들로 구성되었다. 문화관광부 내에서는 지역문화과, 문화예술교육과, 기초예술진흥과, 박물관정책과, 지원총괄팀, 공연예술팀, 문학팀, 사회공헌팀, 문화공간조성사업추진반 등 총 7개 부서가 사업에 관여하였으며, 대부분의 복권기금 문화나눔사업이 공모 방식으로 운영됨에 따라 각 사업별로 심사위원, 평가위원, 자문단 등 별도의 지원 조직이 함께 구성되었다.

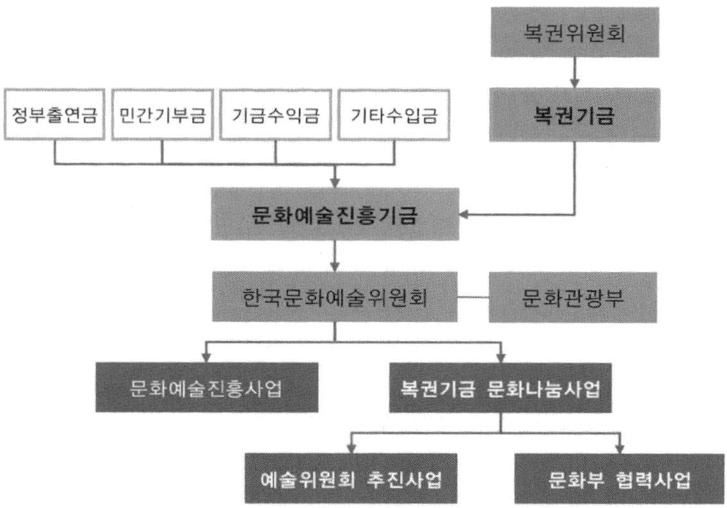

출처: 한국문화예술위원회, 『2008년 복권기금 문화나눔사업 성과평가 연구』, p. 28.

〈그림 4-5〉 2004~2007년 복권기금 문화나눔사업 운영 체계

이렇듯 수많은 조직이 다양한 관계로 얽혀있어서 사업 구조는 필연적으로 복잡해질 수밖에 없었으며, 사업과 예산의 이원화 구조는 독립적 운영보다는 다소 중복적인 형태를 보였다. 문화관광부와 한국문화예술위원회가 추진하는 사업의 목표나 성격이 명확히 구분되지 않았고, 예산 신청, 교부, 사업 협의 및 결과 보고 등이 반복적으로 이루어지면서 원활한 사업 추진에 어려움을 초래하였다.

의사결정 과정도 매우 복잡했다. 새로운 사업을 추가하거나 기존 사업을 변경하려면 여러 단계의 승인 과정을 거쳐야 했다. 각 기관마다 다른 이해관계와 우선순위를 가지고 있어 조율 과정에서 상당한 시간이 소요되었다. 책임 소재도 불분명한 경우가 많았다.

서비스 품질의 불균등도 심각한 문제였다. 지역문화재단마다 역량과 의지가 달랐고, 지방자치단체마다 관심도와 지원 수준이 달랐다. 같은 문화나눔사업이라도 지역에 따라 전혀 다른 경험을 제공하는 경우가 많았다. 예산 집행의 비효율성도 무시할 수 없었다. 여러 기관을 거치면서 행정비용이 증가하고, 예산 사용의 융통성이 떨어졌다.

- 문화나눔추진단의 단계적 발전

이러한 문제 인식 아래 문화나눔사업의 운영 체계를 일원화하려는 시도는 2007년부터 시범적으로 추진되었다. 구체적으로 복권기금 사업 시행 초기인 2004년과 2005년에는 한국문화예술위원회 내에서도 단위 사업별로 기존 조직 중 일부와 함께 국악축전 조직위원회, 문학나눔추진위원회(당시 명칭은 문학회생프로그램추진위원회) 등이 개별적으로 사업을 담당하였다. 그러나 2006년 3월에는 문화예술진흥기금의 타 사업과 구분되는 복권기금 사업 추진의 효율성을 높이기 위해 조직 개편을 단행하고, 전담 부서로 '문화나눔 팀'을 구성하였다. 이후 2007년에는 사업 조정 및 연계를 위한 조직으로 '문화나눔추진단'을 구성하여 운영하기 시작했다.

2008년에는 한국문화예술교육진흥원, 국립중앙도서관 등 일부 공공기관이 복권기금 사업에서 배제되면서, 한국문화예술위원회 내에 전담 부서인 '문화나눔추진단'을 설치하여 운영 체계 일원화가 본격화되었다. 이 추진단이 통합되어 단장 1인과 회계 · 평가 · 운영을 담당하는 상근 직원을 중심으로 산하 사무국의 업무를 총괄하게 되었다.

문화나눔추진단은 한국문화예술위원회 내 문화협력본부 사업운영팀의 관할 하에 운영되었으며, 한국문화예술위원회와 문화나눔추진단은 지원협약서를 체결하고 사업을 수행하였다. 〈그림 4-6〉과 같이 추진단에는 4개의 사무국이 설치되었고, 사무국별 자율 운영을 통해 사업 역량을 강화하는 방식이 채택되었다. 아울러 별도로 관리되던 지방문예회관 공연지원 사업 등 문화관광부 협력사업들도 한국문화예술위원회 내로 통합 관리되면서, 기금의 평가 및 사후관리 효율성을 높이는 계기가 되었다.

이와는 별도로, 문화소외계층과 특수 취약계층에 대한 문화복지 실현이라는 정책 목표를 효과적으로 달성하기 위해 문화나눔추진단은 국방부, 법무부, 보건복지가족부, 대한주택공사 등 다양한 부처 및 기관과 업무협약을 체결하고, 소외계층에 효과적으로 접근하기 위한 협조체계를 구축하였다.

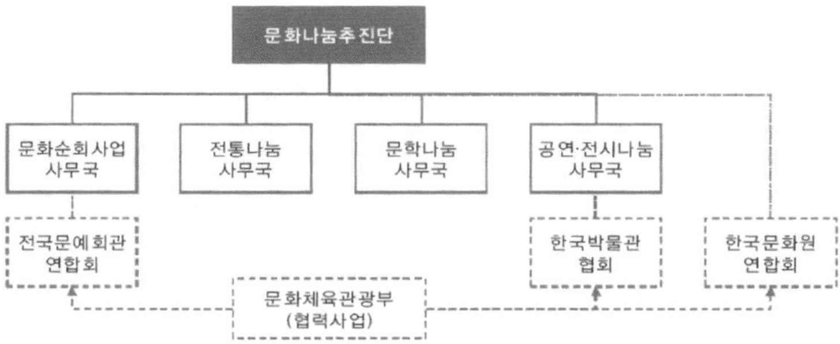

출처: 한국문화예술위원회, 『2008년 복권기금 문화나눔사업 성과평가 연구』(2009), p. 30.

〈그림 4-6〉 문화나눔추진단 운영 체계

이런 협력 체계는 문화나눔사업이 단순히 문화계 내부의 사업이 아니라, 사회 전반의 복지 향상을 목표로 하는 종합적인 정책임을 보여주는 의미가 있었다. 예를 들어 국방부와의 협력을 통해 군부대 내 장병들에게 문화 서비스를 제공하고, 법무부와의 협력으로 교정시설 수용자들을 대상으로 한 프로그램을 운영했다. 보건복지가족부와는 사회복지시설 이용자들을 위한 프로그램을 함께 기획했다.

그러나 1년 만인 2009년에는 다시 운영 체계의 조정이 이루어졌다. 그동안 문화나눔추진단이 담당하던 2차 사업시행자인 전통문화예술진흥재단, 전국문예회관연합회, 한국박물관협회, 한국문화예술진흥원 등을 한국문화예술위원회 내 문화나눔부가 직접 관리하는 방식으로 변경되었다.

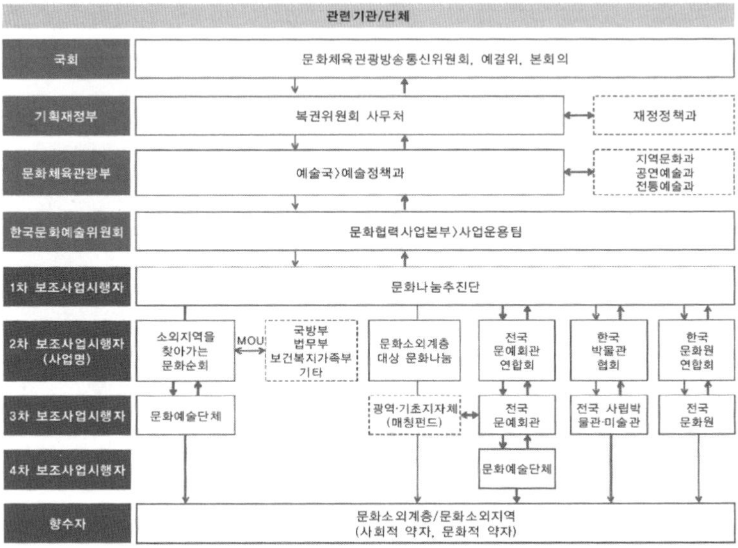

출처: 한국문화예술위원회, 『2008년 복권기금 문화나눔사업 성과평가 연구』(2009), p. 72.

〈그림 4-7〉 2008년 문화나눔사업 운영 체계

이는 추진단의 중간 관리 역할이 실제로는 그리 효과적이지 않다는 판단에서 나온 것으로 보인다. 추진단을 거쳐서 관리하는 것과 직접 관리하는 것 사이에 큰 차이가 없다면, 굳이 복잡한 구조를 유지할 필요가 없다는 현실적 고려였다. 또한 추진단이 설치되었다고 해서 갑자기 문화나눔사업의 효율성이 높아지거나 서비스 품질이 개선되지는 않았다는 점도 작용했다.

- 해체와 그 이후: 의도하지 않은 결과들

문화나눔추진단에 결정적 타격이 온 것은 2009년 문화체육관광부 정기감사에서였다. 문화나눔추진단을 포함한 별도 조직의 설치 및 운영이 위원회 정관에 위배된다는 지적이 제기된 것이다. 한국문화예술위원회는 법정 기구로서 그 조직과 운영에 관한 사항은 정관에 명시되어야 한다. 하지만 문화나눔추진단은 정관 개정 없이 사실상의 별도 조직으로 운영되고 있었다. 법적으로는 한국문화예술위원회 내부의 한 부서에 불과했지만, 실제로는 독립적인 조직처럼 운영되었다.

이런 지적은 추진단의 존재 자체를 의문시하게 했다. 법적 근거가 불분명한 조직이라는 비판이 제기되면서, 추진단의 정당성에 대한 의문이 확산하였다. 지역 조직들도 추진단의 지침을 따라야 할 이유를 찾지 못하게 되었다. 또한 이는 문화나눔사업 전체의 신뢰성에도 악영향을 미쳤다. 사업을 총괄하는 조직 자체가 법적 정당성 논란에 휘말리면서, 사업의 투명성과 책임성에 대한 의문이 제기되었다.

이에 따라 문화나눔추진단은 2010년 5월 해체되었다.[24] 2년여 간의 실험이 막을 내린 것이다. 공식적으로는 '조직 효율화'와 '법적 정당성 확보'라는 명분이었지만, 실제로는 성과 부족과 정치적 부담이 주된 이유였다. 추진단의 해체 과정에서 드러난 것은 혁신의 어려움이었다. 기존 조직들의 저항, 법적 제약, 그리고 무엇보다 가시적 성과의 부족이 추진단을 압박했다. 오히려 새로운 조직 설치로 인한 혼란과 갈등만 가중되는 면이 있었다. 현장에서는 "추진

24 한국문화예술위원회, "2009 문화부 정기감사 조치 결과"(2009. 3. 24), 한국문화예술위원회 홈페이지, https://art.arko.or.kr/board/view/900?bid=&cid=22687&sf_icon_category=)

단이 생겨서 뭐가 달라졌냐?"라는 냉소적 반응이 나왔다.

이후 한국문화예술위원회 내 문화나눔부가 전체 단위 사업을 총괄하고, 각 단위 사업은 별도의 주관처가 운영하는 형태로 전환되었다. 이에 따라 총괄기관인 한국문화예술위원회는 9개 단위 사업을 총괄 · 조정하는 역할을 하게 되었으며, 복권기금 사업에 대한 전략계획 수립 및 추진 관리, 사업 전반에 대한 관리와 지원(진행, 심의, 평가, 홍보, 외부 협력 등), 종합 통계자료 유지, 문화나눔사업 개발 및 평가 등의 지원 · 총괄 · 평가 기능을 담당하였다.

그러나 실제로 문화나눔부는 각 단위 사업 주관처로부터 자료를 요청해 이를 정리하는 수준에 머물렀으며, 수혜 대상에 대한 기초자료의 수집 · 축적 · 분석이나 문화나눔사업 전반에 대한 실질적 총괄 · 조정은 수행하지 못하였다. 이는 추진단이 해체되면서 오히려 통합적 관리 기능이 더욱 약화된 것을 의미했다.

특히 2011년부터 예산 집행의 투명성을 제고하기 위해 문화바우처 카드제가 도입되면서, 문화나눔부의 예산 교부 및 정산 관련 업무량이 크게 증가하였다. 카드 사업비는 복권위원회에서 한국문화예술위원회로 배정된 뒤, 광역시 · 도를 거쳐 기초 시 · 군 · 구로 교부되며, 이때 매칭되는 지방비는 한국문화예술위원회에 예탁하게 되어 있다. 각 지방자치단체가 예탁관리 계좌를 개설해 자금을 관리하게 됨에 따라, 관련 행정업무는 한국문화예술위원회에 집중되었고, 이에 따라 예산 교부 및 정산 이외의 사업 관리, 사업 평가, 교육 등은 상대적으로 소홀해졌으며, 사업 전반에 대한 총괄 · 분석 · 조정 역할은 사실상 수행되기 어려운 구조가 되었다.

카드제 도입은 문화나눔부의 업무 성격을 근본적으로 바꿔놓았다. 원래 의도했던 정책 총괄과 조정 기능보다는 예산 교부와 정산이라는 행정업무가 주된 업무가 되어버린 것이다. 전국 250여 개 시 · 군 · 구와 예산 관련 업무를 처리해야 하다 보니, 정작 중요한 정책 기획이나 사업 평가, 교육 등은 뒷전으로 밀려났다.

이는 문화나눔추진단이 해체된 후 나타난 아이러니한 결과였다. 추진단을 만들 때는 효율성과 통합성을 목표로 했지만, 결과적으로는 더 분산되고 비효율적인 구조가 만들어진 것이다. 각 단위사업은 다시 개별적으로 운영되기 시작했고, 전체적인 조정과 통합은 오히려 약화되었다.

- '소멸'을 통한 정책 변화의 교훈

문화나눔추진단의 운명은 정책 변화에서 말하는 '소멸'의 전형적 사례였다. 이는 정책이나 제도가 환경 변화에 적응하지 못하고 점진적으로 쇠퇴하여 결국 소멸하는 현상이다. 문화나눔추진단은 기존 제도들과의 마찰, 정치적 저항, 그리고 법적 정당성 부족이라는 삼중고에 시달리면서 점차 동력을 잃었다.

특히 주목할 점은 문화나눔추진단이 기존 운영 체계를 완전히 대체하지 못한 채 그 위에 새로운 층을 얹은 형태로 운영되었다는 것이다. 이에 따라 권한과 책임이 더욱 모호해졌고, 오히려 비효율이 증가하는 결과를 낳았다. 기존 조직들의 관성과 기득권이 새로운 시도를 압도했고, 법적 근거의 모호함은 정치적 공격의 빌미를 제공했다.

문화나눔추진단의 실패는 단순히 조직 운영의 문제가 아니었다. 이는 문화나눔사업이 안고 있던 구조적 모순을 근본적으로 해결하지 못했음을 의미한다. 예산 권한과 집행 권한, 평가 권한이 각각 다른 기관에 분산되어 있는 상황에서 단순히 조정 기구를 만드는 것만으로는 한계가 있었다. 또한 혁신을 위해서는 법적 기반과 정치적 지지가 필요하다는 교훈도 남겼다. 아무리 좋은 아이디어라도 적절한 절차를 거치지 않으면 언제든지 정당성 시비에 휘말릴 수 있다는 것이다. 더 나아가 조직 개편만으로는 근본적인 문제 해결이 어렵다는 점도 확인되었다.

결국 문화나눔추진단의 해체 이후 문화나눔사업은 다시 분산된 운영 체계로 돌아갔고, 오히려 카드제 도입으로 인한 행정업무 증가로 총괄 · 조정 기능은 더욱 약화되었다. 이는 정책 혁신이 단순히 조직을 만드는 것만으로는 이루어지지 않으며, 보다 근본적이고 종합적인 접근이 필요함을 보여주는 교훈적 사례가 되었다. 문화나눔추진단이라는 실험은 정책 혁신의 어려움과 기존 제도의 강한 관성을 보여주는 중요한 경험이었다.

기획재정부의 예산 삭감: 권력관계의 현실

2008년, 문화나눔추진단을 통한 운영 체계 개선이 한창 진행되고 있을 때, 이번에는 예상치 못한 요인으로 인해 더 근본적인 위기가 닥쳤다. 기획재정부가 복권기금 중 문화예술 분야 예산을 대폭 삭감한 것이다. 2008년 문화나눔사업에 배정된 복권기금은 188억 원으로, 2004년부터 2007년까지 평균 291억 원 수준을 유지하던 예산에서 35%나 줄었다. 〈그림 4-8〉에서 보듯이 이는 단순한 등락을 넘어서는 급격한 변화였다.

(단위: 백만원)

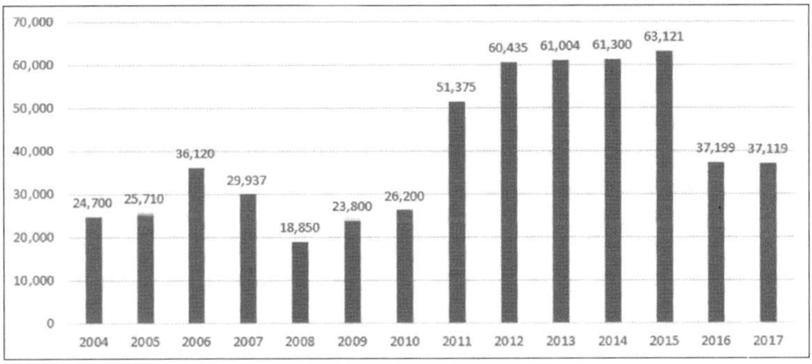

출처: 한국문화예술위원회, 『2017년 복권기금 문화나눔사업 성과 및 타당성 연구』(서울: 한국문화예술위원회, 2017), p. 16.

〈그림 4-8〉 복권기금 문화나눔사업 기금 규모 추이

더욱 심각한 것은 이것이 단순히 복권 판매 부진으로 인한 것이 아니었다는 점이다. 전체 복권기금 사업비에서 문화예술진흥 사업비가 차지하는 비율 자체가 5% 안팎에서 2.45%로 절반 가까이 떨어진 것이다. 누군가가 의도적으로 문화예술 분야 예산을 줄인 것이었다.[25]

25 기획재정부 복권위원회, 『2007년도 복권기금 결산보고서』(2008), pp. 2-3; 기획재정부 복권위원회, 『2008년도 복권기금 결산보고서』(2009), pp. 4-5.

〈표 4-6〉 복권기금 사업비 중 문화예술진흥 사업비

연도	전체 사업비	문화예술진흥 부문	
		사업비	비율
2004년	9,378억 원	446억 원	4.76%
2005년	10,308억 원	498억 원	4.83%
2006년	10,715억 원	538억 원	5.02%
2007년	10,340억 원	486억 원	4.70%
2008년	8,073억 원	198억 원	2.45%

출처: 한국문화예술위원회, 『2008년 복권기금 문화나눔사업 성과평가 연구』(2009), p. 23의 내용을 재구성.

• 복권위원회 vs 기획재정부: 권력의 현실

그런데 예산 삭감 과정에서 드러난 사실은 더욱 충격적이었다. 복권위원회는 문화예술진흥 부문에 300억 원을 지원하기로 의결했었다. 하지만 기획재정부 기금운용계획과에서 이를 전액 삭감하려 했다. 여기서 중요한 것은 복권위원회 위원장이 바로 기획재정부 차관이라는 점이었다. 즉, 기획재정부의 2인자가 위원장으로 있는 위원회에서 공식 결정한 사항을, 같은 부처의 하위 부서인 '과' 단위에서 뒤집어버린 것이다. 이는 조직 운영의 상식으로는 이해하기 어려운 일이었다.

이 사례는 복권기금 운용에서 실질적인 권한이 어디에 있는지를 적나라하게 보여주었다. 복권위원회라는 의결 기구가 있지만, 실제로는 기획재정부 실무부서에서 예산을 좌지우지할 수 있다는 것이었다. 복권위원회의 의결은 형식에 불과하고, 진짜 결정권은 다른 곳에 있다는 뜻이었다. 이러한 사실이 공론화된 것은 2008년 10월 7일 열린 제18대 국회 문화체육관광방송통신위원회 국정감사에서였다. 천정배 의원이 한국문화예술위원회를 상대로 복권기금 전입금 급감에 대해 날카로운 질의를 진행했다.[26]

> (천정배 위원) 문화예술위원장님께 묻습니다. 2004년부터 복권기금을 받아 가지고 소외 · 취약 계층을 대상으로 한 문화나눔 서비스 사업을 펼치고 계시지요?
> (한국문화예술위원장 김정헌) 예, 그렇습니다.
> (천정배 위원) 그런데 그게 그동안은 대략 1년에 500억 원 안팎의 복권기금을 받아왔는데 올해에는 198억으로 줄었고 내년에도 218억이 계상됐지요?
> (한국문화예술위원장 김정헌) 예, 218억 정도로 지금 책정되어 있습니다.
> (천정배 위원) 문화예술진흥기금에 대한 복권기금의 지원 비율이 과거에 대체로 약 5%에서 이제는 2%대로 내려온 것이 원인인데 다른 것도 아니고 소외 · 취약 계층에 대한 문화향유권을 보장하는 일은 매우 중요한 일인데요. 이 문제는 재원 확보 대책을 가지고 계신가요?
> (한국문화예술위원장 김정헌) 복권기금은 저희 위원회로 이렇게 전입되는 200억 내외의 기금이 제일 처음에 시작할 때의 500억에서 지금 한 반 이하로 줄었습니다. 그런데 복권위원회의 복권기금이 줄어든 사정이 이제 제일 큰데요. 이게 매년 사업의 심사를 받아 가지고 복권위원회에서부터 기획재정부에 예산 이걸 받습니다. 그래서 그것이 확정될 때는 이게 막 오르락내리락하다가 저희가 복권위원회에서 올라간 것은 한 삼백몇십억 됐다가 기획재정

26 제18대 국회 문화체육관광방송통신위원회 국정감사(2008. 10. 7) 회의록 발췌.

부에서는 218억으로 깎인 겁니다.

한국문화예술위원장의 증언에 따르면, 복권위원회에서는 300억 원 이상을 의결했지만, 기획재정부에서 218억 원으로 대폭 삭감했다는 것이다. 복권위원회의 공식 결정이 기획재정부 실무부서에서 무력화된 것이었다.

천정배 의원은 같은 날 보도자료를 통해 문제를 더욱 구체적으로 지적했다. 한국문화예술위원회가 과거에는 매년 500억 원 안팎의 복권기금을 지원받아 소외 · 취약계층을 위한 문화복지사업을 꾸준히 추진해 왔지만, 2008년에는 198억 원, 2009년에도 218억 원에 그치면서 사업 규모가 크게 위축됐다고 밝혔다. 그는 또, 문화예술진흥기금에 대한 복권기금 지원 비율이 기존 약 5% 수준에서 2%대로 급감한 점을 문제로 지적하며, 문화체육관광부가 더 적극적으로 재원을 확보하기 위해 노력해야 한다고 강조했다.[27]

천 의원은 복권위원회의 의결 사항이 실무부서에 의해 일방적으로 훼손되는 것은 정책 결정 체계의 원칙을 무너뜨리는 일이라며 강하게 비판했다. 그는 "복권 안 팔리면 소외계층에 대한 지원도 없다?"라는 제목의 보도자료를 통해 이러한 구조적 문제를 공론화했다.

또한 그는 이 같은 상황이 반복되지 않도록 세 가지 개선 방향을 제안했다. 첫째, 복권위원회가 삭감한 문화예술진흥기금 지원

27 천정배 국회의원실, "복권 안 팔리면 소외계층에 대한 지원도 없다?" 보도자료, 2008. 10. 7.

비율을 최소한 과거와 같은 5% 수준으로 회복할 것. 둘째, 한국문화예술위원회가 집행하는 연간 경상사업비의 일정 비율을 소외·취약계층을 위한 사업에 의무적으로 배정할 것. 셋째, 복권기금 수입이 줄어들더라도 문화복지사업의 지속성을 보장하기 위해 부족한 재원은 국고로 보전하는 방식을 도입할 것.

이러한 제안은 문화나눔사업이 복권기금에 과도하게 의존하는 구조적 한계를 정확히 짚어냈다. 복권 판매 실적에 따라 기금 규모가 좌우되고, 더 나아가 기획재정부의 정치적 판단에 따라 배분 비율이 달라질 수 있다는 취약성이 드러난 것이다.

- 권력관계와 정책적 특성의 확인

2008년 예산 삭감 사태는 문화나눔사업을 둘러싼 의사결정 구조의 특징을 잘 보여주었다. 복권위원회가 300억 원을 의결했지만, 최종 결과는 188억 원에 그쳤다. 이는 공식 절차와 실제 결정 과정 사이의 간극을 드러낸 사례였다.

예산 배분의 실질적 권한은 문화부처가 아닌 기획재정부에 있었다. 문화체육관광부와 한국문화예술위원회가 정책을 기획하고 집행하지만, 그에 필요한 재원은 다른 곳에서 결정되는 구조였다. 이는 한국 정부 체계에서 예산 통제권이 지닌 영향력을 잘 보여준다. 복권위원장이 기획재정부 차관임에도 불구하고, 같은 부처의 실무부서가 위원회 결정을 조정한 것은 조직 내부의 의사결정이 공식 직책 관계보다 복잡할 수 있음을 시사한다. 정책운영에서 흔히 나타나는 현상이기도 하다.

문화나눔사업 예산의 변화는 사업 성과나 정책적 규범보다는 전반적인 정책 우선순위의 조정과 더 관련이 있었다. 사업 성과에 특별한 문제가 있었던 것도, 복권기금 운용 규칙이 바뀐 것도 아니었다. 경제 여건과 정책 환경 변화에 따른 결과였다. 이 과정에서 확인된 것은 정책적 틀만큼이나 그것을 운영하는 행위자들의 판단이 정책 결과에 큰 영향을 미친다는 점이다. 복권기금이라는 특정 재원에 의존하면서도 그 배분 권한이 다른 부처에 있다는 구조적 특성이 이런 결과를 초래했다.

결국 이 사건은 문화나눔사업이 정책의 우수성만으로 지속되기 어렵다는 현실을 보여주었다. 정책을 둘러싼 환경 변화와 이해관계에 대응하는 것이 지속성 확보의 핵심임을 확인한 계기였다. 이후 국정감사를 통한 문제 제기와 관련 부처의 노력으로 2009년부터 예산이 회복되었지만, 2008년의 경험은 문화나눔사업에서 예산 안정성 확보가 중요한 과제임을 각인시켰다.

이해관계자들의 셈법: 종합과 전망

문화나눔사업이 겪은 일련의 변화들은 정책을 둘러싼 다양한 이해관계자들이 어떻게 자신들의 논리로 사업의 방향을 바꿔놓았는지를 생생하게 보여준다. 복권위원회의 "수혜자 직접 체감" 요구, 문화나눔추진단의 운영 체계 혁신 시도, 그리고 기획재정부의 예산 통제는 모두 문화나눔사업이라는 하나의 정책을 서로 다른 관점에서 재해석하고 재구성하려는 시도들이었다.

문화나눔사업이 복권위원회의 강력한 개입을 받게 된 것은 복권기금이라는 재원의 특수성 때문이었다. 복권위원회 입장에서 문화나눔사업은 복권 구매자들에게 정당성을 보여줄 수 있는 핵심 수단이었다. 서민층이 사는 복권의 수익금이 다시 서민층에게 돌아간다는 선순환 구조를 만들어야 했고, 이를 위해서는 가시적이고 측정이 가능한 성과가 필요했다. 문화나눔사업은 이런 요구에 부응하기 위해 '모두를 위한 예술'이라는 포괄적 목표에서 '소외계층 직접 지원'이라는 구체적 목표로 방향을 전환할 수밖에 없었다. 예술창작 활성화 같은 간접적 효과보다는 수혜자가 직접 체감할 수 있는 서비스가 우선시되면서, 문화나눔사업의 성격 자체가 달라졌다.

한편 문화나눔사업에 문화나눔추진단이라는 새로운 조직이 도입된 것은 복잡하고 분산된 운영 체계의 문제를 해결하려는 시도였다. 하지만 문화나눔사업을 둘러싼 기존 이해관계자들의 저항과 법적 기반의 부재는 문화나눔추진단을 점진적으로 무력화시켰다. 문화나눔추진단은 기존 운영 체계를 대체하지 못한 채 그 위에 얹어지는 형태로 운영되면서 오히려 문화나눔사업의 책임 구조를 더욱 모호하게 만들었다. 결국 해체 이후 문화나눔사업은 이전보다 더 분산된 체계로 되돌아가면서, 통합적 관리라는 애초 목표와는 정반대 결과를 낳았다.

문화나눔사업이 기획재정부의 직접적 통제를 받게 된 것은 복권기금 배분 권한의 실질적 소재를 보여주는 상징적 사건이었다.

복권위원회가 공식 의결한 문화나눔사업 예산을 기획재정부 실무 부서에서 대폭 삭감한 것은 문화나눔사업이 얼마나 취약한 위치에 있는지를 적나라하게 드러냈다. 문화나눔사업의 지속성과 안정성이 문화 정책적 논리가 아닌 재정 당국의 정책 우선순위에 의해 좌우될 수 있다는 현실이 명확해진 순간이었다.

결국 문화나눔사업은 각 이해관계자의 서로 다른 요구와 논리 사이에서 일관된 정체성을 유지하기 어려워졌다. 복권기금의 공익성, 운영 체계의 효율성, 예산 당국의 우선순위라는 서로 다른 기준들이 문화나눔사업에 동시에 적용되면서 정책의 방향성이 흔들리기 시작했다. 이런 구조적 모순의 누적은 문화나눔사업의 대표 사업인 문화바우처가 통합문화이용권으로 전환되는 과정에서 더욱 근본적인 변화로 이어지게 된다. 문화향유 증진이라는 본래 목적과 복지서비스 전달이라는 새로운 요구 사이에서 문화나눔사업 전체의 정체성이 재정의되는 전환점이 다가온 것이다.

4. 문화복지로의 전환과 통합문화이용권

전 국민의 문화 감수성을 높여 삶의 질을 개선하겠다는 목표로 출발한 문화나눔사업은 시간이 지나면서 점점 문화 복지적 성격으로 변해왔다. 이러한 전환에 일조한 '통합문화이용권'[28]은 문화나

28 통합문화이용권(문화누리카드) 사업은 2006년 '문화바우처 사업'으로 시작되었다. 사업 명칭은 2006년부터 2012년까지는 '문화바우처 사업'으로 운영되다가, 2013년에 '문화이용권 사업'으로 변경되었고, 2014년부터는 문화뿐 아니라 여행, 스포츠 관람까지 포괄하는 '통합문화이용권(문화누리카드)'로 전환되어 지금에 이르고 있다. (한국문화예

눔사업의 가장 비중이 큰 프로그램으로, 이를 이해하기 위해서는 먼저 그 전신인 '문화바우처'의 변화 과정을 살펴봐야 한다.

문화바우처의 출발과 성장

문화바우처는 2004년 복권기금 4억 원을 배정받아 이듬해 '문화바우처'라는 이름으로 시범사업을 시작했다. 처음에는 장애인, 외국인 근로자, 저소득층 청소년을 대상으로 공연 관람을 지원했고, 목표도 명확했다. 소외계층의 문화 향유 기회를 늘려 문화적 감수성을 높이자는 것이었다. 이듬해인 2006년에는 예산이 26억 원으로 늘면서 사업도 전국으로 확대됐다. 이때 중요한 변화가 하나 더 있었다. 대상이 기초생활수급자와 차상위 계층으로 바뀐 것이다. 이렇게 달라진 데에는 몇 가지 이유가 있었다.

우선 문화격차를 줄이는 것을 주된 목표로 삼으면서, 소득이 낮은 계층을 우선 대상으로 정한 것이다. 시범사업 때는 다양한 취약계층을 대상으로 했지만, 1년간 운영해 보니 경제적으로 어려운 계층에 집중하는 것이 더 효과적이라는 판단이 선 듯하다. 복권기금의 취지와도 맞아떨어졌다. 원래 복권기금은 "경제적 · 사회적 · 지리적 소외 요소"를 가진 사람들에게 문화향유 기회를 제공하기 위해 만들어졌고, 기초생활수급자 같은 경제적 소외계층을 대상으로 하는 것이 재원의 성격에도 잘 맞았다.

술위원회, 『2024년 통합문화이용권(문화누리카드) 사업 만족도 조사 용역 결과 보고서』(2024), p. 4.)

정책의 효율성과 대상 선정의 명확성을 높이려는 의도도 있었다. 그전에는 취약계층 문화 프로그램들이 행정적 편의에 따라 너무 넓게 운영되다 보니, 효과가 분산된다는 지적이 많았다. 그래서 대상을 경제적 어려움이라는 기준으로 명확히 하면서 정책의 집중도를 높이려 했다. 하지만 이 결정은 동시에 정책의 방향이 달라지기 시작한 첫 번째 신호이기도 했다. 문화적 소외가 아닌 경제적 상황이 지원의 주된 기준이 되면서, 정책의 성격도 점차 변해가기 시작한 것이다.

초기에는 인터넷 홈페이지에서 신청 후, 포인트를 사용하여 제공되는 프로그램에 참여하는 방식으로 운영되었다. 지원 금액은 2006년 연간 3천 포인트(3만 원 상당)에서 2007년부터 5천 포인트(5만 원 상당)로 늘어났고, 그에 따라 예산도 계속 증가했다. 2007년 20억 원, 2008년 27억 원, 2009년 40억 원, 2010년에는 50억 원까지 늘었다. 다만 인터넷 포인트제라는 기술적 한계와 복잡한 사용 절차 때문에 접근성이 떨어진다는 지적은 계속됐다.

이렇게 보면, 문화바우처 사업이 2006년을 기점으로 문화소외계층 전반을 대상으로 하던 정책에서 경제적 취약계층에 초점을 맞춘 것은 단순한 대상 축소가 아니었다. 문화 격차를 완화하여 전 국민의 문화적 감수성을 높이자는 문화향유 중심의 목표에서, 경제적 어려움을 겪는 사람들의 기본적인 문화권을 보장하자는 문화복지적 관점으로 옮겨가기 시작한 것이다. 복권기금의 성격, 정책 효율성의 요구, 행정적 편의가 맞물린 이 변화는 이후 문화나눔사업이 문화복지로 전환되는 싹이 되었고, 정책의 방향을 바꾸는 결정적 단초가 되었다고 볼 수 있다.

2011년 정책의 전환점: 카드제 도입과 예산 급증

2011년은 문화바우처 역사에서 가장 극적인 변화가 일어난 해였다. 무엇보다 눈에 띈 것은 예산의 급격한 증가였다. 2010년 67억 원이던 예산이 2011년에는 347억 원으로, 무려 다섯 배 이상 뛰었다. 이는 문화나눔사업 전체를 통틀어도 전례 없는 규모였다. 겉으로만 보면 정부가 문화복지에 대한 의지를 크게 강화한 듯한 모습이었다.

하지만 이렇게 파격적인 예산 증가에는 여러 요인이 복합적으로 작용했다. 가장 직접적인 계기는 이명박 대통령의 정책 의지였다. 2010년 8월, 대통령은 라디오 연설에서 문화바우처 예산 확대를 직접 언급했다. "정부의 올해 문화바우처 지원 예산은 100억 원에도 못 미친다. 내년부터 예산을 빠르게 늘려 저소득층의 문화 혜택을 확대해 나가겠다"라고 약속한 것이다. 이 발언은 예산 당국과 관련 부처에 강한 신호로 받아들여졌다.

이후 문화체육관광부와 기획재정부는 2011년 예산 편성 과정에서 문화바우처 사업을 대폭 확대하기로 했다. 그 결과, 사업 규모는 급격히 커졌고 대상자 수도 47만 명에서 163만 명으로 세 배 이상 늘었다. 예산 역시 이에 맞춰 크게 불어났다.

〈표 4-7〉 2010년과 2011년 문화바우처 사업의 변화 비교

문화바우처	2010년	2011년
사업예산	67억 원	347억 원
수혜목표	47만 명	163만 명
지급 방식	홈페이지 포인트제	카드제

출처: 장세길, "2011년 문화바우처 사업을 진단한다", 『이슈브리핑』 60호(전북발전연구원, 2011), p. 4. 표 재구성.

카드형 바우처 시스템의 도입 역시 예산 증가의 중요한 요인이었다. 카드사 공모를 통해 운영 기반을 마련하면서 발급 비용, 가맹점 수수료, 시스템 구축비 등 새로운 지출이 발생했다. 기존의 인터넷 포인트제와 달리, 전국 단위 가맹점 네트워크와 실시간 결제 시스템을 갖추려면 상당한 인프라 투자가 필요했기 때문이다.

- 주요 변화와 그 이면

카드제 도입은 분명한 진전이었다. 그동안 인터넷 사용이 어려운 수혜자들이 겪던 접근성 문제가 크게 개선됐다. 복잡한 홈페이지 가입과 포인트 적립 절차 대신, 신용카드처럼 간편하게 사용할 수 있게 된 것이다. 사용처도 영화관, 서점, 음반매장, 공연장, 전시장까지 확대돼 선택의 폭이 넓어졌다. 시범사업 때부터 지적되었던 기술적 장벽이 드디어 해소된 셈이다.

하지만 이면에는 예상치 못한 문제가 있었다. 지원 방식이 '1인당 5만 원'에서 '1가구당 5만 원'으로 바뀌면서, 실질적인 혜택이 크게 줄어든 것이다. 4인 가족 기준으로 보면 기존 20만 원에서 5만 원으로, 무려 75%나 삭감된 셈이다. 기획재정부는 이를 두고

"한정된 예산으로 더 많은 사람에게 혜택을 주려면 어쩔 수 없는 결정"이라고 설명했다. 예산 총액이 정해져 있으니 수혜자 수를 늘리려면 개별 지원액을 줄일 수밖에 없다는 논리였다.[29] 하지만 수혜자들 사이에서는 "가족이 함께 문화생활을 즐기기에는 턱없이 부족하다"라는 불만이 터져 나왔다.

한편 2011년부터는 국비와 지방비를 7:3으로 나누는 매칭 구조도 도입됐다. 단순한 재정 분담을 넘어, 지방자치단체가 실질적인 사업 주체로 참여하게 된 것이다. 기존에는 민간단체 중심으로 운영되던 구조가 시 · 군 · 구와 읍 · 면 · 동 행정기관이 사업의 중심에 서는 형태로 바뀌었다.

이 변화에는 '지방분권'과 '지역 맞춤형 서비스'라는 명분이 붙었다. 지역의 특성을 반영해 문화 서비스를 제공하고, 중앙정부의 예산 부담을 줄이면서 지방자치단체의 책임과 참여를 높이려는 취지였다. 하지만 한편으로는 지방자치단체 간 재정 격차로 인해 사업 규모와 질에 차이가 벌어질 수 있다는 우려도 제기됐다. 재정이 넉넉한 지역은 더 많은 예산을 투입해 사업을 확대할 수 있었지만, 그렇지 못한 지역은 오히려 축소될 가능성이 있었기 때문이다.

카드만으로는 문화향유가 어려운 사람들을 위한 기획 사업도 새로 마련됐다. '모셔 오는 서비스'와 '찾아가는 서비스'로 구성해, 중증장애인, 독거노인, 산간 · 도서 지역 주민, 문화정보 접근이 어려운 아동 · 청소년, 보호자가 필요한 수혜자들에게도 직접 서비스

29 용호성, "문화바우처 정책의 쟁점과 방향", 『문화정책논총』 26권 1호(2012), p. 109.

를 제공했다. 단순히 카드를 나눠주는 데서 그치지 않고, 실제로 문화접근이 어려운 사람들에게까지 다가가겠다는 취지였다.[30]

동시에 민간의 참여를 유도하기 위해 '5% 객석 기부제'와 '나눔 티켓' 제도도 도입됐다. 5% 객석 기부제는 국공립 공연장과 공공 지원금을 받는 단체들이 객석의 5%를 문화카드 소지자에게 무료로 제공하는 제도였다. 나눔 티켓은 민간 공연장과 단체들이 팔리지 않은 빈 좌석을 50~80% 할인해 제공하는 방식으로 운영됐다. 정책 당국은 이를 '민관 협력의 새로운 모델'로 소개하며, 문화나눔의 사회적 확산을 노렸다.

- 변화의 의미: 복지정책으로의 전환

2011년의 변화는 문화바우처가 본격적으로 복지정책의 성격을 띠기 시작한 전환점이었다. 겉으로는 기존의 틀과 이름을 그대로 유지했지만, 실제 내용과 목적은 달라졌다. 카드제 도입으로 수혜자 수가 크게 늘고, 정책 성과가 눈에 띄게 드러나면서 정치적 지지를 얻기 쉬운 구조가 만들어졌다. 정책이 눈에 보이고 접근하기 쉬울수록 정치적 관심과 지지를 받기 쉽다는 원리가 그대로 작동한 것이다. 담당자들에게도 성과를 보여주기 쉬운 사업이 되었다.

하지만 이런 과정에서 문화 격차 해소를 통한 모든 국민의 문화적 감수성 향상이라는 본래 목표는 점점 뒤로 밀려났다. 대신 저소

30 복권기금 문화나눔사업 성과평가 평가단, 『2012년 복권기금 문화나눔사업 성과평가 연구』(서울: 한국문화예술위원회, 2013), p. 42.

득층을 위한 현실적인 지원이라는 복지적 기능이 전면에 나섰다. 그것이 정책의 생존을 위한 현실적 선택이었을지도 모르지만, 문화적 권리 실현이라는 근본적인 가치는 조금씩 희미해져 갔다.

2014년 '통합문화이용권'의 등장: 결정적 전환점

2011년 카드제 도입으로 한 차례 큰 변화를 겪은 문화바우처에 2014년 또 다른 중대한 전환점이 찾아왔다. 기존에 각각 다른 기관에서 운영되던 문화이용권, 여행이용권, 스포츠 관람이용권이 하나로 통합된 것이다.[31] 이는 단순한 제도 개편을 넘어서 문화나눔사업의 성격을 근본적으로 바꾸는 계기가 되었다.

통합 이전까지 세 개의 이용권은 각기 다른 역사와 운영 방식을 가지고 있었다. 여행이용권은 2005년 저소득 근로자를 대상으로 국내 여행 경비를 지원하기 위해 시작됐다. 처음에는 저소득 근로자만 대상이었지만, 점차 자영업자와 기초생활수급자, 법정 차상위 계층까지 확대되었다. 스포츠 관람이용권은 2010년부터 해당 계층 가구에 연간 최대 12만 원을 지원했다.

하지만 운영에는 여러 어려움이 있었다. 문화 활동을 하려면 한국문화예술위원회에, 여행을 가려면 한국관광공사나 지방자치단체에, 스포츠 경기를 보려면 국민체육진흥공단에 각각 신청해야 했다. 기관마다 신청 절차도 달랐고, 발급 시기도 제각각이었다. "문화카드는 받았는데 여행 카드는 떨어졌다"라거나 "스포츠 카드

31 문화체육관광부 · 한국문화관광연구원, 『2016 문화예술정책 백서』(2017), pp. 98-99.

는 언제 나오는지 모르겠다"라는 수혜자들의 불만도 잦았다.

정부 입장에서도 비효율이 컸다. 각 기관이 따로 행정비를 쓰다 보니 중복 투자도 발생했다. 더 큰 문제는 분야별 수요가 엇갈린다는 점이었다. 문화바우처는 인기가 높아 예산이 빨리 소진됐지만, 스포츠 관람이용권은 상대적으로 이용률이 낮아 예산이 남는 경우가 많았다. 그런데도 각각 별도로 예산이 편성돼 있어 유연하게 조정하기가 어려웠다.

이런 상황에서 박근혜 정부는 '문화융성'을 4대 국정 기조 중 하나로 내세우고, 국정과제에 "통합형 여가 바우처 도입"과 "저소득층 문화향수 기회 확대"를 명시했다. 여기에는 문화적 권리를 국가가 책임지고 보장하겠다는 의지가 담겨 있었다. 이를 뒷받침하기 위해 법과 제도도 정비됐다.

2013년 제정된 「문화기본법」은 국민의 문화권 보장을 국가의 책무로 선언하면서, 이를 실현하기 위한 정책 수립의 근거를 법적으로 규정한 최초의 기본법이라는 점에서 중요한 전환점이 되었다.[32] 같은 해 개정된 「문화예술진흥법」은 문화소외계층을 위한 정책 마련 의무를 명확히 하며, 수요자 중심의 문화정책과 취약계층 우선 고려 원칙을 제도적으로 뒷받침했다.

이러한 법적 정비는 문화소외계층의 상대적 박탈감을 해소하고, 일상에서 문화를 체험할 수 있는 기반을 조성하는 정책 추진으로 이어졌다. 이후 '문화가 있는 삶'을 구현하기 위한 각종 문화복

32 문화기본법 [법률 제16593호, 2019. 11. 26. 일부개정]

지 사업과 법령 체계는 「문화기본법」을 근간으로 더욱 체계화되기 시작했다.[33]

이에 따라 2013년 2월부터 문화이용권의 통합 준비가 본격화됐다. 기존에 각각 다른 기관이 운영하던 문화이용권, 여행이용권, 스포츠 관람이용권을 한국문화예술위원회가 맡아 일원화하고, 국민체육진흥공단과 한국관광공사와 협력해 가맹점 확보와 시스템 연계를 진행했다. 같은 해 "문화 · 여행 · 스포츠 관람이용권이 하나로 운영된다"라는 공지가 나오며 통합이 예고됐지만, 실제로 그해까지는 세 가지 카드가 별도로 발급됐다. 그리고 마침내 2014년 2월, 세 가지 이용권이 하나로 묶여 '문화누리카드'라는 이름으로 통합 발급되며, 하나의 카드로 문화 · 여행 · 스포츠를 모두 이용할 수 있는 체계가 완성됐다.

문화나눔사업 재원 구조의 변화와 그 의미

2014년 문화바우처가 통합문화이용권으로 일원화되면서 재원 구조도 한층 복잡해졌다. 세 가지 바우처를 하나로 합쳤으니, 세 가지 기금도 함께 써야 한다는 논리였다. 기존의 복권기금에 더해 관광개발진흥기금과 체육진흥기금까지 투입된 것이다. 하지만 각 기금마다 설립 목적과 운용 규정이 달라 예산을 편성하고 집행하는 과정이 번거로웠다.

이런 불편을 줄이기 위해 2016년부터는 체육진흥기금과 관광

33 문화관광부 · 한국문화관광연구원, 『2013 문화예술정책 백서』(2014), p. 14.

개발진흥기금의 일부를 문화예술진흥기금으로 옮겨 재원을 일원화했다. 복권기금에서 문화예술진흥기금으로 이전하는 방식으로 사업을 운영하면서, 하나의 기금으로 통합돼 예산 운용이 한결 간편해졌다. 문화체육관광부도 자체 기금으로 사업을 관리할 수 있게 되었다.

〈표 4-8〉 기초 문화생활 보장을 위한 문재인 정부 국정과제 세부 내용

국가 비전	국민의 나라 정의로운 대한민국
국정 목표	내 삶을 책임지는 국가
국정전략 (전략5)	자유와 창의가 넘치는 문화국가
국정과제 (67번)	지역과 일상에서 문화를 누리는 생활문화 시대
세부 내용	· 과제목표: 생활문화 정책 추진을 통해 국민의 기본권으로서의 문화적 권리 확보 지역 간 문화격차 해소, 문화유산의 보존 및 활용 강화 · 주요 내용 - **(국민 기초문화생활 보장) 저소득층에게 연간 6만 원이 지급되고 있는 통합문화이용권을 연차별로 확대하여'21년부터 10만 원 지급** - (국민 문화예술 역량 강화) 생애주기별 문화예술교육 확대로'22년 문화예술교육 수혜자 수 360만 명 달성 - - (지역 간 문화 균형발전) 분야별 문화도시 지정을 확대하고, 문화마을(읍 · 면 · 동 단위 중심) 신규 조성 추진 - (문화유산 보존 · 활용 강화) 매장문화재 조사 공영제 도입으로'22년까지 연간 지표조사 및 발굴 조사 지속 확대 - (문화 재원 확대) 연차별로 문화 분야 재원 적극 확대 · 기대효과 -'22년 문화예술행사 관람률 85% 달성('16년 78.3%) - - '22년까지 문화기반시설 3,080개 조성('16년 2,595개) 등으로 지역 문화 균형발전 토대 마련

출처: 정부업무평가위원회 홈페이지(http://www.evaluation.go.kr/psec/np/np_2_1_2.jsp#page3).

그런데 2017년 출범한 문재인 정부가 판을 바꿨다. 국정과제 67번인 '지역과 일상에서 문화를 누리는 생활문화시대'를 내세우며, "저소득층에게 연간 6만 원이 지급되던 통합문화이용권의 지원 금액을 연차별로 늘려 2021년부터는 10만 원까지 확대하겠다"라고 공약한 것이다. 문제는 재원이었다. 지원금은 매년 올리고 대상자도 늘리려면, 2016년 785억 원이던 사업비를 2021년까지 두 배 이상으로 키워야 했다. 그런데 문화예술진흥기금은 이미 통합문화이용권 외에도 다양한 문화예술 지원사업을 맡고 있어, 이런 급격한 증액을 감당하기에는 한계가 있었다.

(단위: 명, 억 원)

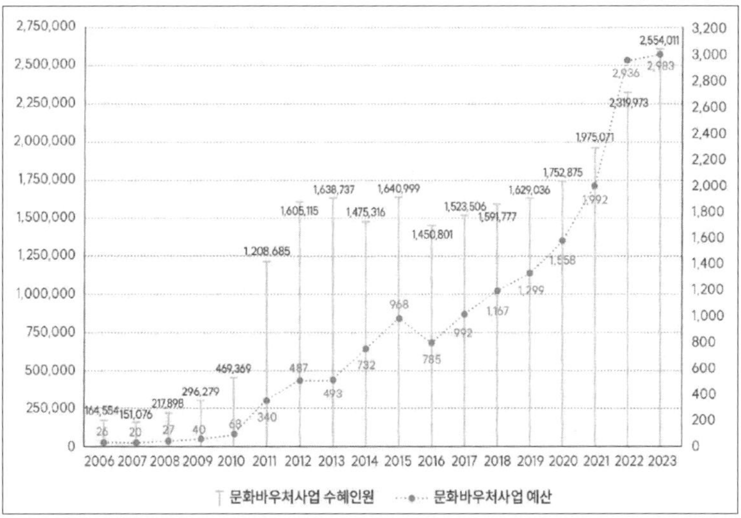

출처: 문화체육관광부 · 한국문화관광연구원, 『2023 문화예술정책 백서』, p. 91.

〈그림 4-9〉 통합문화이용권 사업예산 및 수혜 인원 현황

이런 상황에서 정부는 2018년부터 통합문화이용권의 재원을 다시 복권기금으로 돌렸다. 경제적 소외계층을 지원한다는 복권기금의 공익사업 취지가 저소득층을 대상으로 하는 통합문화이용권과 잘 맞았고, 기금 규모도 크고 안정적이어서 연차별 예산 증액을 무리 없이 감당할 수 있었기 때문이다. 복권기금으로 재원이 바뀐 뒤 예산은 눈에 띄게 늘어났다. 2018년 1,095억 원에서 시작해 2021년에는 1,733억 원까지 증가했고, 문재인 정부의 공약이었던 개인당 지원금 10만 원도 2021년에 달성할 수 있었다.

하지만 같은 문화나눔사업 안에서도 차이가 생기기 시작했다. 통합문화이용권은 복권기금으로 넘어갔지만, 문화소외계층 문화순회사업과 방방곡곡 문화 공감 사업은 여전히 문화예술진흥기금에 남아 있었다. 이는 문화나눔사업 내 세부 사업 간 재원 구조의 분화가 이루어진 전환점이었다.

〈표 4-9〉 문화나눔사업 재원 변화

연도	2014~2015년	2016~2017년	2018년~
통합문화이용권	복권, 관광, 체육기금 *2006~2013년 : 복권기금(문화이용권)	문화예술진흥기금	복권기금
소외계층 문화순회	복권기금		문화예술진흥기금
방방곡곡 문화 공감	복권기금		문화예술진흥기금

출처: 한국문화관광연구원, 『문화복지정책 중장기 발전 방향 연구: 통합문화이용권 사업을 중심으로』(문화체육관광부, 2020), p. 76; 문화체육관광부 · 한국문화관광연구원『2018 문화예술정책 백서』, pp. 106, 110의 내용을 참고하여 재구성.

통합문화이용권의 재원이 바뀐 것은 단순히 돈의 출처가 달라진 문제가 아니었다. 정책의 성격이 변하고 있다는 중요한 신호였다. 통합문화이용권이 복권기금으로 운영된다는 것은, 이 정책이 복권기금의 '문화 · 예술 진흥' 영역에 위치하면서도 동시에 '소외계층 지원'이라는 복권기금의 핵심 목적과 맞닿아 있다는 뜻이기도 하다.

결국 문재인 정부의 강한 정책 의지와 공약이라는 제도적 조건이 이런 변화를 끌어냈다고 볼 수 있다. 연차별 지원금을 늘리겠다는 목표를 달성하기 위해 가장 적합한 재원을 선택한 것이다. 다만 그 결과, 통합문화이용권은 다른 문화나눔사업들과는 확연히 다른 성격과 위상을 갖게 되었다. 문화순회사업이나 방방곡곡 문화공감은 여전히 문화예술진흥기금으로 지원받으며 '문화 프로그램 제공'에 집중하는 반면, 통합문화이용권은 '경제적 지원'의 성격이 점점 강해지는 듯 보인다.

결국 재원 구조의 변화는 통합문화이용권이 걸어온 길을 상징적으로 드러낸다. 문화향유 증진이라는 본래 목표에서 점차 멀어지고, 복지지원의 성격을 강화해 온 과정을 보여주는 것이다. 정책의 생존을 위한 현실적 선택이었을지 모르지만, 그만큼 문화적 권리 실현이라는 본질적 가치는 뒤로 밀려나게 되었다고 볼 수 있다.

확장된 편의와 남겨진 과제

2014년 통합 이후, 통합문화이용권은 끊임없이 개편과 확대를 거듭해 왔다. 문재인 정부에 이어 2022년 출범한 윤석열 정부도 국정과제 56번 '전 국민이 함께 누리는 문화' 아래 '일상이 풍요로워지는 보편적 문화복지 실현'을 핵심 과제로 삼았다. 이에 따라 2022년에는 대상자 전원에게 카드가 발급될 수 있도록 예산이 확보됐고, 2024년 기준 1인당 지원금은 13만 원으로 올랐다.

통합문화이용권의 가장 두드러진 특징 중 하나는 지원금의 인상과 함께 사용처가 꾸준히 늘어났다는 점이다. 애초에 문화 · 여행 · 체육이라는 서로 다른 영역을 하나로 묶어 출발했지만, 이후에도 사용할 수 있는 곳이 계속해서 넓어졌다. 2016년에는 운동용품 구입이 가능해졌고, 2017년에는 전국 체육시설로 이용처가 확대됐다. 2018년에는 캠핑장과 워터파크 등이 새롭게 추가됐다. 2020년 코로나19 상황에서는 OTT 서비스, 비대면 공연, 문화체험 키트 등 온라인 가맹처가 대폭 늘었고, 2023년에는 네이버페이 연계로 실물 카드 없이도 결제할 수 있는 기반이 마련됐다.

하지만 아쉬운 점도 있다. 앞서 살펴본 〈그림 4-1〉에서 보듯, 통합문화이용권의 사용 패턴을 보면 도서 구입이나 OTT 서비스 이용 등의 영상, 교통비 등이 전체 사용액의 상당 부분을 차지하고 있다. 반면, 공연이나 전시 관람 등 본래 지향했던 문화예술 활동에 쓰이는 비중은 매우 낮았다. 사용처가 다양해지면서 수혜자들에게는 분명 편의가 늘어났지만, 문화적 감수성의 함양이라는 본래의 목표는 오히려 흐려진 셈이다. 문화 격차 해소를 위해 문화예술에 대한 접근성을 높이려는 취지와 현실에서의 사용 행태 사이의 간극이 여전히 크다는 점은 앞으로 풀어야 할 과제로 남아 있다.

정책 전환의 완성: 딜레마의 구조화

통합문화이용권은 지난 20년 동안 눈에 띄게 성장해 왔다. 2004년 4억 원으로 시작해 2023년에는 2,983억 원에 이르렀고, 수혜자도 몇만 명에서 250만 명 이상으로 늘었다. 하지만 정책이 확장될수록, 처음 지향했던 '문화적 감수성 함양을 위한 문화향유 기회 보장'이라는 비전에서는 점점 멀어지는 모습이다. 이용 현황을 보면 교통비, 도서 구입, 영화나 OTT 서비스 구매에 주로 쓰이고, 공연이나 전시 관람 비중은 낮다. 왜 이런 일이 벌어졌을까?

각 정부가 이 정책을 계속 확대한 이유는 명확했다. 정치적으로 성과를 드러내기 좋은 정책이었기 때문이다. 이명박 대통령이 2010년 예산 확대를 약속한 뒤, 박근혜 정부는 '문화융성', 문재인 정부는 '10만 원 지급', 윤석열 정부는 '보편적 문화복지'를 내걸며 정책의 규모를 더욱 늘렸다. 각 정부는 수혜자 수와 예산이 눈에 띄게 드러나자, 정권이 바뀌어도 정책의 규모를 줄이기보다 오히려 확대하는 쪽을 선택했다.

정책 확대의 핵심 동력은 복권기금이었다. 특히 문재인 정부가 2018년 통합문화이용권 재원을 복권기금으로 옮긴 것이 결정적이었다. 복권기금은 크고 안정적이어서 매년 예산을 늘리기 유리했다. 하지만 이 선택은 정책의 성격에도 영향을 미쳤다. 복권기금은 본래 사회적 약자 지원을 위한 재원이다. 이 기금을 기반으로 하면서 통합문화이용권도 자연스럽게 복지정책의 성격이 강해졌다.

정책의 변화 방식도 눈여겨볼 만하다. 통합문화이용권의 변화는 기존 틀을 완전히 바꾸기보다는 새로운 요소를 계속 덧붙이는 방식, 즉 '중첩'의 형태로 이루어졌다. 2014년에는 문화 · 여행 · 스포츠를 하나로 묶어 포괄적 여가 복지정책으로 만들었고, 이후에도 사용처를 늘리고 온라인 서비스를 더했다. 편리함은 커졌지만, '모두를 위한 예술'이라는 원래의 비전은 흐려진 듯 보인다.

한 번 자리를 잡은 정책은 스스로를 강화하는 힘을 만든다. 통합문화이용권도 그랬다. 수혜자들은 혜택에 만족해 지지를 보냈고, 담당 기관들은 자신들의 역할을 지키려 했다. 정치인들에게는 표가 되고, 공무원들에게는 성과가 되는 사업이었다. 이런 선순환 속에서 정책은 계속 커졌지만, 본래 목표에 대한 점검은 미뤄졌다.

통합문화이용권은 양적 성장과 한계를 함께 보여주는 사례다. 예산과 수혜자 수는 크게 늘었지만, 문화향유 확대라는 본래 취지는 온전히 실현되지 못했다. 각 정부가 내세운 '문화융성', '생활문화 시대', '보편적 문화복지' 같은 비전과 달리, 실제로는 저소득층을 대상으로 하는 복지적 지원의 성격이 강해진 것이다.

더 중요한 문제는, 통합문화이용권의 이런 변화가 문화나눔사업 전체의 방향에도 영향을 준다는 점이다. 문화나눔사업 예산의 80% 이상을 차지하는 통합문화이용권이 복지적 성격으로 기울면서, 사업 전반이 '모두를 위한 예술'이라는 이상보다는 '소외계층 지원'에 무게를 두게 되었다. 문화순회사업이나 방방곡곡 문화 공감처럼 수혜 대상을 일반으로 확대한 다른 사업들도 여전히 이러한 틀의 영향을 받는 것으로 보인다.

결국 통합문화이용권이 복권기금이라는 재원 구조로 인해 복지적 성격을 띠게 되었음에도 불구하고, 정치적 의지와 각 기관의 이해관계에 따라 지속해서 확대되어 온 과정이 문화나눔사업 전체를 문화향유 정책에서 문화복지 정책으로 성격을 바꾸는 결정적 계기가 되었다고 볼 수 있다.

제5장

문화, 권리가 되는 세상을 위해

1. 문화나눔사업의 변화 과정

2004년 복권기금 247억 원으로 시작된 문화나눔사업은 2023년 현재 3천억 원에 가까운 예산을 쓰고 있다. 수혜자도 몇만 명에서 250만 명 이상으로 늘었다. 숫자만 보면 엄청난 성공 스토리다. 하지만 정작 중요한 것은 따로 있다. 이 정책이 처음 품었던 꿈과 지금의 현실 사이에는 상당한 간격이 있다는 점이다.

문화나눔사업은 '모두를 위한 예술'이라는 비전 아래 출발했다. 소외계층도 양질의 문화예술을 경험하면서 문화적 감수성을 기를 수 있도록 돕겠다는 취지였다. 구체적으로는 소외계층의 문화향수 신장, 지역 주민 대상 문화향유 확대, 기초예술 회생 및 예술창작 활성화라는 세 가지 목표를 동시에 추구했다. 문화를 통해 개인의 삶이 풍요로워지고, 그렇게 해서 사회 전체가 더 나아지기를 바라는 마음이었다.

그러나 지금은 어떤가? 문화누리카드를 받은 사람들이 실제로 지출하는 곳은 주로 도서 구입과 교통비다. 공연이나 전시 관람에 쓰이는 비중은 극히 작다. 처음 내세웠던 '문화적 감수성을 기른다'라는 목표와는 거리가 멀다. 왜 이렇게 된 것일까? 시간이 흐르며 방향을 잃은 결과일까, 아니면 처음부터 그런 결과를 낳을 수밖에 없는 방식으로 설계된 것일까?

점진적 변화의 누적: 문화적 경험에서 편의성으로

이 변화는 하루아침에 일어난 게 아니었다. 지난 20년 동안 크고 작은 결정들이 쌓이며 정책의 성격이 조금씩 바뀌어온 것이다. 그 과정을 들여다보면 몇 가지 결정적 순간들이 있었다.

첫 번째는 2007년이었다. 복권위원회가 '수혜자가 직접 체감할 수 있는 지원'을 강조하면서 정책의 무게 중심이 실용적 지원으로 옮겨가기 시작했다. "복권을 사는 서민들에게 직접 도움이 되어야 한다"라는 논리가 힘을 얻었다. 그 결과, '대학로 소규모 공연장 조성'이나 '올해의 예술작품 시상' 같은 창작 중심의 사업들은 하나둘 사라졌다. 정책 명칭도 '복권기금 예술사업'에서 '복권기금 문화나눔사업'으로 바뀌었다. 표면적으로는 소외계층의 접근성을 우선한 선택처럼 보였지만, 실상은 그 접근성을 가능하게 하는 간접적 기반 사업들이 먼저 정리된 셈이었다.

두 번째는 2011년 카드제 도입이다. 복잡한 인터넷 포인트제 대신 신용카드처럼 간편하게 쓸 수 있는 시스템으로 바뀌면서 접근성은 크게 좋아졌다. 하지만 동시에 사용처가 계속 늘어났다. '문화민주주의'를 앞세워 수혜자의 자율성을 존중한다는 취지였지만,

결국에는 당장의 실용적 필요가 문화적 경험을 압도하는 구조가 만들어졌다.

세 번째는 2014년 통합문화이용권의 등장이다. 문화, 여행, 스포츠를 하나로 묶어 포괄적인 여가 복지정책으로 성격이 달라졌다. 편의성은 높아졌지만, 문화예술이라는 본래의 정체성은 점점 희미해졌다. 이후에도 사용처는 계속 확대됐다. 2016년에는 운동용품, 2018년에는 캠핑장과 워터파크, 2020년에는 OTT 서비스와 비대면 공연까지 가능해졌다. 선택의 자유는 넓어졌지만, 그 안에서 '문화적 감수성을 기른다'라는 본래의 목표는 점점 뒤로 밀려났다.

잃어버린 균형: 문화의 민주화와 문화민주주의 사이

이 변화의 배경에는 문화정책을 지탱해 온 두 가지 철학의 불균형이 있다. 문화나눔사업은 처음에는 '문화의 민주화'라는 논리로 설계됐다. 정부가 우수한 문화예술 프로그램을 선별해 소외계층에게 제공하는 방식이었다. 실제로 초기 사업들을 보면 문화소외지역 순회공연이나 아동복지시설의 문화예술교육처럼, 정부가 직접 기획해 제공하는 프로그램이 많았다.

하지만 시간이 지나면서 '문화민주주의'라는 논리가 점점 더 강해졌다. 특히 '통합문화이용권'이 도입되면서 "수혜자가 원하는 것을 자유롭게 선택해야 한다"라는 주장이 힘을 얻었다. 이용자의 자율성과 선택권이 강조되면서 정책의 모습도 달라졌다.

문제는 이 두 철학의 균형이 무너졌다는 데 있다. 문화민주주의가 본래 강조한 것은 '시민이 문화의 창조적 주체가 된다'라는 것이었지만, 지금은 그 의미가 사라지고 '선택의 자유'만 남았다. 진정한 문화민주주의는 시민이 수동적인 소비자가 아니라 능동적인 창조자가 되는 것이다. 그러나 지금의 문화누리카드는 사람들을 단순한 소비자에 머물게 한다. 게다가 그 소비조차도 공연이나 전시보다는, 쉽게 접할 수 있는 대중문화(영화, 음반)나 생활에 필요한 지출에 더 많이 쓰이고 있다.

뒤바뀐 순서: 수단이 목적이 된 문화복지

더 근본적인 문제는 문화나눔사업이 점차 '문화복지' 그 자체를 목표로 삼게 되었다는 데 있다. 원래 문화복지는 문화향유정책을 실현하기 위한 하나의 수단이었다. 즉, 문화적 감수성을 기른다는 큰 목표를 이루기 위해 경제적으로 어려운 사람들을 먼저 지원하는 것이었다.

하지만 시간이 흐르면서 이 순서가 뒤바뀌었다. 저소득층을 지원하는 것 자체가 목표가 되고, 문화적 감수성 함양은 부차적인 것으로 밀려난 것이다. 특히 2018년, 통합문화이용권의 재원이 복권기금으로 다시 바뀌면서 이런 경향은 더 뚜렷해졌다. 복권기금은 원래 사회적 약자를 지원하기 위한 재원이다. 이 기금에 의존하게 되면서 통합문화이용권도 자연스럽게 복지정책의 색채가 강해졌다.

이것은 문화정책이 본래의 정체성을 잃어버린 모습이다. 문화나눔사업이 사회복지의 논리에 흡수되면서, 문화정책 고유의 목표와 수단이 뒤섞여 버린 것이다. 실용적 도움을 주는 것이 중요하지 않다는 말은 아니다. 하지만 그것이 문화정책의 궁극적 목표일 수는 없다.

표류와 전환 사이: 문화나눔사업의 현재

이런 변화들이 누적되면서 문화나눔사업은 지금 일종의 갈림길에 서 있다. 몇 차례의 전환을 거치며 정책의 성격이 바뀌어온 것은 분명하지만, 그 변화가 뚜렷한 비전과 목표 아래 이루어진 것은 아니었다. 환경의 압력과 제약 속에서 이루어진 부분적 조정과 타협의 결과였고, 그만큼 방향을 잃은 모습도 함께 드러난다.

같은 문화나눔사업 안에서도 각기 다른 철학과 기준이 혼재되어 있다. 통합문화이용권은 기초생활수급자와 차상위 계층을 대상으로 하고, 방방곡곡 문화 공감은 일반 국민도 참여할 수 있다. 재원도 복권기금과 문화예술진흥기금으로 나뉘어 서로 다른 제약을 받는다. 정책의 목표와 방향이 갈피를 잡지 못한 채 흘러가고 있다.

그러나 이 상황이 돌이킬 수 없는 것은 아니다. 지금 필요한 것은, 표류를 끝내고 본래의 비전을 회복하기 위한 명확한 방향 설정이다. 다음 절에서는 이를 위해 어떤 원칙들이 필요할지 살펴본다.

2. 정책 설계의 새로운 원칙

문화나눔사업이 지난 20년 동안 겪어온 변화를 돌아보면 중요한 교훈 하나가 드러난다. 정책은 한 번 만들어졌다고 끝나는 것이 아니라는 점이다. 시간이 지나면서 여러 행위자의 이해와 요구가 얽히고, 그 과정에서 처음의 목표는 흐려질 수 있다.

그렇다면 문화나눔사업이 본래 지향했던 '문화적 감수성 함양'이라는 목표를 다시 살리려면 무엇이 필요할까? 단순히 예산을 더 늘리거나 프로그램을 몇 개 더 붙이는 것으로는 충분하지 않다. 더욱 근본적인 차원에서 정책의 설계 원칙부터 새롭게 세울 필요가 있다.

지난 20년의 경험이 남긴 교훈을 바탕으로, 앞으로 문화정책이 지켜야 할 핵심 원칙들을 차근히 정리해 보자.

첫 번째 원칙: 문화향유정책과 문화복지의 관계 정립

가장 먼저 해야 할 일은 개념을 정리하는 것이다. 지금의 정책 현장에서는 '문화향유정책'과 '문화복지'라는 두 용어가 뒤섞여 사용된다. 이런 개념적 혼란이 정책의 정체성을 흐리게 만드는 중요한 원인이다.

문화향유정책은 모든 국민의 문화적 감수성을 높이고 문화적 삶의 질을 향상하려는 포괄적인 정책이다. 이것이 문화체육관광부가 주도하는 문화정책의 본래 영역이다. 반면, 문화복지는 경제적 · 사회적 · 지리적 제약 때문에 문화에 접근하기 어려운 사람들을 우선 지원하는 수단적 개념이다. 다시 말해, 문화복지는 문화향유정책이라는 큰 틀 안에서 특정 대상을 겨냥한 하위 정책이라고 볼 수 있다.

이 관계를 명확히 해야 하는 이유는 정책의 목표가 달라지기 때문이다. 문화복지의 관점에서는 저소득층에게 실질적 도움을 주는 것 자체가 성과로 간주된다. 하지만 문화향유정책의 관점에서는 그것은 어디까지나 수단일 뿐이고, 진짜 목표는 문화를 통한 감수성 함양이어야 한다.

따라서 문화나눔사업은 비록 문화복지의 성격을 띠고 있지만, 그 궁극적 목표는 문화향유정책의 범주 안에서 설정돼야 한다. 경제적으로 어려운 사람들을 우선 지원하되, 그 지원의 방식과 내용은 반드시 문화적 감수성의 함양에 초점을 맞춰야 한다.

두 번째 원칙: 정책 목표와 현실적 제약의 조율

문화누리카드 사용 현황을 보면, 수혜자들은 제한된 지원금으로 문화적 경험과 당장의 현실적 필요 사이에서 선택해야 한다. 그리고 대부분은 현실적 필요를 선택한다. 이는 충분히 이해할 만한 일이다. 경제적으로 어려운 상황에서 당장 도움이 되는 지출을 우선하는 것은 합리적인 선택이기 때문이다.

하지만 정책을 설계하는 입장에서는 이런 현실을 인정하면서도, 문화적 경험을 유도할 방법을 고민해야 한다. 현실적 필요를 완전히 무시할 수는 없지만, 그렇다고 문화적 경험 확대를 통한 문화 감수성 향상이라는 본래의 목표를 포기해서도 안 된다.

이를 위해 사용처를 단계적으로 조정하는 방식을 고려할 수 있다. 지금처럼 거의 무제한적인 선택권을 주기보다는, 문화예술 관련 항목의 비중을 조금씩 높여가는 것이다. 예를 들어 전체 지원금의 일정 비율은 반드시 공연, 전시, 문화교육 등에 사용하도록 하고, 나머지는 도서 구입이나 기타 항목에 쓸 수 있도록 하는 식이다

또한 현금성 지원과 직접 프로그램을 병행하는 것도 방법이다. 카드로 자유롭게 선택할 수 있는 부분은 남기되, 정부가 직접 기획한 문화예술교육 프로그램에 참여할 기회도 함께 제공하는 것이다. 이렇게 하면 이용자의 자율성을 존중하면서도, 문화적 경험이라는 정책의 본래 목표에도 한 걸음 더 다가갈 수 있다.

세 번째 원칙: 문화의 민주화와 문화민주주의의 균형

문화나눔사업이 겪어온 혼란의 또 다른 이유는, 문화의 민주화와 문화민주주의라는 두 철학 사이에서 균형을 잃었기 때문이다. 초기에는 문화의 민주화가 강조되었고, 최근에는 문화민주주의가 앞서면서 한쪽으로 치우쳤다. 하지만 어느 한쪽으로만 기울면 문제가 생긴다.

문화의 민주화만 강조하면, 정부가 '좋은 문화'를 정해 국민에게 일방적으로 전달하는 온정주의적 정책이 되기 쉽다. 반대로 문화민주주의가 왜곡되면, 본래의 뜻인 '시민이 문화의 창조적 주체가 된다'라는 정신은 사라지고, 무제한적 선택의 자유만 남아 정책의 방향이 흐려진다.

특히 대중문화의 비중이 높아진 현실을 어떻게 볼 것인가 하는

점도 중요하다. 영화, OTT 프로그램 같은 대중문화도 분명 문화예술의 한 부분이며, 시민들의 감수성을 기르는 데 기여할 수 있다. 문화민주주의가 지향하는 것은 바로 이런 다양성을 존중하는 것이기도 하다. 따라서 대중문화를 선택하는 것이 잘못은 아니다. 다만 그것만으로 충분하다고 여기거나, 거기에만 머무는 것은 바람직하지 않다. 문화예술의 더 넓은 세계와 창조적 경험으로 나아갈 수 있도록 길을 열어주는 것이 필요하다.

결국, 두 철학은 본래의 뜻에 따라 조화를 이루어야 한다. 정부는 여전히 양질의 문화예술 프로그램을 제공하는 책임을 져야 한다(문화의 민주화). 동시에 시민들이 수동적 소비자가 아니라 능동적 창조자가 될 수 있는 기회도 만들어야 한다(문화민주주의). 고급 예술과 대중문화, 정부의 제공과 시민의 선택, 수동적 향유와 능동적 창작이 균형을 이루어야 한다.

그리고 더 근본적으로, 문화정책의 궁극적 지향은 문화민주주의의 정신, 곧 '시민이 문화의 창조적 주체가 되고 다양한 문화를 자유롭게 선택하며 함께 만들어가는 것'에 있다. 그러나 그 지향에 다가가기 위해서도 문화의 민주화가 제공하는 기반과 과정은 여전히 필수적이다. 둘은 대립하지 않으며, 함께 갈 때 더 큰 의미가 있다.

네 번째 원칙: 목적과 수단의 일치

정책의 효과를 높이려면, 무엇보다 목적과 수단이 일치해야 한다. 문화적 감수성 함양이 목적이라면, 그에 걸맞은 수단을 선택해야 한다. 그런데 지금의 통합문화이용권에서 가장 큰 문제는 바로 이 두 가지가 어긋나 있다는 점이다.

문화적 감수성은 단순히 문화 상품을 소비하는 것만으로는 기르기 어렵다. 좋은 작품을 감상하고, 그에 대해 생각하고, 다른 사람들과 이야기하며, 때로는 직접 표현해 보는 과정을 거쳐야 비로소 생겨난다. 이런 복합적인 경험이 쌓일 때 진정한 문화적 감수성이 자란다.

그런데 현재의 방식은 카드만 나눠주고 자유롭게 쓰도록 할 뿐, 그 이후를 고려하지 않는다. 카드 사용과 연계된 다양한 부가 프로그램이 필요하다. 예를 들어 공연을 본 뒤 함께 소감을 나누는 모임, 전시를 이해할 수 있도록 돕는 해설 프로그램, 직접 참여해 보는 창작 워크숍 등이 그런 사례다.

성과를 평가하는 방식도 바뀌어야 한다. 지금처럼 카드 발급 수나 사용률만으로는 정책의 진짜 효과를 알 수 없다. 수혜자들이 실제로 어떤 문화를 경험했고, 문화에 관한 관심과 이해가 얼마나 높아졌는지를 살필 수 있는 지표가 필요하다. 그래야 목적과 수단이 제대로 맞아떨어지고, 정책이 본래 지향하는 바에 더 가까워질 수 있다.

다섯 번째 원칙: 자율성과 독립성

마지막으로, 문화정책의 자율성과 독립성을 확보하는 것이 중요하다. 지난 20년 동안 문화나눔사업이 겪은 혼란의 상당 부분은 문화부처가 정책의 방향을 자율적으로 결정하지 못했기 때문이다.

복권위원회의 '수혜자 직접 체감' 요구, 기획재정부의 예산 통제, 각 정부의 정치적 성과 압박 등이 정책의 방향을 좌우해 왔다. 그 결과, 문화정책 전문가들이나 현장 예술인들의 의견보다 외부의 논리가 더 큰 영향을 미쳤다. 하지만 문화정책의 특성을 고려하면 이는 바람직하지 않다. 문화정책은 '지원하되 간섭하지 않는다'라는 팔길이 원칙이 중요한 영역이다. 정부가 재원을 마련하되, 직접 개입하지 않고 전문성과 자율성을 존중해야 한다.

따라서 문화나눔사업도 한국문화예술위원회의 독립성과 자율성을 제도적으로 보장하는 방향으로 개선되어야 한다. 복권기금을 사용하더라도 문화 정책적 관점에서 사업을 설계하고 운영할 수 있도록 하고, 외부 기관의 과도한 예산 조정과 관리를 최소화하며, 문화예술 전문 기관이 실질적인 권한을 행사하는 구조로 전환해야 한다.

이러한 자율성과 독립성이 확보될 때, 문화나눔사업은 비로소 본래의 목적을 되찾고, 더 이상 외부의 논리에 휘둘리지 않는 문화정책으로 자리 잡을 수 있다. 다음 절에서는 이 다섯 가지 원칙을 바탕으로 한 구체적인 정책 대안을 살펴본다.

3. 구체적인 정책 대안

앞서 제시한 다섯 가지 원칙이 실제로 의미를 가지려면, 그것을 뒷받침할 구체적인 실행 방안이 필요하다. 아무리 이론적으로 타당한 원칙이라도 현실에서 작동하지 않는다면 의미가 없다. 더구나 문화나눔사업은 이미 20년 동안 운영되어 온 정책이다. 250만 명이 넘는 수혜자가 있고, 매년 3천억 원 가까운 예산이 투입된다. 이런 현실을 무시하고 전혀 새로운 정책을 도입하기는 어렵다.

따라서 기존의 틀을 최대한 활용하면서도 점진적으로 개선해 나가는 현실적인 접근이 필요하다. 한 번에 모든 것을 바꾸려 하면 오히려 혼란을 초래할 수 있다. 지난 20년의 경험에서 얻은 교훈을 바탕으로, 실현 가능하면서도 정책의 본래 목표에 더 가까이 다가갈 수 있는 구체적인 대안들을 살펴보자.

통합문화이용권 개편: 선택과 집중의 전략

가장 시급한 과제는 통합문화이용권의 사용 구조를 개선하는 것이다. 지금처럼 도서 구입과 교통비에 편중된 사용 패턴을 문화예술 중심으로 점차 바꾸어야 한다. 하지만 무작정 사용처를 제한하면 수혜자들의 반발이 클 수 있다. 따라서 단계적이고 점진적인 접근이 필요하다.

첫 번째 방안은 '문화예술 의무 사용 비율' 도입이다. 전체 지원금의 일정 비율(예: 30~50%)을 반드시 공연 · 전시 · 문화교육 등 직접적인 문화예술 활동에 사용하도록 하는 것이다. 나머지는 지금처럼 자유롭게 쓸 수 있도록 하되, 문화예술 비중을 점차 높여가는 방식이다. 이렇게 하면 수혜자들의 부담을 최소화하면서도 정책의 본래 목표에 다가갈 수 있다.

두 번째 방안은 '문화예술 사용 인센티브' 제공이다. 공연이나 전시를 관람하면 추가 포인트를 지급하거나, 문화예술교육 프로그램에 참여하면 다음 해 지원금을 더 주는 방식이다. 강제하기보다는 유인을 통해 자발적인 참여를 늘리는 전략이다.

세 번째 방안은 '맞춤형 프로그램 패키지' 제공이다. 단순히 카드를 지급하는 데 그치지 않고, 수혜자의 연령이나 관심사에 맞춘 문화예술 프로그램을 함께 안내하고 지원하는 것이다. 예를 들어, 청소년에게는 진로 탐색과 연계된 문화예술교육을, 중장년층에게는 생활문화동아리 활동을, 고령층에게는 기억 회상 프로그램과 결합한 문화 활동을 제공하는 식이다.

정책 대상 재설정: 우선순위의 명확화

현재 문화나눔사업의 대상은 주로 경제적 취약계층에 집중돼 있다. 하지만 문화접근의 제약 요인은 경제적 어려움만이 아니다. 거주 지역, 신체적 조건, 사회적 소속, 문화적 배경 등 여러 요인이 복합적으로 작용한다. 따라서 정책 대상을 더욱 포괄적으로 재설정할 필요가 있다. 경제적 취약계층을 1순위로 하되, 농어촌 거주자, 장애인, 고령자, 다문화가족, 북한이탈주민 등 다양한 문화소외계층을 단계적으로 포함하는 것이다. 이는 노무현 정부가 처음 문화나눔사업을 구상할 때의 원래 취지이기도 하다.

다만 한정된 예산을 고려해 우선순위를 명확히 해야 한다. 1순위는 기초생활수급자와 차상위 계층, 2순위는 지리적 소외지역 거주자, 3순위는 신체적 · 사회적 제약이 있는 계층으로 설정하고, 재정 여건에 따라 점진적으로 확대하는 방식이다.

또한 대상별로 맞춤형 접근도 필요하다. 경제적 취약 계층에게는 현재와 같은 바우처 방식이 효과적이지만, 농어촌에는 '찾아가는' 문화 프로그램이, 장애인에게는 접근성을 고려한 특화 프로그램이 더 적합하다. 획일적인 지원이 아니라 대상의 특성과 상황에 맞춘 다양한 방식이 병행돼야 한다.

프로그램 다양화: 연계와 통합을 통한 시너지 창출

현재 문화나눔사업은 통합문화이용권 외에도 방방곡곡 문화 공감, 신나는 예술여행 등 여러 프로그램을 운영하고 있다. 그러나 문화향유를 목표로 하는 다른 정책들과 유기적으로 연결되지 않고 각각 따로 운영되면서 시너지 효과를 충분히 내지 못하고 있다. 문화나눔사업이 문화향유 확대를 위한 다양한 정책과 프로그램을 아우르고, 서로를 보완하는 방향으로 체계적이고 통합적으로 설계될 필요가 있다.

첫째, 기존 문화예술교육 프로그램과 통합문화이용권의 연계 강화가 필요하다. 현재는 카드 사용과 교육 프로그램이 분리돼 있는데, 이를 연결해 교육 참여자에게 추가 포인트를 주거나, 카드 사용자가 교육 프로그램에 우선 참여할 수 있는 경로를 만들어야 한다. 예를 들어 문화예술교육을 이수한 사람에게는 다음 연도 지원금을 더 주거나, 카드 사용자 중 희망자에게는 관련 교육 프로그램을 안내해 연결해 주는 시스템이 필요하다.

둘째, 문화 멘토링 프로그램 도입을 제안한다. 문화예술 전문가나 애호가가 수혜자와 1:1 혹은 소그룹으로 연결돼 함께 문화 활동을 하는 방식이다. 단순히 카드를 주고 "알아서 쓰라"라는 것보다, 경험 많은 사람이 안내하고 동행할 때 훨씬 효과적이다. 특히 문화 활동 경험이 적은 수혜자들에게는 이런 멘토 역할이 중요하다.

셋째, 지역 기반 문화동아리 지원과 연계 강화다. 개인 단위의 일회성 관람보다 지속적이고 집단적인 문화 활동이 감수성 함양에 더 도움이 된다. 수혜자들이 거주 지역에서 문화동아리를 만들어 활동할 수 있도록 공간과 프로그램, 강사를 지원하고, 동아리 활동비 일부를 문화누리카드로 사용할 수 있게 하는 것이다.

이렇게 프로그램 간의 연계성과 통합성을 높이면, 각 프로그램이 서로를 보완하면서 더 큰 효과를 낼 수 있다. 문화적 감수성을 기르는 데도 훨씬 유리한 환경이 될 것이다.

예산 체계 개선: 재원 다변화와 자율성 확보

문화나눔사업이 복권기금에 과도하게 의존하는 구조는 반드시 개선할 필요가 있다. 복권기금 자체가 문제는 아니지만, 단일 재원에 의존하면 그 재원을 관리하는 기관의 논리에 정책이 좌우되기 쉽다. 지난 20년의 경험이 이를 잘 보여주었다.

따라서 재원을 다변화하는 전략이 필요하다. 복권기금을 주된 재원으로 하되, 문화예술진흥기금, 일반회계 등 다양한 재원을 조합하는 방식이다. 이렇게 하면 특정 기관의 과도한 개입을 막고, 문화 정책적 관점에서 더욱 자율적으로 사업을 설계할 수 있다.

또한 '총액예산제(lump-sum budget)' 도입도 검토할 만하다. 지금처럼 세부 사업별로 예산을 일일이 배정하고 통제하기보다는, 전체 예산을 정해주고 그 안에서 한국문화예술위원회가 자율적으로 배분할 수 있도록 하는 방식이다. 이는 '팔길이 원칙'에도 부합하며, 현장의 필요에 맞춰 유연하게 대응할 수 있는 길을 열어준다.

운영 체계 혁신: 통합과 전문성의 조화

현재 문화나눔사업의 운영 체계는 여전히 복잡하고 분산돼 있다. 2010년 문화나눔추진단이 해체된 이후 오히려 더 비효율적으로 되었다. 이를 개선하기 위해서는 새로운 접근이 필요하다. 과거 추진단이 실패한 원인은 기존 조직을 대체하지 못한 채, 그 위에 새로운 층을 얹어 혼란을 키운 데 있었다. 이번에는 그 반대로, 기존 구조를 최대한 활용하면서도 조정 기능을 강화하는 방식이 필요하다.

구체적으로는 한국문화예술위원회 내에 '문화향유정책본부'를 설치해 문화나눔사업 전체를 총괄하도록 하는 방안이 적절하다. 개별 사업의 집행은 기존 조직들이 담당하되, 전체적인 기획과 조정, 평가를 본부에서 일원화하는 것이다. 이렇게 하면 불필요한 중복을 줄이면서도 통합성과 전문성을 동시에 확보할 수 있다.

성과평가 개선: 양에서 질로

마지막으로, 성과평가 체계를 한 단계 더 발전시킬 필요가 있다. 지금처럼 카드 발급 수나 사용률 같은 양적 지표만으로는 정책의 진짜 효과를 충분히 평가하기 어렵다. 다행히 최근의 만족도 조사에는 수혜자들의 문화적 관심도 변화, 문화 활동 참여 빈도 증가, 문화에 대한 인식과 태도 변화를 묻는 지표들이 포함돼 있다. 이는 분명 긍정적인 진전이다.

하지만 여전히 한계가 있다. 현재의 조사 방식은 주로 설문에 의존하고 있어 표면적 만족도에 그치는 경우가 많고, 정책의 본래 목표였던 '문화적 감수성의 심층적 함양'을 장기적으로 추적하기에는 부족하다. 특히 조사 결과가 정책 설계에 어떻게 반영되고 있는지도 불분명하다.

따라서 다음과 같은 개선이 필요하다. 첫째, 기존 조사에서 수집하는 질적 지표를 더욱 체계적으로 분석해 정책에 반영할 수 있는 틀을 마련해야 한다. 둘째, 설문뿐 아니라 심층 면접, 참여 관찰 등 다양한 방법을 병행해 수혜자의 경험을 더 깊이 이해해야 한다. 셋째, 단기 성과에 그치지 않고 최소 3~5년 이상 장기적으로 문화적 태도의 변화를 추적할 수 있는 체계를 구축해야 한다.

이렇게 하면 기존의 조사 자료를 최대한 활용하면서도, 정책의 본래 취지에 맞는 질적 평가로 발전시킬 수 있다. 이런 개선을 차근차근 추진해 간다면, 문화나눔사업은 다시 본래의 목표에 가까워질 수 있을 것이다.

이런 대안들이 모두 한 번에 실현되기는 어렵다. 하지만 하나씩 차근차근 추진해 나간다면, 문화나눔사업은 본래의 목표를 회복할 수 있을 것이다. 다음 절에서는 이런 변화들이 만들어낼 문화정책의 미래 모습을 그려보자.

4. 문화정책의 미래

우리는 지금까지 문화나눔사업의 20년 여정을 돌아보고, 그 속에서 드러난 문제들을 진단하며, 이를 해결하기 위한 새로운 원칙과 구체적인 대안들을 살펴보았다. 이제 마지막으로 남는 질문이 있다. 만약 이러한 변화들이 하나씩 실현된다면, 우리가 만들어갈 문화정책의 미래는 어떤 모습일까? 그리고 그 미래는 우리 사회에 어떤 의미를 가질까?

문화나눔사업의 개선은 단순히 하나의 정책을 고치는 데 그치지 않는다. 그것은 우리 사회가 문화를 어떻게 이해하고, 문화적 권리를 어떻게 보장할 것인가라는 더 근본적인 질문과 맞닿아 있다. 결국 문화나눔사업의 미래를 그리는 일은 곧 한국 문화정책 전체의 방향을 다시 설정하는 일이기도 하다.

「문화기본법」 정신의 진정한 실현

2013년 제정된 「문화기본법」은 이렇게 선언한다. "모든 국민은 성별, 종교, 인종, 세대, 지역, 경제적 · 사회적 지위나 신체적 조건 등에 관계없이 문화 표현과 활동에서 차별받지 아니하고 자유롭게 문화를 창조하고 문화 활동에 참여하며 문화를 향유할 권리를 가진다."

이는 문화가 더 이상 소수의 특권이 아니라, 모든 국민의 기본권임을 명확히 한 것이다. 하지만 법으로 권리를 선언하는 것과 그 권리를 실질적으로 보장하는 것은 전혀 다른 문제다. 지난 10여 년간 「문화기본법」이 있었지만, 여전히 소득 수준과 거주 지역에 따른 문화격차는 분명하게 존재한다. 문화나눔사업이 계속되었음에도 그렇다.

그 이유는 문화권을 너무 좁게, '문화를 소비할 권리'로만 이해했기 때문이다. 문화누리카드를 나눠주며 "이제 자유롭게 선택하세요"라고 말하는 것만으로는 진정한 문화권 보장이 될 수 없다. 문화권의 핵심은 문화를 통해 자신을 표현하고, 타인과 소통하며, 창조적 능력을 기를 기회를 얻는 데 있다.

앞서 제시한 새로운 원칙들이 실현된다면, 문화나눔사업은 진정한 문화권 보장 정책으로 거듭날 수 있다. 단순히 문화 상품을 소비하는 데 그치지 않고, 문화를 통해 감수성을 키우고 창조적 주체로 설 수 있는 기회를 제공하는 정책. 그것이 바로 문화기본법이 지향하는 문화권의 실질적 구현이다.

정권 교체를 넘어선 정책의 지속성

문화나눔사업의 20년 역사를 돌아보면 한 가지 놀라운 점이 있다. 노무현 정부에서 시작되어 이명박, 박근혜, 문재인, 윤석열 정부까지 5개의 서로 다른 정부를 거치면서도, 이 사업은 한 번도 폐지되지 않고 오히려 규모가 확대되었다는 것이다.

이는 문화향유 지원이라는 정책 아이디어가 정치적 성향을 초월한 사회적 합의를 얻고 있음을 보여준다. 보수 정부든 진보 정부든, 국민의 문화적 삶의 질을 높이는 것이 중요하다는 데에는 이견이 없었다. 이런 합의가 존재하기에 문화나눔사업의 장래는 여전히 밝다고 할 수 있다.

그러나 동시에 각 정부는 사업을 자신들의 색깔로 덧칠하려는 시도를 반복해 왔다. 그 과정에서 정책의 일관성이 흔들리고, 본래의 목표가 희석되는 문제도 적지 않았다. 이러한 문제를 막으려면 정권의 변화와 무관하게 안정적으로 지속될 수 있는 제도적 장치가 필요하다.

앞서 제시한 새로운 원칙들, 특히 문화정책의 자율성과 독립성을 확보하는 것이 바로 그 핵심이다. 한국문화예술위원회와 같은 전문 기관이 실질적인 권한을 갖고, 정치적 개입을 최소화하는 구조를 만들어야 한다. 그렇게 할 때, 정권이 바뀌더라도 문화나눔사업은 일관성을 유지하며 본래의 목적을 지켜나갈 수 있을 것이다.

사회 변화에 대응하는 문화정책

문화정책의 미래를 설계할 때 반드시 고려해야 할 또 하나의 요소는 급격하게 변하는 사회 환경이다. 디지털 전환, 인구 구조 변화, 기후 위기, 사회적 양극화 등 우리 사회가 직면한 다양한 변화들이 문화정책에도 새로운 과제를 던지고 있다.

무엇보다 디지털 전환은 매우 중요한 변화다. 코로나19를 거치며 비대면 문화 활동이 급속히 확산하였고, 특히 MZ세대는 이미 온라인을 통한 문화 경험에 익숙하다. 문화정책도 이런 변화에 발맞춰 온라인 프로그램을 확대하고, 디지털 환경에 적응하기 어려운 소외계층을 위한 지원을 강화해야 한다.

고령화도 빼놓을 수 없다. 2025년이면 한국은 초고령사회에 진입한다. 앞으로 고령층의 비중은 계속 늘어날 것이고, 이들의 특성과 욕구에 맞는 프로그램을 개발하고, 세대 간 문화적 교류를 촉진할 방안도 함께 고민해야 한다.

또한, 다문화사회로의 변화도 중요하다. 국내 거주 외국인은 이미 250만 명을 넘어섰고, 다문화가족도 꾸준히 늘고 있다. 이들도 우리 사회의 일원으로서 문화적 권리를 보장받아야 한다. 이제는 한국 문화를 일방적으로 전달하는 것을 넘어, 다양한 문화적 배경을 지닌 사람들이 서로 교류하고 배우며 함께 살아갈 수 있도록 돕는 프로그램이 필요하다.

사회 변화에 대응하는 문화정책은 단순한 적응을 넘어서, 새로운 가능성을 여는 일이기도 하다. 변화 속에서도 문화정책이 본래의 목표를 지키면서 시대에 맞게 진화할 수 있도록, 이러한 과제들을 하나씩 풀어가야 한다.

'문화권' 확산의 사회적 효과

문화나눔사업이 본래의 목적을 회복하고 지속해서 발전한다면, 그 효과는 개인을 넘어 사회 전체에 파급될 것이다. 문화적 감수성을 지닌 시민이 많아질수록 사회는 더욱 창조적이고 포용적으로 변화할 수 있다.

문화예술을 경험한 사람들은 일반적으로 타인에 대한 이해와 공감 능력이 높고, 다양한 관점을 수용하는 유연성도 크다. 이런 사람들이 많아질수록 사회적 갈등은 줄어들고, 공동체적 연대감은 강화된다. 이는 민주주의의 성숙에도 기여할 수 있다.

경제적 효과도 크다. 문화적 감수성이 높은 사람들은 창의적 사고에 강하고, 새로운 아이디어를 만들어내는 데 능하다. 이런 인재들이 늘어날수록 우리 경제의 혁신 역량도 높아진다. 문화예술에 관한 관심이 확산하면 관련 산업의 성장에도 도움이 된다.

지역 발전에도 긍정적인 영향을 미칠 수 있다. 문화 활동이 활발한 지역일수록 주민들의 삶의 만족도가 높고, 외부에서도 매력적인 곳으로 인식된다. 문화나눔사업이 지역문화 생태계를 활성화하는 데 기여한다면, 지방 소멸 문제 해결에도 도움이 될 수 있다.

새로운 문화정책의 출발점: 문화가 권리가 되는 길

문화나눔사업의 혁신은 한국 문화정책의 새로운 패러다임을 여는 출발점이 될 수 있다. 지금까지 한국의 문화정책은 주로 문화예술 창작 지원이나 문화산업 육성에 집중해 왔다. 물론 이런 정책들도 중요하다. 하지만 문화의 사회적 가치를 극대화하려면 국민의 문화적 감수성을 기르는 일이 무엇보다 중요하다.

문화나눔사업이 성공적으로 개선된다면, 이는 '국민의 문화적 감수성 함양'이라는 정책 목표가 실현 가능하다는 것을 보여주는 모범 사례가 될 것이다. 이런 경험을 바탕으로, 다른 문화정책들도 국민의 문화적 역량 강화라는 관점에서 재설계될 수 있다.

결국 문화나눔사업의 미래는 우리가 어떤 사회를 만들어가고 싶은가 하는 근본적인 질문과 맞닿아 있다. 문화가 소수의 특권이 아니라 모든 사람의 권리가 되는 세상, 경제적 어려움이나 사회적 제약 때문에 문화적 경험을 포기하지 않아도 되는 세상, 누구나 자신의 문화적 감수성을 기르고 창조적 능력을 발휘할 수 있는 세상을 만들어가는 것이다.

이런 세상은 하루아침에 이루어지지는 않겠지만, 문화나눔사업이 올바른 방향으로 발전한다면 그런 미래에 한 걸음씩 다가갈 수 있다. 중요한 것은 방향을 잃지 않는 것이다. 문화적 감수성 함양을 통한 삶의 질 향상과 모든 국민의 문화권 보장이라는 '북극성'을 향해 꾸준히 나아가는 것. 그 길 위에서 문화나눔사업은 단순한 정책을 넘어 우리 사회의 문화적 상상력을 키우는 소중한 자산이 될 것이다.

문화가 권리가 되는 세상, 문화가 우리 모두의 일상이 되는 삶. 그 꿈은 이미 시작되었다. 이제 그 꿈을 현실로 만들어가는 일이 남았을 뿐이다.

참고문헌

국문

곽정연 외, 『문화민주주의: 독일어권 문화정책과 예술경영』, 서울: 글로벌콘텐츠, 2017.

구현우, "제도 변화의 통합적 접근: 신제도주의 하위 분파 간 통합적 접근의 가능성", 『국정관리연구』 제7권 제2호, 2012.

국정홍보처, 『참여정부의 국정 비전과 국정과제 평화 번영 도약』, 2003.

기획재정부 복권위원회, 『2007년도 복권기금 결산보고서』, 2008.

__________________, 『2008년도 복권기금 결산보고서』, 2009.

김경욱, "문화민주주의와 문화정책에 대한 새로운 시각", 『문화경제연구』 제6권 제2호, 2003.

김기곤, "한국 사회의 문화권 구성과 제도화", 『민주주의와 인권』 11권 2호, 2011.

김민주, "문화정책의 이론적 논거와 유형", 『사회과학연구』, 제31권 제3호, 2015.

김세훈 · 조현성, 『문화복지 중기계획 연구』, 서울: 한국문화관광연구원, 2008.

김세훈, "문화향유증진사업 정책 논거와 쟁점: 문화가 있는 날 기획 사업을 중심으로", 『문화예술경영학연구』 제11권 2호, 2018.

김수갑, "문화국가를 위한 법체계 검토", 『문화정책논총』 18호, 2007.

______, 『문화국가론』, 청주: 충북대학교 출판부, 2012.

김용신, "다문화사회의 시민 형성 논리: 문화민주주의 접근", 『비교민주주의연구』 4권 2호, 2008.

김윤권, "제도 변화의 통합적 접근: 역사적 신제도주의를 중심으로", 『한국정책학회보』 14권 1호, 2005.
김정수, "'미녀와 야수': 문화행정의 새로운 패러다임 모색", 『한국행정연구』 제11권 제1호, 2002.
김종법 외, 『한국의 문화정책과 세계의 문화정책』, 성남: 한국학중앙연구원출판부, 2017.
김지영, "소외계층 · 지역 찾아가는 문화순회사업 확대", 정책주간지 K-공감, 2010. 9. 4.
김지현, "문화나눔사업의 활성화 방안 연구: 예술경영 관점에서", 『상업교육연구』 제30권 제6호, 2016.
김충묵 · 정문성, "문화적 환경권에 관한 연구", 『논문집』 제24권(군산대학교, 1997).
김형수, "한국 정부의 문화정책에 대한 비교 고찰: 정책목표와 기능을 중심으로," 『서석사회과학논총』제3권 제1호(조선대학교 사회과학연구원, 2010).
노명우, "'문화헌장' 제정과 문화정책의 과제", 『문화과학』 46호(문화과학사, 2006).
노영순, 『문화권 선언 2030 방향 설정 연구』, 서울: 한국문화관광연구원, 2019.
______, 『문화융성 정책의 성과와 과제』, 서울: 한국문화관광연구원, 2015.
대통령 자문 정책기획위원회, 『한국문화예술위원회 설립』, 서울: 대통령 자문 정책기획위원회, 2008.
대한민국 정부, 『제5차 경제 · 사회 발전 5개년 수정계획』, 1983.12.
대한민국 정책브리핑, "7월부터 주5일 근무제 본격 시행", 2004. 1. 5, https://www.korea.kr/news/policyNewsView.do?newsId=60005134
류시조, "지방분권체제에 있어서 문화국가원리의 의미", 『공법학연구』 제19권 제3호, 2018.
류정아, "문화기본법", 행정안전부 국가기록원, 2014. 12. 1.

______, “소외계층 문화향유 기회 확대 사업”, 행정안전부 국가기록원, 2014. 12. 1.

문화관광부 · 한국문화관광연구원, 『2006 문화정책 백서』, 2007.

______, 『2013 문화예술정책 백서』, 2014.

______, 『2003 문화정책 백서』, 2004.

______, 『2003 문화향수 실태조사』, 2003.

______, 『2005 문화정책 백서』, 2006.

문화체육관광부 공연전통예술과, “소외계층 문화순회 사업”, 문화체육관광부 홈페이지, 2014. 5. 20., https://www.mcst.go.kr/kor/s_open/realnmPolicy/realnmPolicyView.jsp?pSeq=44#:~:text=%E2%97%8B%20%EC%A3%BC%EC%9A%94%EB%82%B4%EC%9A%A9.

문화체육관광부 문화여가정책과, “문화기본법 제정 등 2013 문화융성 원년 문화예술 분야 10대 성과.” 대한민국 정책브리핑, 2013. 12. 10.

______, “문화융성의 토대가 되는 「문화기본법」 제정안 및 「예술인 복지법」 등 4개 법 개정안 오늘 국회 본회의 통과”, 보도자료, 2013. 12. 10.

문화체육관광부 문화인문정신정책과, “2018 문화향수 실태조사 결과 발표”, 보도자료, 2019. 2. 11.

문화체육관광부 문화정책과, “코로나19로 문화 향유, 여가 활동의 비대면화 가속”, 보도자료, 2021. 12. 30.

문화체육관광부, “문화체육관광부: 조직도”, 문화체육관광부 홈페이지, https://www.mcst.go.kr/kor/s_about/organ/main/mainOrgan.jsp.

문화체육관광부 · 한국문화관광연구원, 『2016 문화예술정책 백서』, 2017.

______, 『2018 문화예술정책 백서』, 2019.

______, 『2023 문화예술정책 백서』, 2024.

민유기, “68운동 이후 프랑스 사회당의 문화민주주의 정책 구상”, 『서양사론』

141호, 2019.

박광무, 「한국 문화정책의 변동에 관한 연구」, 성균관대학교 국정관리대학원 박사학위논문, 2009.

박양우, "문화융성의 의미와 과제", 한국문화관광연구원 편, 『문화융성 시대, 국가 정책의 방향과 과제』, 서울: 한국문화관광연구원, 2013.

배관표 · 이민아, "한국 문화정책의 대상과 전략의 변화: 1988-2012", 『한국정책학회보』 제22권 제1호, 2013.

복권기금 문화나눔사업 성과평가 평가단, 『2012년 복권기금 문화나눔사업 성과평가 연구』, 서울: 한국문화예술위원회, 2013.

새문화정책준비단 · 문화체육관광부, 『문화비전 2030 사람이 있는 문화』, 2018.

서순복, "문화의 민주화와 문화민주주의의 정책적 함의", 『한국지방자치연구』 제8권 제3호, 2007.

신정규, "지역문화발전을 위한 지방자치단체의 재정 확충 방안과 문제점", 『법과정책』 제24집 제2호, 제주대학교 법과정책연구소, 2018.

심창학, "문화복지 쟁점을 통해서 본 한국의 문화복지정책", 『비판사회정책』 제40호, 201.

아주경제, "국가 전체 대비 문화체육관광부 예산 비중 '1.05%'…15년 만에 최저", 2024. 10. 6.

양경학, "50년의 명과 암: 한국문화예술위원회 10대 장면", A Square, Vol. 6 (아르코 통합플랫폼, 2023. 9), https://thearts.arko.or.kr/asquare/search/55.

양혜원 외, 『예술의 가치와 영향 연구』, 서울: 한국문화관광연구원, 2019.

양혜원, 『문화 가치의 사회적 확산을 위한 협력과제 발굴 연구』, 세종: 문화체육관광부, 2013.

양효석, "모두가 누리는 보편적 문화복지, 향유 지원사업의 성과와 과제", 한국문화예술위원회 웹진, Vol. 06, 2023.09), https://thearts.arko.or.kr/asquare/search/57.
염신규, "1996년, 한국 문화향유정책의 기원 4 – 문화복지에서 문화 자치까지", 문화정책리뷰, 2024. 5. 8 (한국문화정책연구소 월간 웹진) 참조, https://culture-policy-review.tistory.com/.
용호성, "문화바우처 정책의 쟁점과 방향", 『문화정책논총』 26권 1호, 2012.
우지연, "1996년, 한국 문화향유정책의 기원 4 '문화의 집'을 둘러싼 동상이몽", 문화정책리뷰, 2024. 10. 11 (한국문화정책연구소 월간 웹진), https://culture-policy-review.tistory.com/331.
유원희, "문화예술의 지원 정책의 정당성에 관한 고찰", 『디자인 융복합 연구』 9권 4호, 2010.
이대성, "다문화사회에서 요구되는 문화적 권리", 『사회과교육연구』 18권 4호, 2011.
이동연, "개헌과 문화권", 『문화과학』 제94호, 2018.
______, "문화융성의 사회적 가치 확산을 위한 문화정책의 구상", 한국문화관광연구원 편, 『문화융성 시대, 국가 정책의 방향과 과제』, KCTI총서, 서울: 한국문화관광연구원, 2013.
______, 『문화권 NAP 수립을 위한 기초현황 실태조사와 정책 연계 방안』, 서울: 국가인권위원회, 2004.
이병량, "한국 문화정책의 논리에 관한 비판적 연구: 평가 준거의 구성과 시론적 평가", 『행정논총』 44권 2호, 2006.
이세진 · 고준혁, 『복권기금 운용과 복권 사업 운영 체계의 문제점과 개선과제』, 서울: 국회예산정책처, 2012.
이영욱, "문화/창조산업: 담론 형성의 추이, 배경, 의미", 『인문 콘텐츠』 제26호, 2012.
______, 『문화헌장 제정 의의』, 서울: 한국문화관광정책연구원, 2005.

이종수, “문화기본권과 문화 법제의 현황 및 과제”, 『공법연구』 제43집 제4호, 2015.

이흥재 역, 이토 야스오 외 저, 『예술경영과 문화정책』, 서울: 역사넷, 2002.

임원선 · 이현수, “지역사회 네트워크을 통한 문화복지프로그램의 성장 발달에 관한 사례연구”, 『한국 사회복지학회 2006년도 추계 공동학술대회』 3호, 2006.

임학순, 『창의적 문화사회와 문화정책』, 서울: 진한도서, 2003.

장세길, “문화민주주의를 넘어: 전라북도 사례로 살펴본 새로운 문화전략 모색”, 『지역사회연구』 23권 2호, 2015.

장지정 · 한동수, “박정희 대통령 재임 시기의 문화정책과 문화재 정비에 관한 연구”, 『대한건축학회 학술발표대회 논문집』 제33권 제2호, 2013.

정갑영, 『21세기 우리나라 문화복지 증진 방향』, 서울: 한국문화정책개발원, 1995.

______, 『문화복지 법제화 방안 연구』, 서울: 한국문화관광연구원, 2007.

______, 『문화의 집 조성 및 운영 활성화 방안』, 서울: 한국문화정책개발원, 1998.

______, 『문화복지 법제화 방안 연구』, 서울: 문화관광연구원, 2007.

정광렬, 『맞춤형 문화복지 정책 및 서비스 전달체계 구축 방안 연구』, 서울: 한국문화관광연구원, 2015.

____, 『문화국가를 위한 헌법 연구』, 서울: 한국문화관광연구원, 2017.

정보람, “지방분권과 문화재정 대응 방안”, 『문화관광 인사이트』 제138호, 한국문화관광연구원, 2019. 11. 15.

조규희, “서독의 68운동과 문화혁명”, 『독일어문학』 11권 4호, 2003.

조선일보, “건국 이래 첫 문화발전 청사진…문화복지 구상 의미”, 1996. 2. 15., https://www.chosun.com/site/data/html_dir/1996/02/15/1996021570409.html.

중앙일보“민족문화 정립 위한 백년대계: 「문예중흥 5개년 계획」의 내용”, 1973. 10. 20.

채원호 외, “노인의 문화 서비스 향유 실태 분석 및 개선 방안”, 『지방정부연구』 8권 1호, 2004.

친정배 국회의원실, “복권 안 팔리면 소외계층에 내한 시원노 없나?” 보노자료, 2008. 10. 7.

최미세, “문화예술의 공적 가치와 문화민주주의”, 『독일어문학』 통권 64집 22호, 2014.

최보연, “모두를 위한 정책, 고민해야 할 지점들, 보편적 권리로서 문화예술 향유.” A Square, Vol. 1 (아르코 통합플랫폼, 2022. 11), https://thearts.arko.or.kr/asquare/search/9.

최종혁 외, “사회적 취약계층의 사회적 배제에 대한 문화복지 프로그램의 기능: 문화복지실천가 대상 질적연구”, 『한국 사회복지학』 제62권 제1호, 2010.

한국문화관광연구원, 『문화복지정책 중장기 발전 방향 연구: 통합문화이용권 사업을 중심으로』, 문화체육관광부, 2020.

한국문화예술위원회, “2009 문화부 정기감사 조치 결과”, 2009. 3. 24, 한국문화예술위원회 홈페이지, https://art.arko.or.kr/board/view/900?bid=&cid=22687&sf_icon_category=)

__________, “2020년 신나는 예술여행 사업계획”, 2020.

__________, “기금 현황: 기금 설치 및 조성”, 한국문화예술위원회 홈페이지, https://www.arko.or.kr/content/915.

__________, 『2008년 복권기금 문화나눔사업 성과평가 연구』, 2009.

__________, 『2016년 통합문화이용권 성과평가 연구』, 2017.

__________, 『2023년 통합문화이용권(문화누리카드) 만족도 조사 결과 보고서』, 2023.

__________________, 『2024년 통합문화이용권(문화누리카드) 사업 만족도 조사 용역 결과 보고서』, 2024.
__________________, 『2024년도 문화예술진흥기금 운용계획서』, 2024.
__________________, 『복권기금 예술사업 중장기 전략수립 연구』, 2006.
__________________, 『예술로 아름다운 세상, 한국문화예술위원회 40년사』, 2013.
한국재정학회, 『문화예술진흥기금 신규 재원 마련 방안 연구』, 2020.
허은영, 『예술향유정책 현황 및 개발 방안』, 세종: 문화체육관광부, 2018.
현택수, "문화복지와 문화복지정책의 개념에 관한 연구", 『사회복지정책』 27호, 2006..
황설화, "김영삼 정부 이후 한국의 문화정책이념에 관한 연구: 문화적 민주주의인가, 문화의 민주화인가?", 『한국정책연구』 제19권 제1호, 경인행정학회, 2019.

영문

Adorno, Theodor & Max Horkheimer, *Dialectic Of Enlightenment*, Stanford: Stanford University Press, 2002.
Arnold, Matthew, *Culture and Anarchy:An Essay in Political and Social Criticism*, London: Smith, Elder and Company, 1869.
Bakhshi, Hasan and David Throsby, *Culture of Innovation:An Economic Analysis of Innovation in Arts and Cultural Organizations*, London: NESTA, 2010.
Blount, B. G., "A History of Cognitive Anthropology",in David B. Kronenfeld, ed., *A Companion to Cognitive Anthropology*, West Sussex: John Wiley & Sons, 2011.
Carnwath, J. D. and A. S. Brown, *Understanding the Value and Impacts of Cultural Experiences:A Literature Review*, London: Arts Council England,

2014.

Geertz, Clifford, *The Interpretation of Cultures*, New York: Basic Books, 1973.

Girard, Augustin and Geneviève Gentil, *Cultural Development: Experiences and Policies*, Paris: UNESCO, 1983.

Goodenough, Ward H., "Cultural Anthropology and Linguistics", in D. Hymes, ed., *Language in Culture and Society: A Reader in Linguistics and Anthropology*, New York: Harper and Row, 1964.

Holden, John, *Cultural Value and the Crisis of Legitimacy*, London: Demos, 2006.

Ikenberry, G. John, "Conclusion: An Institutional Approach to American Foreign Economic Policy", *International Organization*, Vol. 42, No. 1, 1988.

Immergut, Ellen M., "The Theoretical Core of the New Institutionalism", *Politics & Society*, Vol. 26, No. 1, 1998.

Klamer, Arjo, *The Value of Culture On the Relationship Between Economics and Arts*, Amsterdam: Amsterdam University Press, 1997.

Lacey, Nicola, *State Punishment: Political Principles and Community Values*, London, New tork: Routledge, 1988.

Langsted, Jorn, "Double Strategies in a Modern Cultural Policy", *Journal of Arts Management, Law and Society*, Vol. 19, No. 4, 1990.

Lévi-Strauss, Claude, *Structural Anthropology, Translated by Claire Jacobson and Brooke Grundfest Schoepf*, New York: Doubleday Anchor Books, 1963.

__________________, *The Elementary Structures of Kinship*, Boston: Beacon Press, 1969.

Mahoney, James and Richard Snyder, "Rethinking Agency and Atructure in the Study of Regime Change", *Studies in Comparative International*

Development, Vol. 34, No. 3, 1999.

Mulcahy, Kevin V., "Cultural Policy: Definitions and Theoretical Approaches", *The Journal of Arts Management Law and Society*, Vol. 35, No. 4, January 2006.

Pierson, Paul, "Increasing Returns, Path Dependence, and the Study of Politics", *American Political Science Review*, Vol. 94, No. 2, 2000.

Robson, W. A., *Welfare State and Welfare Society*, London: George Allen, 1976.

Shils, Edward, *Tradition*, Chicago: University of Chicago Press, 1981.

Skocpol, T. & P. Pierson, "Historical Institutionalism in Contemporary Political Science", in I. Katznelson and H. V. Milner (eds.), *Political Science:State of the Discipline*, New York: W.W. Norton, 2002.

Streeck, Wolfgang and Kathleen Thelen, "Introduction: Institutional Change in Advanced Political Economies", Wolfgang Streeck and Kathleen Thelen (eds.), *Beyond Continuity: Institutional Change in Advanced Political Economies*, Oxford: Oxford University Press, 2005.

Throsby, David, *The Economics and Culture*, Cambridge: Cambridge University Press, 2001.

Tylor, Edward Burnett, *Primitive Culture: Researches Into the Development of Mythology, Philosophy, Religion, Art, and Custom*, Vol. 1, London: J. Murray, 1871.

UNESCO, "Resolutions", Records of the General Conference, Fourteenth Session, Paris: UNESCO, 1966.

_________, Convention on the Protection and Promotion of the Diversity of Cultural Expressions, Paris: UNESCO, 2005.

_________, *Culture for Development Indicators*, Paris: UNESCO, 2014.

_________, *World Conference on Cultural Policies:Final Report*, Paris: UNESCO,

1982.

________, *World Culture Report 2000: Cultural Diversity, Conflict and Pluralism*, Paris: UNESCO, 2000.

Williams, Raymond, "Culture is Ordinary", in N. McKenzie, ed., *Moving from High Culture to Ordinary Culture Originally*, London: Convictions, 1958.

________________, *Culture and Society 1780-1950*, New York: Doubleday and Company, 1960.

________________, *Keywords: A Vocabulary of Culture and Society*, New York: Oxford University Press, 1985.

________________, *The Long Revolution*, London: Chatto & Windus, 1961.

문화는 권리다

문화나눔사업으로 본 문화정책 변화

초판인쇄 2025년 7월 30일
초판발행 2025년 7월 30일

지 은 이 박선희
펴 낸 이 채종준
펴 낸 곳 한국학술정보(주)
주 소 경기도 파주시 회동길 230(문발동)
전 화 031-908-3181(대표)
팩 스 031-908-3189
투고문의 ksibook1@kstudy.com
등 록 제일산-115호(2000. 6. 19)

ISBN 979-11-7457-187-8 93350

책에 대한 더 나은 생각, 끊임없는 고민, 독자를 생각하는 마음으로 보다 좋은 책을 만들어갑니다.